"Este livro trata de um desafio fundamental para a liderança: como passar do estágio de ser obrigado pela necessidade a se reinventar para o de conhecer o aspecto geral das etapas do seu plano de mudança. Uma leitura essencial."

Bruce Daisley
Vice-presidente da EMEA, Twitter

"Neil Perkin escreveu um livro magistral sobre transformação digital, com muito conhecimento prático e joias a serem descobertas. Para qualquer organização que esteja tentando criar seu futuro preferido, esta é uma leitura obrigatória!"

Gerd Leonhard
CEO da The Futures Agency e autor de *Technology vs. Humanity*

"Um guia inspirador e prático sobre a transformação de negócios – o quê, por quê e como transformar – para atender aos desafios e oportunidades da disrupção digital. A escrita clara e sucinta de Neil Perkin oferece um mapa acessível e abrangente para que líderes possam conduzir a inovação digital com foco no cliente."

Judy Gibbons
Presidente da Wonderbly

"Repleto de insights impressionantes, estudo cos para implementar uma transformação ágil

Vice-presidente de Tro

"Hoje em dia toda companhia quer e precisa mudar, mas as respostas parecem enigmáticas, vagas e, com frequência, parciais. Como sempre, Neil Perkin escreve de forma brilhante e objetiva o que constitui uma proeza, com sugestões de ação sem deixar de ser inspirador, com visões interessantes e práticas a respeito de como as pessoas em todos os tipos de negócio podem se adaptar ao mundo moderno."

Tom Goodwin
Vice-presidente executivo de Inovação e
porta-voz da Zenith, autor de *Digital Darwinism*

"Liderar uma transformação pode ser um desafio intimidante. Com mudanças externas acontecendo em ritmo acelerado e mudanças internas mostrando-se muito complexas, pode ser difícil abrir caminho em meio a tanto ruído. Felizmente, Neil Perkin fez isso de modo brilhante em seu livro, oferecendo vários insights sobre implantação que qualquer líder pode usar imediatamente."

James Haycock
Gerente-geral da Idean Reino Unido, autor de *Bye Bye Banks?*

"'Ágil' e 'transformação' não são apenas palavras bonitas: são a nova maneira de fazer negócios, e você não vai querer ficar para trás. Não há guia melhor para essa jornada do que Neil Perkin."

Scott Brinker
Vice-presidente da Platform Ecosystem da Hubspot,
autor de *Hacking Marketing*

Transformação Digital com
METODOLOGIAS ÁGEIS

Tradução publicada mediante acordo com a Kogan Page.

Título original: *Agile Transformation: Structures, Processes and Mindsets for the Digital Age.*

EDITOR
Marcelo Amaral de Moraes

EDITORA ASSISTENTE
Luanna Luchesi

REVISÃO TÉCNICA E PREPARAÇÃO DE TEXTO
Marcelo Amaral de Moraes

REVISÃO
Felipe Magalhães
Mariana Faria

PROJETO GRÁFICO
Diogo Droschi

CAPA
Diogo Droschi (Sobre imagem de Nwork/Shutterstock)

DIAGRAMAÇÃO
Christiane Morais de Oliveira

Dados Internacionais de Catalogação na Publicação (CIP)
(Câmara Brasileira do Livro, SP, Brasil)

Perkin, Neil
   Transformação Digital com metodologias ágeis : como usar o *Agile* para tornar a sua empresa mais ágil e competitiva na era digital / Neil Perkin ; tradução Luis Reyes Gil. -- 1. ed. -- São Paulo, SP : Autêntica, 2022.

   Título original: *Agile Transformation: Structures, Processes and Mindsets for the Digital Age.*
   Bibliografia.
   ISBN 978-65-5928-214-2

   1. Transformação Digital 2. Estratégia 3. Agile 4. Metodologias Ágeis 5. Gestão 6. Mudança Organizacional I. Título.

22-122086   CDD-658.406

Índices para catálogo sistemático:

1. Ambientes organizacionais : Inovações : Administração de empresas 658.406

Eliete Marques da Silva - Bibliotecária - CRB-8/93804

A **AUTÊNTICA BUSINESS** É UMA EDITORA DO **GRUPO AUTÊNTICA**

São Paulo
Av. Paulista, 2.073 . Conjunto Nacional
Horsa I . Sala 309 . Cerqueira César
01311-940 . São Paulo . SP
Tel.: (55 11) 3034 4468

Belo Horizonte
Rua Carlos Turner, 420
Silveira . 31140-520
Belo Horizonte . MG
Tel.: (55 31) 3465 4500

www.grupoautentica.com.br
SAC: atendimentoleitor@grupoautentica.com.br

NEIL PERKIN

Transformação Digital com
METODOLOGIAS ÁGEIS

Como usar
o *Agile* para tornar
a sua empresa mais
ágil e competitiva
na **era digital**

TRADUÇÃO
Luis Reyes Gil

autêntica
B U S I N E S S

SUMÁRIO

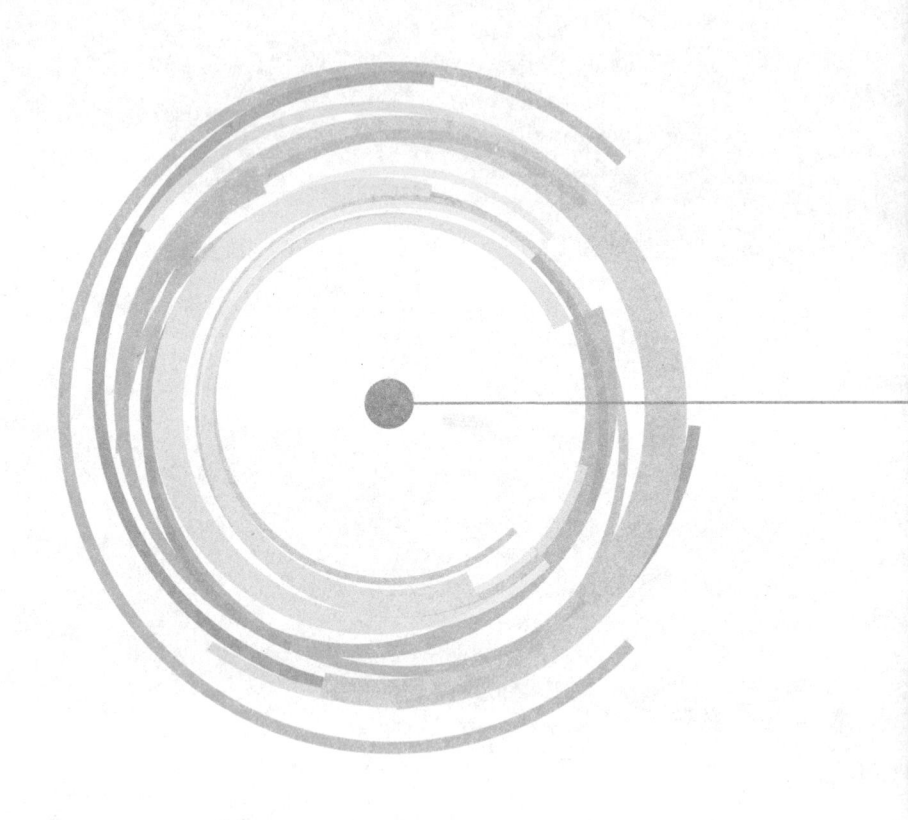

"As **tecnologias digitais** têm impactado de incontáveis maneiras a criação de um clima veloz de mudança de **dinâmicas competitivas** e de consumo, aumentaram a **imprevisibilidade** e o número de **novos atores** de mercado com características **disruptivas**."

Um novo sistema operacional para um novo ambiente operacional

POR QUE ESTE LIVRO, E POR QUE AGORA?

Escrever meu primeiro livro sobre transformação digital[1] foi uma espécie de exercício catártico para mim, que trabalhei muitos anos ajudando corporações de todo tipo a sintonizarem melhor sua maneira de pensar e operar com o empoderado mundo digital. Na época havia muito material sobre o "porquê" da transformação, mas era pouco e precioso o material sobre "como" lidar com ela. O livro foi concebido para preencher essa lacuna. E felizmente parece ter acertado.

A tarefa que empreendi desde que esse primeiro livro apareceu, isto é, trabalhar com uma ampla gama de grandes negócios globais, não só serviu para validar muitas das abordagens que apresentei nesse livro, mas também me deu a oportunidade de ir mais fundo em algumas das áreas fundamentais de mudança e oportunidade. Espero de coração que este novo livro seja também um meio de catarse já que, embora o ambiente de negócios tenha mudado fundamentalmente, muitas empresas ainda não se adaptaram de fato para enfrentar esse desafio.

As tecnologias digitais têm impactado de incontáveis maneiras a criação de um clima veloz de mudança de dinâmicas competitivas e de consumo, aumentaram a imprevisibilidade e o número de novos atores de mercado com características disruptivas e, no entanto, muitos negócios continuam empacados: em modos de trabalho ultrapassados que os impedem de andar mais rápido; em estruturas que nasceram numa era diferente e são um obstáculo ativo à agilidade e à colaboração horizontal; em processos que dificultam uma inovação ousada; em culturas que recompensam a conformidade e o status em detrimento do empreendedorismo e da originalidade; em abordagens que celebram a eficiência em vez do aprendizado.

Mesmo após vários anos de foco corporativo na transformação digital, muitas organizações ainda seguem programas de gestão de mudança rígidos, lineares e condenados a fracassar. Muitas dessas ainda priorizam ir atrás de tecnologias vistosas, em vez de empoderar seu pessoal para que conduza uma mudança duradoura. Muitas apoiam e aprovam da boca para fora as novas maneiras de operar, mas sem mudar de fato a trama de como a organização funciona, sem construir uma cultura que genuinamente sustente transformações.

Cada vez mais, o potencial de trabalho e de princípios ágeis para gerar um valor de negócio que não se restrinja às equipes de tecnologia tem sido reconhecido por algumas empresas que já o entendem como um caminho para maior agilidade organizacional. No entanto, em muitos casos, esses princípios continuam sendo pouco entendidos, subvalorizados ou mal aplicados. Em algumas organizações, a palavra "ágil" é muito usada e abusada, mas acaba deixando de ser útil, falhando em representar o verdadeiro potencial daquilo que é possível. Muitos negócios atuam pelas beiradas, ou apenas arranham a superfície, ou ainda falham em entender a escala de mudanças que é realmente necessária.

Se quisermos remodelar organizações para o novo mundo, precisamos adotar uma abordagem mais sofisticada para adaptá-las à transformação. É preciso repensar pressupostos arraigados a respeito de estruturas, processos e liderança, que são fruto de um mundo antigo, industrializado. Precisamos entender como escalar adequadamente princípios e cultura ágeis para sustentar uma mudança duradoura. Temos de adotar uma abordagem mais bem sofisticada na aplicação de diferentes maneiras de trabalhar, sejam novas, sejam velhas. É necessário construir a partir do que veio antes, ir além da maioria das interpretações de "transformação digital", aprofundar aspectos fundamentais de estrutura, processos, cultura e liderança organizacionais, para definir melhor o que significa agilidade organizacional e ajudar líderes de todo tipo a construir um guia prático para uma mudança duradoura. Há a necessidade mais ampla de reimaginar o que a organização é, como ela opera, e como é conduzida.

Este livro é sobre ajudar negócios a decolar. É sobre gerar um nível inteiramente novo de agilidade organizacional. É sobre transformar negócios para torná-los aptos aos propósitos de um mundo muito diferente.

O NOVO AMBIENTE OPERACIONAL

A narrativa a essa altura é familiar. Ela é expressa nos discursos feitos em conferências que falam da "uberização" de setores inteiros, ou em frases de efeito instigantes como: "o ritmo da mudança nunca foi tão rápido, mas nunca mais será tão lento como agora".[2] É captada em visualizações como aquela famosa criada por Nicholas Felton para o *New York Times,* que mostra como a adoção de tecnologia está se difundindo mais rapidamente do que nunca (o telefone levou décadas para chegar em 50% dos lares americanos, mas o celular levou menos de cinco anos).[3] É apoiada por estudos como os conduzidos pela consultoria de estratégia e inovação Innosight (baseada no trabalho feito originalmente pelo professor Richard Foster na Universidade de Yale), os quais mostraram que a permanência média de companhias no Standard & Poor's 500 baixou de 33 anos, em 1964, para apenas 24 anos em 2016, e a previsão é que caia para 12 anos até 2027.[4]

Praticamente todo negócio enfrenta um ambiente operacional afetado por muita imprevisibilidade e por contextos de rápida transformação no perfil de consumidores, concorrência ou marcas. No entanto, a maior parte dos negócios cresceu num mundo muito diferente, de maior estabilidade, em que tais contextos eram mais lentos e havia mais tempo para avaliar e reagir a mudanças. Um mundo no qual a vantagem vinha de potencializar a escala e de valorizar uma eficiência bem resguardada, hierarquizada. Um mundo caracterizado pela rigidez no processo e na estrutura. Um mundo de lideranças verticais, em que todas as respostas fluíam do topo para a base das organizações.

O novo ambiente operacional requer uma reação organizacional muito diferente. Mais que isso, requer um tipo de organização diferente. As estruturas vigentes e as maneiras dominantes de pensar são o legado de um ambiente muito diverso, porém não mais adequado aos propósitos do mundo moderno. Diferentes tipos de negócio precisam urgentemente se transformar e se tornar mais adaptativos e reativos às mudanças velozes. Precisam renovar-se não só de tempos em tempos, mas também continuamente. Precisam se otimizar para o presente e ao mesmo tempo criar e se projetar para o futuro constantemente. Precisam de lideranças e culturas que apoiem movimentos rápidos, maior experimentação e um modo de operar totalmente diverso.

Isso vai além de montar um laboratório de inovação ou algumas equipes ágeis. Exige mais do que mandar as diretorias fazerem uma visita ao Vale do Silício. Mais do que investir pesado em nova tecnologia, trata-se de promover uma transformação ágil da organização inteira.

■ A disrupção digital em evolução

O estudo IBM Global C-suite[5] (baseado em entrevistas com mais de 12.500 CxOs [chief experience officers, ou "executivos de experiência"] ao redor do mundo, dos quais mais de 2 mil eram CEOs) retratou um *framework* [estrutura] revelador da natureza da mudança e das fontes de disrupção.

Em uma iteração prévia do levantamento, realizada em 2015,[6] a maioria dos executivos reportou esperar uma disrupção significativa dos novos estreantes do mercado fora do seu setor; porém, no último levantamento, em 2018,[7] quando perguntados sobre que tipo de empresa estava liderando a disrupção em seu setor (a pergunta era "selecione todas as que se aplicam"), 72% disseram que eram as estabelecidas, 34% nomearam gigantes digitais como Google e Apple, outros 23% citaram empresas de outros setores e 22% empresas menores ou startups.

Com isso, fica claro que, embora o foco mais recente das atenções seja a discussão em torno da "uberização" de setores inteiros, a disrupção parece surgir de organizações de todos os lados, sobretudo das estabelecidas e mais espertas, que pensam à frente e são capazes de desenvolver rapidamente propostas disruptivas.

■ Evitar o efeito Coiote

Um dos desafios inerentes da disrupção digital é que, na hora em que se torna amplamente evidente que o seu negócio está sofrendo uma disrupção, já costuma ser tarde demais para fazer algo a respeito. O analista Benedict Evans descreveu isso como "efeito Coiote" ["*Wile E Coyote effect*", do personagem do desenho Papa-léguas e Coiote] – isto é, o problema de indicadores defasados e de como métricas principais, nas quais as companhias costumam colocar foco, tendem a ser as últimas a desacelerar. Isso pode significar, no fim das contas, que o momento crucial para a inovação de uma empresa estabelecida seja aquele em que ela não vê necessidade de mudança por ter a impressão de que tudo está correndo bem para o seu negócio. Mas essa é justamente a hora em que uma nova tecnologia ou modelo entra no mercado e começa a erodir rapidamente o domínio do modelo existente. Daí, então, o efeito Coiote:

> Você já ultrapassou o abismo, mas não está caindo ainda, e tudo parece em ordem. Mas na hora em que começa a cair, é tarde demais.[8]

Ben destaca a análise da BlackBerry feita pelo ex-executivo da Apple, Michael Mace, redigida exatamente no momento de seu colapso. Mace observou na época que o mercado da BlackBerry estava ficando saturado, que eles pareciam ter perdido a capacidade de criar grandes produtos e estavam pairando numa situação na qual não podiam bancar os investimentos necessários para ter sucesso no futuro (uma linha que é facilmente ultrapassada e muito difícil de corrigir).[9] A história de plataformas de computação fracassadas, diz ele, nos indica que os primeiros sintomas de declínio são tipicamente muito sutis, além de facilmente racionalizados e descartados pelos executivos. Como ocorre com o Coiote, na época em que os sintomas se tornam óbvios, você está suspenso no ar e sem nada embaixo para se apoiar:

> A Nokia e a BlackBerry acompanhavam atentas para onde o disco [de hóquei] estava indo, sentindo-se à vontade e no controle, enquanto a Apple e o Google derretiam o gelo do rinque e mudavam o jogo para esqui-aquático.[10]

Figura 1 – Vendas da BlackBerry (em milhões de dólares)[11]

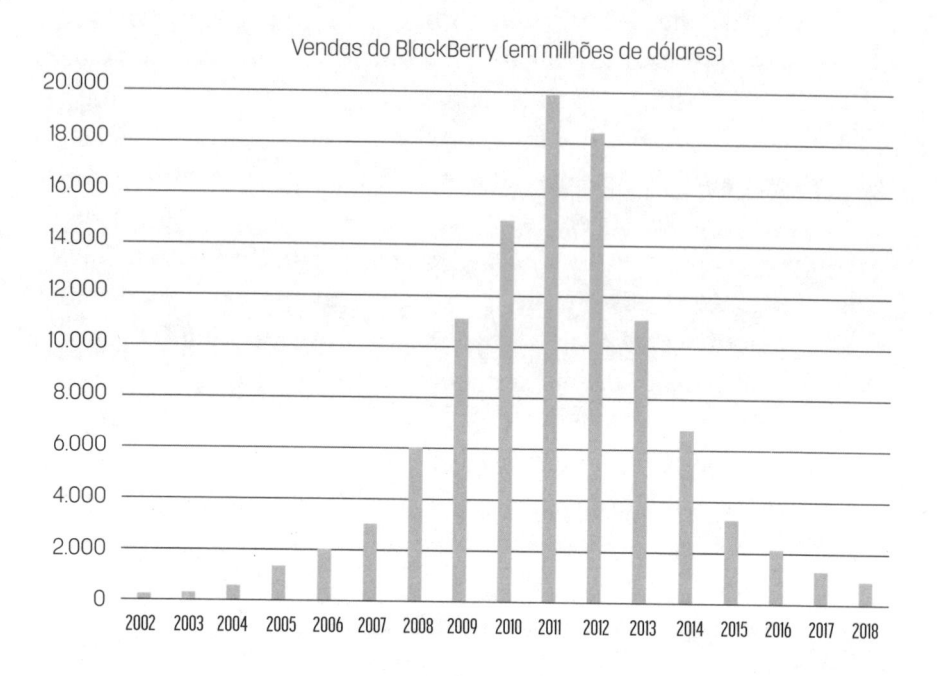

Vendas do BlackBerry (em milhões de dólares)

No romance de Ernest Hemingway de 1926, *O sol também se levanta*, o personagem Mike Campbell é questionado sobre seus problemas financeiros:

> – Como foi que você faliu? – Bill perguntou.
> – De duas maneiras – Mike disse. – Aos poucos e, depois, de uma hora para outra.[12]

Com a disrupção também é assim. Quando ela começa, você necessariamente não percebe, porque todos os seus principais indicadores ainda apontam na mesma direção, mas então ela pode ocorrer com muita rapidez.

Rastrear medidas simples como a receita ao longo do tempo pode ocultar o quadro real do que está para ocorrer. Mace, por exemplo, diz que os sintomas-chave para serem observados são pequenos declínios em duas métricas cruciais: a taxa de crescimento das vendas e o lucro bruto por unidade vendida (margem de contribuição). À medida que os produtos se movem pela tradicional curva de difusão, desde os *early adopters* [adotantes iniciais], passando pela *early majority* e pela *late majority* [maiorias iniciais e finais] até chegar aos *late adopters* [adotantes finais], os incentivos de preço podem muito bem ser usados para ajudar a estimular as vendas e o crescimento.

Nos primeiros estágios, enquanto o produto se move dos inovadores para os *early adopters*, por exemplo, podemos introduzir um incentivo de preço para acelerar o crescimento. Depois, quando alcançamos a transição dos *early adopters* para a *early majority*, podemos reduzir os preços a fim de entrar na corrente principal. Ao passo que a tecnologia amadurece e a porção intermediária dessa curva é consumida, a empresa pode introduzir outro incentivo de preço, talvez para alcançar metas de vendas de curto prazo, e isso talvez ainda estimule as vendas e, portanto, leve à crença de que o produto está de fato entrando no *mainstream* [tendência do momento]. No entanto, sem perceber (e tendo em mente que o mercado para qualquer produto dado é finito), em vez de alcançar o mercado principal, na realidade você está consumindo os *late adopters*. Isso, com efeito, significa que você pode então despencar pelo abismo:

> As empresas tendem a supor que pelo fato de a curva de adoção ser desenhada como um sino de lados suaves, sua demanda diminuirá no final tão lentamente como foi crescendo no início. Mas não é assim que funciona.[13]

Ganhar impulso pode levar tempo e consumir razoável esforço nos estágios iniciais, mas, conforme a tecnologia ou produto amadurece e você começa a saturar seu mercado, esse movimento construído por meio de uma boa otimização da marca, do mercado e da distribuição significa que você "devora" os *late adopters* rapidamente e as vendas continuam crescendo até que de repente despencam. Então temos o efeito Coiote.

Nesse cenário, a margem bruta declina ao longo do tempo, mas as vendas ainda melhoram até que caem abruptamente. A chave, portanto, é rastrear um conjunto mais amplo de métricas para permitir um quadro mais abrangente, ficando não só atento para identificar esses primeiros sinais, como também preparado para reorientar a organização em direção à experimentação, e não para a simples eficiência.

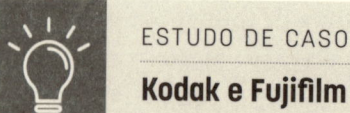

Kodak e Fujifilm

A Kodak é um daqueles exemplos emblemáticos de disrupção digital, e com frequência é caracterizada como um negócio no qual seus líderes ignoraram ou falharam em identificar os desenvolvimentos iminentes da tecnologia digital (suas implicações). Mas a realidade é bem mais matizada e esclarecedora.

Sabe-se que Steven Sasson, engenheiro que trabalhava para a Kodak, foi o inventor da fotografia digital e quem desenvolveu a primeira câmera com essa tecnologia em 1975. A gestão da empresa, ao que parece, de início encarou esse primeiro protótipo com ceticismo. Mas como observou Willy Shih, ex-funcionário da Kodak, quando a tecnologia começou a se desenvolver e ganhou escala, a gestão da Kodak estava bem ciente da invasão do digital e rastreou continuamente a taxa em que esta vinha substituindo o filme.[14] A disrupção, no entanto, trouxe desafios em múltiplas frentes que, em vez de catalisarem mudanças, contribuíram para a inércia. Notadamente:

☑ Fazer filmes era um processo extremamente complexo de manufatura, o que significa que as barreiras para entrar eram altas, e a competição, restrita. Em resumo, era algo caracterizado pela raridade.

☑ A imagem digital, por outro lado, é baseada em tecnologia de semicondutores, de propósito geral, não só com suas próprias curvas de escala e aprendizado, mas também com ampla aplicabilidade; havia comoditizado o mercado e tinha bem menos barreiras de entrada.

☑ A tecnologia ficava muito fora da capacidade principal da Kodak, dificultando competir e oferecer algo distinto.

☑ A modularidade das câmeras digitais significava que você não precisava mais de aptidões altamente especializadas e de experiência. A modularização comoditiza – qualquer engenheiro poderia montar uma câmera se dispusesse dos componentes.

☑ Um negócio grande e estabelecido como a Kodak havia investido ao longo do tempo em eficiências de manufatura e distribuição e se beneficiado de economias de escala – quando vendas e produção declinam, esses benefícios importam menos e, à medida que os volumes diminuem, muitos dos ganhos sobre os quais antes você podia capitalizar passam a trabalhar contra você.

☑ O problema do declínio da escala e de assegurar espaço suficiente na prateleira por meio da rede de distribuição no varejo foi exacerbado, já que, no caso da Kodak, a causa não era o surgimento de novos concorrentes – o fato era que a categoria como um todo estava desaparecendo.

☑ A gestão não falava desses problemas publicamente por medo de que isso virasse uma profecia autorrealizável, mas a Kodak foi pega num impasse – não podia abrir mão de bilhões de dólares de lucro, mas não tinha novos produtos para reter a demanda.

☑ O ecossistema total da Kodak, que havia sido construído ao longo de décadas, apoiava-se apenas na fotografia baseada em filmes (seus parceiros do varejo lucravam alto com a revelação de fotos, o que muitas vezes também trazia clientes para dentro da loja). À medida que tais vantagens se reduziram, a gestão subestimou a rapidez do declínio na impressão de fotos, e os varejistas tornaram-se menos leais à marca Kodak.

☑ A Kodak na realidade tinha uma divisão à parte (não condicionada por abordagens antigas), criada para explorar e desenvolver as oportunidades do digital. Ela chegou a ter algum sucesso, conseguindo uma boa posição entre as câmeras digitais, mas só para ser logo em seguida devorada pelo tsunami dos smartphones e das câmeras *built-in*.

☑ A Kodak experimentou grande dificuldade para gerir as complexas questões pessoais (emocionalmente carregadas) que envolvem um negócio em declínio – milhares de funcionários sabiam estar gerindo uma situação de crise, mas se debatiam com aptidões transferíveis, gestores brigando pelo controle de recursos cada vez mais escassos ou sentindo-se no direito de ser remanejados, o que alimentava questões políticas internas e rixas.

A empresa também enfrentou imensos desafios em várias frentes – competitiva, de categoria, operacional e de ecossistema –, mas seria simplista demais dizer que seu declínio até a eventual recuperação judicial decorreu apenas de sua inaptidão de reconhecer que o digital estava chegando. Sim, faltou à Kodak olhar à frente e uma previsão do nível e do tipo de impacto que seria causada pela próxima onda de tecnologia (e sua implementação). Mas ao longo do caminho houve uma série de fatores que se somaram e tornaram a mudança difícil, e que são instrutivos para qualquer negócio obsoleto.

Grandes negócios precisam preservar a capacidade de pensar de forma ousada e a disposição de reinventar, mesmo que isso signifique que você não será compreendido. Como Jeff Bezos, da Amazon, disse uma vez:

> Uma grande parte da história que contamos a nós mesmos sobre quem somos é nossa disposição de inventar. De pensar em longo prazo. Começamos pelo cliente e trabalhamos retroativamente. E, o que é muito importante, aceitamos ser incompreendidos por períodos de tempo bem longos. Acho que se você não tem esse conjunto de coisas em sua cultura corporativa, então não é capaz de promover invenção em larga escala.[15]

A Kodak é o estudo de caso clássico de um grande negócio que empacou. Em seu relato do declínio, Willy Shih diz que, olhando em retrospecto, uma abordagem que a Kodak poderia ter adotado seria refocalizar o negócio para competir em capacidades, em vez de mercados em que ela estava.[16] Esse tipo de pensamento é útil porque pode permitir que o negócio aplique seus talentos e conhecimento de maneiras diferentes não apenas para explorar novo valor, mas também para desafiar os pressupostos tóxicos dos quais a Kodak foi vítima.

A história de como a Fujifilm reagiu exatamente aos mesmos desafios enfrentados pela Kodak é bastante contrastante. Como ocorreu com a Kodak, a tecnologia digital representou uma ameaça à existência do negócio principal da Fujifilm e também uma vantagem. Sob o comando de Shigetaka Komori e Kenji Sukeno, a equipe de liderança identificou a tempo que a demanda para o filme convencional desapareceria em uma década, e então focaram em como a companhia poderia aplicar a expertise técnica que acumulara ao longo de décadas, mas de maneiras totalmente novas. Começaram fazendo um inventário da expertise tecnológica da Fujifilm e consideraram múltiplas opções a respeito de como poderiam reaplicar e alavancar essa capacidade, até decidir construir dois negócios separados, mas conectados, em ciências da vida e cosmética.

Passar para produtos de beleza não foi um salto pequeno para a companhia, mas sua gestão percebeu que o conhecimento que a empresa tinha sobre colágeno, o material usado para impedir que o filme se deteriorasse e ficasse velado, poderia ser usado em uma linha de produtos antienvelhecimento de cuidados com a pele, que eles denominaram Astalift. No caso dos produtos farmacêuticos, perceberam que com o realinhamento de sua expertise técnica precisariam de uma base de clientes totalmente nova, e então adquiriram a Toyama Chemical, uma fabricante de medicamentos de médio porte e desempenho fraco, para ajudar a acelerar sua capacidade. Então melhoraram essa aquisição, aprimorando a eficiência de suas fábricas, e lançaram novos medicamentos para combater a gripe e o ebola. Ao lado dos produtos de beleza e farmacêuticos, a companhia também começou a fabricar dispositivos para armazenar dados em computadores e hardware para impressão.

Essa diversificação radical ajudou não só a amortecer o impacto da queda nas vendas de filmes, como também manteve a lucratividade. A transição não deixou de ter suas dificuldades.

Ao longo do caminho foi preciso cortar os custos em mais de 500 milhões de dólares, fechar algumas instalações de manufatura e sacrificar 5 mil empregos.

Agora as divisões de saúde e cosmética são as mais lucrativas da Fujifilm, embora a companhia não tenha esquecido sua herança, nem a cultura de fotografia que veio com ela, e ainda produza filmes, apesar de isso contribuir com menos de 1% dos lucros da companhia. Em 2012, ano em que a Kodak solicitou o Capítulo 11 da legislação americana de falências, as receitas diversificadas da Fujifilm ultrapassaram 21,4 bilhões de dólares. Nesse mesmo ano a companhia relançou a minicâmera Instax, num reconhecimento de que nem tudo é digital, e agora vende milhões de câmeras Instax ao redor do mundo.

Uma tarefa crucial da liderança foi levar seu pessoal junto nessa jornada e incentivá-lo a uma abordagem mais aberta e transparente de criar valor, em comparação com a abordagem fechada, protetora, que havia caracterizado a fabricação de filmes. Eles compreenderam que precisavam estar muito mais sintonizados com as necessidades de seus potenciais clientes e com a maneira pela qual poderiam resolver seus problemas. A Fujifilm construiu três núcleos abertos de inovação para apoiar essa contínua diversificação e a criação de novo valor. Como o presidente da companhia, Kenji Sukeno, afirmou mais recentemente a respeito da história que havia contado às pessoas no negócio:

> O que sugeri foi que abríssemos a capacidade técnica da Fujifilm para o mundo, para que o mundo pudesse olhar para ela e então vir até nós e dizer, "Se combinarmos a tecnologia da Fujifilm com a nossa tecnologia, poderemos oferecer essa solução particular". Foi isso o que sugeri a elas.[17]

A história da Fujifilm cria um excelente contraponto à da Kodak. A Fujifilm teve disposição de pensar grande, ousou definir uma nova direção e então investiu e levou a companhia firmemente nessa direção. A Kodak empacou; a Fujifilm não.

■ As nuances da mudança radical

Muita coisa à nossa volta está mudando profundamente, e mais rápido do que nunca. Mas não é tudo que muda. Para tomar decisões mais inteligentes a respeito da reação à mudança e evitar ficar disperso ou tático demais na busca da mais recente tecnologia vistosa e de valor questionável, precisamos entender não só o que está mudando, mas também o que não está.

Como Jeff Bezos disse certa vez:

> Eu com muita frequência levanto a questão: "O que irá mudar nos próximos 10 anos?" E é uma questão bem interessante; é uma questão muito comum. Mas quase nunca trato da questão: "O que não irá mudar nos próximos 10 anos?". E digo a você que esta segunda questão é, de fato, a mais importante das duas – porque você pode montar uma estratégia de negócios em torno das coisas que são estáveis ao longo do tempo.[18]

Bezos fala de como necessidades fundamentais dos clientes, acesso a uma grande linha de produtos, bom valor, preços baratos e entrega rápida permanecem constantes. As necessidades fundamentais mudam devagar, quando mudam. Portanto, isso dá oportunidade de investir energia e foco em áreas nas quais você sabe que renderão dividendos em longo prazo. Elementos essenciais como esses devem ser a estrela-guia de qualquer negócio.

No entanto, a maneira pela qual podemos atender a essas necessidades fundamentais tem sido afetada pela mudança rápida e radical, portanto vamos esclarecer quais são essas mudanças e o que significam.

▌ACESSO A CAPACIDADES

A democratização e a ampla disponibilidade de serviços novos e potencialmente transformadores para empresas e para a automação significam que mesmo uma pequena startup tem agora acesso a capacidades numa escala que antes era domínio apenas de negócios grandes e altamente financiados. As barreiras à entrada têm sido amplamente reduzidas. Por exemplo, com a abordagem certa, qualquer negócio, independentemente da sua escala, pode acessar algumas das melhores tecnologias de infraestrutura digital, bem como ferramentas de análise e capacidades de aprendizagem de máquina de código-fonte aberto hoje disponíveis (exemplos simples: o conjunto de serviços disponíveis via Amazon Web Services e Google Tensorflow).

Essa radical democratização e proliferação da infraestrutura de tecnologia digital permite que negócios em seu estágio inicial combinem a agilidade e adaptabilidade de uma empresa menor com as capacidades em escala de uma muito maior. O impacto tem se intensificado à medida que a taxa de adoção para cada leva de novas tecnologias de infraestrutura se torna mais rápida, e isso é amplificado pela crescente liberalização e globalização econômica. A atividade econômica pode agora ser efetivamente coordenada em escala global de maneiras muito mais eficientes em termos de custo, permitindo que escale mais rápido dentro e ao longo dos mercados.

▌ ACESSO A CONHECIMENTO E EXPERTISE

A democratização da informação tem mudado fundamentalmente a dinâmica de valor. O valor da expertise do especialista não diminuiu, mas agora é possível encontrar no Google respostas a praticamente qualquer questão, e aparelhar mais facilmente do que nunca as expertises interna e externa (e até acessar on-line, de graça, alguns dos melhores ensinamentos, como os cursos da Universidade Stanford). Com isso, a vantagem deixa de estar focada no estoque de conhecimento que tivermos construído em nosso negócio ao longo do tempo e torna-se mais a respeito do fluxo de ideias e conhecimento, do modo como conseguimos aplicá-lo e o que decidimos fazer com ele.

A democratização da informação criou consumidores muito mais empoderados, e mudou para sempre a dinâmica entre a empresa e o cliente. A maior transparência em formulação do preço, procedência da marca, cultura da empresa e revisão por pares levou a novas pressões de margens e reputação, e rompeu com a assimetria de informação entre organizações e seus clientes e funcionários.

▌ DADOS

Uma parte elementar dessa mudança na dinâmica de informação é, com certeza, a capacidade de acessar, filtrar e utilizar a abundância de dados que estão agora sendo continuamente gerados. Isso, é claro, não é novidade, mas os negócios precisam melhorar sua extração de valor dos dados, estruturar dados de boa qualidade, interpretar bem padrões e significados, assim como originar processos que possam ser rapidamente executados em insights acionáveis. Ainda estamos arranhando a superfície em relação a como a aprendizagem de máquina nos levará a um nível totalmente diferente. O modelo de Gartner para a maturidade na análise de dados representa isso como uma progressão do valor que vai de uma análise descritiva básica (o que aconteceu) para uma análise de diagnóstico (que permita entender o que aconteceu) e para uma análise preditiva (prever o que acontecerá), e finalmente para uma análise prescritiva (compreender como podemos fazer acontecer).

VALOR DE REDE E CONECTIVIDADE

Com a explosão da conexão entre coisas e pessoas, a dinâmica de rede tem mudado algumas das maneiras fundamentais pelas quais pensamos a criação de valor. Isso fica claro num conjunto diversificado de impactos sobre o desenvolvimento de modelos de plataformas de negócios e ecossistemas, mudando consideravelmente a dinâmica competitiva em alguns setores, com crescimento exponencial no fluxo de dados por meio de APIs, ganhos de eficiência operacional que podem ser derivados de máquinas conectadas, a rapidez com que ideias e conteúdos se disseminam pelas redes, a erosão de barreiras tradicionais como as fronteiras geográficas e de mercados, e a facilidade com que a colaboração pode ocorrer.

DIMINUIR CUSTOS TRANSACIONAIS

O digital mudou completamente a dinâmica de custos em muitas áreas das cadeias de valor, reduzindo elementos-chave de algumas cadeias a um custo marginal zero e permitindo mudanças radicais na eficiência e nos novos entrantes, que podem competir com relativa escala a partir de uma pequena base. O conceito de cadeias de valor, formulado por Michael Porter na década de 1980, há tempos tem sido uma maneira de expressar o conjunto de atividades empreendidas por um negócio para entregar valor ao mercado na forma de um produto ou serviço. A vantagem competitiva vem da soma ou da média de seus custos transacionais ao longo da série de componentes que formam a cadeia de valor, e da capacidade da empresa em reduzir os custos transacionais por meio de padronização e melhorias na eficiência. Novas estruturas e tecnologias digitais têm produzido consideráveis mudanças na eficiência e diferenciação de custos, a ponto de resultar na reformulação total de cadeias de valor, mudando não só a dinâmica competitiva, mas também abrindo mercados a tipos totalmente novos de competidor. A crescente automação continuará a gerar significativas oportunidades dessa maneira.

▶ MUDANÇA DE PRODUTOS PARA SERVIÇOS

Conforme a conexão entre pessoas, objetos e máquinas se dissemina por toda parte, e as tecnologias digitais são integradas a um número crescente de produtos, de maneiras novas e engenhosas, mais e mais produtos estão se tornando serviços – isto é, caracterizados por conexão, iteração e melhoria contínuas, proposições aprimoradas e relacionamentos aprofundados ao longo do tempo. Então temos o carro Tesla, que melhora seu desempenho ao longo do tempo à medida que seu software é continuamente atualizado. Temos termostatos conectados digitalmente e fechaduras de portas que permitem a você controlar sua casa remotamente. E escovas de dentes conectadas, que além de lhe dizer como você pode escovar melhor seus dentes lhe dão descontos em planos de atendimento odontológico toda vez que você faz isso. Em um intervalo relativamente curto de tempo, tivemos uma proliferação de ofertas "como serviço" em tudo – software, manufatura, compras, transporte, conteúdo, saúde e educação.

Para as organizações, isso representa tanto oportunidades, na forma da vantagem que pode advir da experiência excepcional do cliente combinada com uma considerável redução de custos transacionais, como coloca um importante desafio a negócios que não tenham muita experiência em projeto de serviços e inovação. Agora a melhoria em produto/serviço é contínua, e não mais episódica. Correções e melhorias são frequentes, exigindo um ritmo diferente dos negócios. O papel de dados, análise, experiência e conteúdo do cliente torna-se um diferencial-chave, mas também corre com um contínuo aumento na expectativa do cliente, com a necessidade de constante adaptabilidade e maior reatividade na relação direta com o consumidor e na cadeia de suprimentos, ciclos mais curtos e mais vantagem transitória, novas possibilidades de agregação e maior deslocamento dos riscos para a geração de valor do que para o lado do consumo.

Uma sucessão de setores, desde varejo, entretenimento e mídia e agora também bancos, seguros, educação, setor automotivo, logística e até mesmo bens de consumo embalados, está sofrendo disrupções por novos estreantes no mercado, novas dinâmicas de relacionamento com o cliente, e por proposições ágeis, digitalmente focadas. Para as empresas estabelecidas, nunca foi tão grande o perigo de serem desintermediadas (quando intermediários de mercado são usurpados ou substituídos) ou "desarticuladas" (quando uma multiplicidade de competidores menores, mais ágeis, ataca um produto ou portfólio de serviços).

Para muitas, há a grande ameaça da "inovação horizontal", ou seja, a rápida entrada e o escalamento no mercado de novos atores, nascidos digitais, o que torna difícil para elas ver de onde surgirá seu próximo concorrente. É muito real o potencial desses novos negócios, e de negócios não tão novos assim (afinal, a Amazon foi lançada em 1994), com sua expertise e agilidade em tecnologia, de reconfigurar um mercado por meio de software e depois reaplicar suas capacidades horizontalmente ao passar para mercados totalmente novos. O desenvolvimento de novas infraestruturas digitais e de maneiras altamente adaptativas de trabalhar permite que eles se movimentem e escalem rápido.

▶ DINÂMICA DE ESCALA

As redes digitais trouxeram uma mudança dramática na escalabilidade, dando a indivíduos comuns acesso a um mercado global, dando a equipes pequenas a aptidão de criar e escalar ideias transformadoras, e a negócios com recursos finitos o poder de criar um impacto desproporcional. Na era pré-digital, por exemplo, levaria décadas para um negócio se expandir em escala global, e, no entanto, em pouco mais de seis anos a Netflix teve uma expansão internacional que a levou a nada menos de 190 países ao redor do mundo.[19] Ao mesmo tempo, a facilidade de acesso a mercados, talentos e capacidades globais tem transformado as abordagens à terceirização e às redes de talento, permitindo maior escalabilidade e flexibilidade na obtenção de recursos.

Ray Kurzweil usou a expressão "segunda metade do tabuleiro" para descrever o modo exponencial com o qual fatores de crescimento podem causar impacto significativo na estratégia de negócios. O "problema do trigo e do tabuleiro de xadrez" é um problema matemático que consiste em calcular o número total de grãos de trigo necessários para colocar um grão no primeiro quadrado e ir dobrando isso a cada quadrado subsequente do tabuleiro. Conta-se a seguinte história: o inventor do xadrez (que alguns dizem ter sido um ministro na antiga Índia) pediu que seu governante, como recompensa por sua invenção, lhe desse trigo segundo a regra acima descrita. O governante achou graça dessa recompensa aparentemente irrisória, até que os guardadores do tesouro da corte vieram informá-lo que não havia trigo suficiente no reino para atender àquela demanda. Desse modo o número de grãos cresce exponencialmente. Na primeira metade do tabuleiro, o número total é grande, mas ainda manejável, pois são 4.294.967.295 grãos, ou seja, cerca de 279 toneladas de trigo. Mas os números para a segunda metade rapidamente se tornam grandes demais para efeitos práticos. Para preencher o tabuleiro seriam necessários 18.446.744.073.709.551.615 grãos de trigo, o equivalente a 1.199 trilhão de toneladas. Para termos uma ideia, isso corresponde a mais de 1,5 mil vezes a produção global de trigo em um ano.[20]

Claro que nem tudo o que decorre do digital se torna exponencial, mas efeitos de rede e ciclos compostos têm o potencial de criar dinâmicas de escala muito diferentes em áreas críticas.

EXPECTATIVA DO CLIENTE

Enquanto algumas áreas do comportamento do consumidor mudam com rapidez, necessidades mais fundamentais talvez não mudem tão rápido. De qualquer modo, a expectativa do cliente muda rapidamente e muda o tempo todo. Serviços como Lemonade Insurance, Monzo, Revolut, Netflix, Uber e Amazon definiram um novo patamar para a experiência do cliente, que eleva sua expectativa (não só na categoria, mas também na repercussão em outros setores) a respeito do quanto os serviços podem ser práticos e realmente fáceis de usar.

Embora a tecnologia prometa simplificar, a realidade é que ela também cria crescente interdependência e desafios em relação a ecossistemas concorrentes, o que pode resultar em escassa interoperabilidade e atritos desnecessários. Apesar de haver muito mais insight e dados disponíveis em relação às necessidades dos clientes, aos seus desejos e frustrações, há muitas jornadas do cliente que são dificultadas, e muitas interações que são projetadas mais em torno das necessidades do negócio e menos do usuário final.

Essa elevação contínua do patamar da experiência do cliente cria um desafio importante para negócios que não são capazes de operar de maneiras adaptativas, centradas no cliente, e ao mesmo tempo traz vantagem significativa para aqueles que podem entregar isso bem e usam essas expectativas mais elevadas para catalisar inovação. Jeff Bezos (em sua carta anual aos acionistas de 2018) afirmou:

> Uma coisa que eu amo nos clientes é que estão divinamente insatisfeitos. Suas expectativas nunca são estáticas – sempre aumentam. É da natureza humana.[21]

Bezos descreve como o ciclo de melhoria exigido para atender ao desejo do cliente por soluções aprimoradas está mais rápido do que nunca, mas a expressão "divinamente insatisfeitos" demonstra que a real oportunidade é usar continuamente a elevação da expectativa do cliente para desafiar suas equipes a fazer melhor as coisas ou fazê-las de um jeito diferente.

Como continuaremos discutindo, o digital com certeza tende excepcionalmente a reescrever as regras da vantagem competitiva, mas quando a disrupção rápida vem de qualquer lugar, quando mercados e ambientes se tornam mais imprevisíveis e a desintermediação acontece mais rápido do que nunca, precisamos reimaginar nossa resposta e reorientar nossa organização em direção a um novo nível de agilidade organizacional, consistentemente mais elevado.

Marcas verticais digitalmente nativas

A ascensão das chamadas "marcas verticais digitalmente nativas" ou DNVBs [*digitally native vertical brands*] tem demonstrado quanto as ágeis startups nascidas digitais podem se estabelecer num mercado e depois escalar rapidamente ao reduzir seus custos transacionais, alavancar a infraestrutura digital em escala para vender diretamente a consumidores e mudar a maneira como produtos físicos são vendidos em múltiplos mercados. DNVBs como o Dollar Shave Club, que a Unilever comprou em 2016 por 1 bilhão de dólares em dinheiro vivo, e a This is L, uma das marcas de cuidados pessoais femininos de crescimento mais rápido dos Estados Unidos, que a Procter & Gamble comprou em 2019,[22] têm escalado rapidamente como proposições direto-ao-consumidor, empoderadas pelo digital, que têm desintermediado varejistas.

Uma série de outras marcas direto ao consumidor, como a Glossier Cosmetics, a óculos Warby Parker, colchões Eve e Casper, Everlane Fashion e Beam Dental, está similarmente se firmando em uma sucessão de mercados, não só ao se especializar em fazer bem determinada coisa, mas também alavancando plataformas de infraestrutura para e-commerce como a Shopify, desenvolvendo relações com consumidores baseadas em assinatura, em uma excepcional experiência para o cliente, em conteúdo e dados. Andy Dunn, fundador da marca de roupas direto ao consumidor Bonobos, definiu as principais características das DNVBs como:

1. O meio básico para interagir, transacionar e contar uma história a consumidores é a web. A marca nasce na internet.

2. A marca é dirigida a públicos jovens, nativos digitais, *millennials*.

3. A marca é "maniacamente focada na experiência do cliente", promovendo maior intimidade com a marca, apoiada em relacionamentos direto ao consumidor e em dados.

4. DNVBs são marcas verticais por fazerem uma coisa realmente bem e o nome da marca aparecer tanto no produto quanto no site.

5. DNVBs são startups, com maiores margens potenciais do que as operações de e-commerce em geral.[23]

DNVBs são capazes de capitalizar com custos transacionais mais baixos, margens mais elevadas, e com uma marca que está imersa no mundo digital.

Embora essas marcas direto ao consumidor ainda representem apenas uma pequena porção da fatia total de mercado, elas vêm crescendo rapidamente, têm mostrado com que rapidez um mercado pode ser reformatado por novos modelos, além de se desenvolverem de algumas maneiras interessantes. Um estudo da empresa IRI de pesquisa de mercado, que analisou 90 categorias de produtos, concluiu que marcas de startups respondem por apenas 2% da atual fatia de mercado de 45 tipos de produto que têm sofrido disrupções entre 2012 e 2016. Mas foi também notável que essas marcas capturassem uma quarta parte do crescimento de mercado nesse período e que muitas marcas consolidadas estejam sentindo a pressão. O Dollar Shave Club, por exemplo, adquiriu uma fatia de 8% do mercado americano de produtos de barbear em 2018; e embora a Gillette tenha chegado a comandar 70% desse mesmo mercado, esse percentual em 2017 havia caído para menos de 50%.[24] Outro estudo da Accenture concluiu que a fatia de mercado detida por grandes empresas americanas de CPG [*Consumer Packaged Goods*, ou Bens de Consumo Embalados] declinou em 2,7% desde 2011, com crescimento de apenas 3% em comparação com os 49% de crescimento de pequenos negócios CPG.[25]

Conforme essas marcas direto ao consumidor forem amadurecendo, elas capitalizarão a partir do acesso a capital de risco, integração vertical e cadeias de suprimento ágeis, e cada vez mais migrarão para o varejo físico. A notável empresa de imóveis comerciais JLL prevê que as DNVBs abrirão 850 lojas nos próximos cinco anos nos Estados Unidos.[26]

◼ Reagindo à imprevisibilidade

Fica claro que as organizações precisam identificar as múltiplas fontes de disrupção no cenário atual, mas que também precisam avaliar como moldarão suas organizações para torná-las mais aptas a reagir quando isso acontecer, ou mesmo antes que aconteça. Cada vez mais, é útil pensar no impacto da mudança como um aumento da imprevisibilidade, e na capacidade de os negócios reagirem a contextos em rápida mudança e reorientarem-se para melhorar nessa rápida readaptação.

Se você não tem como prever facilmente de que modo as dinâmicas de mercado, a concorrência e o consumidor irão mudar em um mundo no qual algumas dessas dinâmicas podem mudar rapidamente e em escala, então a organização precisa estar sempre explorando, aprendendo e inventando. Isso implica fazer com que estruturas, estratégias, processos e cultura evoluam em direção a permitir uma contínua reinvenção do valor. A realidade, porém, é que a maioria dos negócios ainda está estruturada e organizada para um mundo muito diferente. Notável foi a descoberta do estudo IBM C-Suite,[27] discutido neste livro anteriormente, de que os negócios mais bem-sucedidos abordados no estudo eram aqueles que não ficavam esperando que a disrupção se manifestasse para fazer a mudança acontecer:

> As organizações que prosperam não ficam aguardando que chegue a hora do próximo ponto de inflexão – o momento em que uma nova tecnologia, modelo de negócio ou meio de produção decola. Refazer a empresa, reconhecem elas, não é uma questão de definir a hora certa, mas de continuidade. O que se requer, mais que nunca, é a coragem de reinventar-se perpetuamente. A questão é buscar e defender a mudança mesmo quando o status quo funciona muito bem.[28]

A análise de cluster dos resultados da pesquisa conduzida pela IBM categorizou três tipos principais de organização, segundo o ponto em que estavam em sua jornada rumo à reinvenção:

- **Reinventoras:** totalizam 27%; são as empresas que se destacam por seu sucesso em promover a reengenharia de seus negócios e liderar em inovação e disrupção, superando seus pares no desempenho em crescimento de receita e lucratividade.

- **Praticantes:** 37% do total; são aqueles negócios com grandes ambições (especialmente os que assumem mais riscos ou lançam novos modelos de negócio), mas que ainda não desenvolveram real capacidade de dar vida a essas ambições.

- **Aspirantes:** compreendem 36% do total; são organizações que ainda têm um caminho a trilhar em sua jornada digital e em mudar suas companhias para torná-las capazes de uma adaptação rápida ou de capitalizar novas oportunidades.

Ao examinar as organizações que estão mais avançadas na jornada da reinvenção e as estabelecidas que vêm sendo bem-sucedidas em liderar a disrupção, notam-se alguns atributos consistentes. A IBM classifica uma gama de fatores que separam as "reinventoras" das "praticantes" e "aspirantes", em especial:

- adaptação contínua e capacidade de evoluir rapidamente seguindo uma estratégia bem definida para lidar com a disrupção;

- forte alinhamento entre a TI e a estratégia de negócios, a fim de prover infraestrutura e base de tecnologia para otimizar os processos de negócios e dar apoio a novas estratégias;

- redirecionamento de recursos para derivar novo valor em escala de ecossistemas e redes de parceiros, e disposição de explorar novas oportunidades para criar conjuntamente com parceiros e clientes;

- capacidade de derivar excepcional valor dos dados e da análise para moldar a estratégia de negócio, dar suporte a protótipos e ciclos de feedback rápidos, conseguir iteração bem-sucedida de produtos e serviços inovadores e construir experiências do cliente convincentes;

- investimento e atenção ao desenvolvimento de pessoas e aptidões de liderança, de estruturas e cultura, para apoiar e empoderar maior experimentação e adaptabilidade.

Essas "reinventoras" estão demonstrando de que maneira organizações estabelecidas podem não só aprender, como também aplicar ao novo ambiente essa aprendizagem para adaptar capacidades, estruturas e maneiras de trabalhar.

O futuro da disrupção: resolver os grandes problemas

À medida que as fontes de disrupção se ampliam, os tipos de disrupção também evoluem. As novas ondas de capacidades tecnológicas e de aplicação, como aprendizagem de máquina, "internet das coisas" e análise preditiva, estão cada vez mais democratizadas e difundidas, inaugurando uma nova geração de desafios a serem encarados. Estamos, como foi eloquentemente descrito pelo renomado analista Ben Evans da empresa de capital de risco Andreessen Horowitz, alcançando "o final do início" da disrupção digital.[29]

Evans tem destacado que três quartos das pessoas do mundo estão agora digitalmente conectadas e as demais vão acompanhá-las, o que significa que a "história do acesso" da era da internet está se aproximando de seu final, mas que a "história do uso" está apenas começando. Os primeiros vinte anos da internet trataram em grande parte de tarefas comparativamente mais fáceis, apesar de disruptivas, que o digital nos permitiu levar adiante com base em agregação, arbitramento de informação, comparação e adoção de novas rotas para o mercado. Conforme a conexão entre pessoas e coisas se torna ubíqua, a natureza da disrupção passa de reimaginar as áreas mais fáceis, mais óbvias, a se dirigir a áreas de mercados, oportunidades e problemas mais difíceis e maiores.

Portanto, mais que transporte de informação, *ticketing* e serviços, ela é sobre veículos autônomos e infraestrutura. Mais que serviços financeiros, transações e pagamentos, é sobre as criptomoedas e a natureza do próprio dinheiro. Em vez de e-commerce e vendas digitais, o foco está em logística, capacitação do consumidor e numa maior fatia do gasto total do consumidor. Como Evans diz:

> A tech está gerando diferentes tipos de negócio, portanto irá pegar frações diferentes dessa oportunidade, mas, e isso é o mais importante, irá mudar o aspecto desses setores. A Tesla não é interessante pelo que faz com a gasolina, mas pelo que faz com o carro. A Netflix muda a TV, mas a Twitch também.[30]

À medida, por exemplo, que veículos conectados, elétricos, tornam-se a norma, eles podem reparar a si mesmos, ser recarregados e até melhorar o desempenho remotamente, eliminando a necessidade de postos de abastecimento, oficinas de manutenção de veículos e acessórios.

A questão é que a disrupção digital não vai parar. A próxima onda vai mais uma vez refazer totalmente setores e mercados ao passo que o digital resolver esses problemas maiores e promover uma mudança ainda mais acentuada. Assim como a primeira onda de disrupção e inovação foi catalisada pela natureza da internet – aberta, descentralizada, sem permissão, de rede –, tecnologias como a de aprendizagem de máquina e de criptografia igualmente proverão novas camadas sem permissão, algo que sustentará fundamentalmente novas maneiras de criar valor.

■ A natureza mutável da vantagem

Dada a natureza evolutiva da disrupção digital e o contínuo aumento da imprevisibilidade que ela provoca, nunca foi tão importante para a estratégia e a capacitação organizacional ser adaptável a contextos mutáveis. No entanto, boa parte da estratégia corporativa ainda permanece inalterada e inflexível.

Em 2014, a Boston Consulting revisitou sua famosa matriz de fatia de crescimento, que mapeia um portfólio de produtos ou serviços em uma matriz dois por dois, em relação a crescimento e participação, e gera as categorizações de "vacas leiteiras" ou "geradores de caixa" ["Cash Cows"], "crianças-problema" (ou pontos de interrogação), "estrelas" e "abacaxis" ou "pesos" [Dogs].[31] Essa matriz tem sido muito utilizada no ensino das escolas de negócios desde que foi criada pelo fundador da Boston Consulting Group (BGC), Bruce Henderson, há mais de 40 anos, como uma maneira de compreender de que modo as empresas podiam tomar boas decisões de investimento com base em retornos sustentáveis, eficiência de custos e potencial de crescimento, aspectos capazes de levar a uma vantagem sustentável.

A pesquisa atualizada mapeou cada companhia americana listada em um quadrante da matriz e apontou algumas maneiras fundamentais pelas quais ela havia mudado. Comparando dois períodos de cinco anos, de 2008 a 2012 e de 1988 a 1992, a BCG constatou que companhias em 75% dos setores circulavam bem mais rápido pelos quadrantes, e que a fatia dos lucros totais capturada pelas "vacas leiteiras" declinara

25% ao longo de trinta anos. Havia menos vacas leiteiras, e seu tempo de vida diminuíra (em até 55% em alguns setores).

Como as taxas de mudança aumentaram, o tempo entre inovação e adoção se reduziu, e a volatilidade da margem aumentou, o que significa que os negócios precisam renovar constantemente sua vantagem e melhorar a reatividade e a velocidade com que partilham recursos entre produtos, serviços e unidades de negócios. A capacidade de se adaptar rapidamente e de moldar contextos em mutação tornou-se um novo gerador de vantagem. A recomendação da BCG a partir da pesquisa foi para dar maior foco à experimentação sistemática (em vez de episódica), com o objetivo de originar e rapidamente desenvolver uma sucessão de novas proposições promissoras.

Esse foco na constante renovação foi expresso pela professora da Columbia Business School, Rita Gunther McGrath (em *The End of Competitive Advantage*[32]), da seguinte maneira: em vez de explorar vantagens de longo prazo, sustentáveis, focar na capacidade de gerar uma série de vantagens competitivas temporárias, que se combinem para manter benefícios de longo prazo, de posicionamento e competitivos. A análise dela, baseada em examinar empresas com uma significativa capitalização de mercado que haviam tido desempenho destacado ao longo de um período de dez anos, revelou algumas características específicas que têm permitido a negócios de bom desempenho superar seus concorrentes ao longo desse período de tempo estendido.

As mais notáveis foram a capacidade de reconfigurar continuamente operações, estruturas, talento e métodos de execução, mantendo ao mesmo tempo estabilidade na visão geral. As discrepantes eram também voltadas a aprender e, de modo sistemático e frequente, a desfazer-se das vantagens ultrapassadas em vez de se apegar a elas. Tinham excepcional capacidade de lidar com recursos de maneiras mais fluidas, de ir além das políticas interfuncionais e organizar rapidamente recursos em torno de novas oportunidades. Haviam estabelecido processos de governança e orçamento para incorporar inovação e experimentação, contínuas e sistemáticas, e equilibrar melhor a alocação de recursos entre capacidades essenciais, oportunidades de crescimento e proposições totalmente novas. Tinham lideranças que permitiam ao talento orientar-se em torno de oportunidades emergentes de forma rápida.

Passamos tempo demais encarando estratégia e inovação como competências e áreas de foco separadas. A estratégia corporativa tornou-se inflexível, muitas vezes precariamente articulada, e lenta na reação a contextos em rápida mudança. A inovação virou algo episódico, com frequência é mal executada ou mal escalada, e separada das funções-chave do negócio. Para que a inovação contínua se torne uma capacidade essencial do negócio precisamos adotar maneiras bem melhores de originar, comercializar e escalar novos conceitos e proposições de maneira sistemática e perene. Precisamos de uma fluidez bem maior em relação a alocar recursos, para sermos capazes de escalar para cima e para baixo rapidamente, conforme a necessidade. Precisamos de culturas e mentalidades capazes de apoiar uma mudança contínua, mas produtiva, com foco em flexibilidade, adaptabilidade e aprendizagem.

■ Mudar nossa maneira de trabalhar

Gerar vantagem a partir de novas tecnologias requer novas maneiras de pensar e operar, de modo que possamos de fato capitalizar o potencial que elas são capazes de liberar. Com excessiva frequência, olhamos o novo com as lentes do velho e sobrepomos de modo equivocado o velho pensamento aos paradigmas da nova tecnologia. Com muita frequência, colocamos foco na aplicação de novas tecnologias a desafios operacionais, processos ou métodos existentes, mas sem repensar como precisaríamos fundamentalmente redesenhar a maneira como temos que trabalhar.

Uma das maiores lições sobre apropriar-se de modo equivocado de novas tecnologias e falhar em capitalizar seu potencial de transformação vem da introdução da eletricidade nas fábricas e na manufatura no século XIX. Thomas Edison, a quem se credita a invenção do fonógrafo, da lâmpada incandescente, da câmera de cinema, entre muitas outras inovações, foi também responsável por patentear um sistema de distribuição de eletricidade. No entanto, apesar de Edison ter construído as primeiras estações geradoras de eletricidade em 1882 e os primeiros motores elétricos para acionar maquinaria de fábricas não muito depois disso, vinte anos mais tarde a grande maioria da força de propulsão mecânica nas fábricas americanas ainda vinha do vapor. Essa energia era fornecida por um único e imenso motor a vapor, que tipicamente fazia girar um grande eixo de transmissão que, por sua vez, alimentava uma sucessão de eixos, cintas, martelos e prensas subsidiários. As fábricas eram locais de trabalho barulhentos, perigosos, mas a configuração, o layout e a organização da fábrica eram todos movidos pelo acesso a esse eixo e à fonte central de energia a vapor.

Quando a eletrificação começou a chegar às fábricas, os engenheiros simplesmente substituíram os grandes motores a vapor por grandes motores elétricos. E os gestores ficavam desapontados com o pequeno nível do ganho em produtividade. Na realidade, demorou de vinte a trinta anos até se constatarem benefícios significativos.

Os donos e gerentes de fábricas falharam em tirar proveito do verdadeiro potencial dessa nova fonte de energia, pois cometeram o erro de ver o novo com as lentes do velho. A eletricidade permitia que a energia fosse liberada eficientemente onde quer que fosse necessária, o que significa que em vez de uma fonte imensa, centralizada, alimentando tudo, os fabricantes podiam instalar vários motores elétricos menores para fornecer energia a necessidades localizadas. Isso mudou tudo. Como o economista Tim Harford observou:

> As fábricas alimentadas a vapor tinham que ser arranjadas segundo a lógica do eixo de transmissão. A eletricidade significava que você podia organizar as fábricas segundo a lógica de uma linha de produção.[33]

O pleno potencial da eletrificação só pôde ser percebido quando todas as práticas de trabalho e processos foram mudados. A configuração das fábricas não precisava mais ser organizada em torno de uma fonte de energia centralizada, podia ser muito mais descentralizada e estendida. O economista Paul David tem descrito de que modo a eletrificação possibilitou layouts de fábrica lineares, de construção mais leve, de um único andar, no qual o posicionamento das máquinas podia ser configurado para permitir um fluxo de materiais mais rápido e confiável pela planta.[34]

Isso significava que as máquinas podiam ser reorientadas em torno do fluxo de materiais, e não do fluxo de energia; como passaram a ser ligadas apenas quando necessárias, o ritmo de produção podia ser definido pelos trabalhadores, e não pela fonte de energia.

Novas ideias sobre processos de manufatura (como a linha de produção automatizada) emergiram em decorrência disso e se tornaram mais disseminadas. Mas não foi só a arquitetura e o processo de produção que mudaram. Essa maior autonomia dos trabalhadores transformou o modo pelo qual eram pagos, recrutados e treinados, e o foco passou para a qualidade das aptidões. Havia resistência à mudança, é claro, mas conforme as redes elétricas se difundiram e ficaram mais baratas a mudança se tornou inevitável. Os ganhos de produtividade, que antes não haviam sido notados, foram alcançados e superados, mas, embora a tecnologia estivesse disponível há cinquenta anos, foi apenas quando os fabricantes implementaram mudanças mais fundamentais na maneira de pensar, organizar e trabalhar que o verdadeiro potencial ficou claro.

Aqui há um paralelo evidente com a transformação digital de nossos dias. No meu primeiro livro, *Building the Agile Business Through Digital Transformation*,[35] defini a transformação digital como "a transformação e a reinvenção dos recursos, prioridades e processos de uma companhia a fim de torná-la apta aos propósitos de um mundo empoderado digitalmente". Essa definição é inspirada em Clay Christensen, que estruturou as capacidades de uma organização (o que ela pode e não pode fazer) por meio daquelas três grandes áreas: recursos (tangíveis, como edificações e número de funcionários, e intangíveis, como marcas e IP); prioridades (o consenso sobre o que é certo fazer, os valores e a estratégia); processos (a maneira formal ou informal pela qual o trabalho é feito). Como afirma Christensen, esses aspectos não só são mutuamente excludentes, já que uma parte do negócio não pode se encaixar em mais de uma dessas categorias, mas também são coletivamente exaustivos (juntas, as três categorias dão conta de tudo o que há em um negócio).

As tecnologias digitais nos acompanham há anos, mas é só por meio de uma reorientação fundamental dessas capacidades elementares que seu verdadeiro potencial pode ser realizado.

REFERÊNCIAS

[1] PERKIN, Neil; ABRAHAM, Peter. *Building the Agile Business Through Digital Transformation*. Londres: Kogan Page, 2017. Disponível em: https://perma.cc/6VH8-LG5D. Acesso em: 2 ago. 2022.

[2] TRUDEAU, Justin. The Pace of Change Has Never Been This Fast. Disponível em: https://perma.cc/H7MV-RAKN. Acesso em: 2 ago. 2022.

[3] CONSUMPTION Spreads Faster Today. *The New York Times*, 10 fev. 2008. Disponível em: https://perma.cc/XZN3-5D2E. Acesso em: 2 ago. 2022.

[4] 2018 Corporate Longevity Forecast: Creative Destruction is Accelerating. *Innosight*. [S.d.]. Disponível em: https://perma.cc/9BSQ-MEZN. Acesso em: 2 ago. 2022.

[5] IBM. IBM C-Suite Study. [S.d.]. Disponível em: https://www.ibm. com/services/insights/c--suite-study. Acesso em: 2 ago. 2022.

[6] IBM. IBM C-Suite Study: C-suite Executives See "Uberization" As Primary Competitive Threat, 3 nov. 2015. Disponível em: https://perma.cc/RQ7E-HX9H. Acesso em: 2 ago. 2022.

[7] IBM. IBM C-Suite Study. [S.d.]. Disponível em: https://perma.cc/Z4WNWBQ3. Acesso em: 2 ago. 2022.

[8] EVANS, Benedict. *Mobile Smartphones and Hindsight*, 19 fev. 2016. Disponível em: https://perma.cc/6ADB-HBXV. Acesso em: 2 ago. 2022.

[9] MACE, Michael. What's Really Wrong With BlackBerry. *Mobile Opportunity*, out. 2010. Disponível em: https://perma.cc/LLX6-7RKN. Acesso em: 2 ago. 2022.

[10] EVANS, Benedict. *Mobile Smartphones and Hindsight*, 19 fev. 2016. Disponível em: https://perma.cc/6ADB-HBXV. Acesso em: 2 ago. 2022.

[11] MOTIWALA, Adib. Research in Motion: On Its Deathbed? *GuruFocus*, 23 maio 2011. Disponível em: https://perma.cc/7FP9-FGJ4. Acesso em: 2 ago. 2022.; 10 Year Financial Data of BlackBerry Ltd (NAS:BBRY). *GuruFocus*. [S.d.]. Disponível em: https://perma.cc/9N4Y--66UL. Acesso em: 2 ago. 2022.; ARTHUR, Charles. Ten Things to Know About BlackBerry – and how much trouble it is (or isn't) in. *The Guardian*, 24 set. 2014. Disponível em: https://perma.cc/52RF-MCLF. Acesso em: 2 ago. 2022.; WASHINGTON, D.C. Securities and Exchange Commission. Blackberry Annual Information Form for Fiscal 2017. 28 fev. 2017. Disponível em: https://perma.cc/TT5E-D3A5. Acesso em: 2 ago. 2022.; WASHINGTON, D.C. Securities and Exchange Commission. BlackBerry Annual Information Form for Fiscal 2018. 28 fev. 2018. Disponível em: https:// perma.cc/26GA-VTT6. Acesso em: 2 ago. 2022.

[12] HEMINGWAY, Ernest. *The Sun Also Rises*. nova ed. [S.l.]: Arrow, 1994. Disponível em: https://perma.cc/V44W-ZN4A. Acesso em: 2 ago. 2022.

[13] MACE, Michael. What's Really Wrong With BlackBerry. *Mobile Opportunity*, out. 2010. Disponível em: https://perma.cc/LLX6-7RKN. Acesso em: 2 ago. 2022.

[14] SHIH, Will. The Real Lessons from Kodak's Decline. *MIT Sloan*, 20 maio 2016. Disponível em: https://perma.cc/NY47-KEX3. Acesso em: 2 ago. 2022.

[15] MANJOO, Farhad. People Will Misunderstand You. *Slate*, ago. 2011. Disponível em: https://perma.cc/MU2E-NCFR. Acesso em: 2 ago. 2022.

[16] SHIH, Will. The Real Lessons from Kodak's Decline. *MIT Sloan*, 20 maio 2016. Disponível em: https://perma.cc/NY47-KEX3. Acesso em: 2 ago. 2022.

[17] FUJIFILM'S Kenji Sukeno on Reinventing a Brand. *Financial Times*, jan. 2019. Disponível em: https://perma.cc/G93W-9677. Acesso em: 2 ago. 2022.

[18] HADEN, Jeff. 20 Years Ago, Jeff Bezos Said This 1 Thing Separates People Who Achieve Lasting Success From Those Who Don't. *Inc*, 6 nov. 2017. Disponível em: https://perma.cc/5AN4-QQVB. Acesso em: 2 ago. 2022.

[19] NETFLIX. Where is Netflix Available?. 3 jul. 2019. Disponível em: https://perma.cc/M9X65LZZ. Acesso em: 2 ago. 2022.

[20] SHAHBANDEH, Melissa. Global Wheat Production from 2011/2012 to 2018/2019 (in million metric tons). *Statista*, 15 fev. 2019. Disponível em: https://perma.cc/5JGL-3EJB. Acesso em: 2 ago. 2022.

[21] BEZZOS, Jeff. Letter to Shareholders. 1997. Disponível em: https://perma.cc/DRL5-8HS5. Acesso em: 2 ago. 2022.

[22] P&G. P&G Buy This is L, One of the Fastest Growing Feminine Care Brands in the U.S. Cincinnati, 5 fev. 2019. Disponível em: https://perma.cc/FWA4-GMHG. Acesso em: 2 ago. 2022.

[23] DUNN, Andy. *The Book of DNVB*: The rise of digitally native vertical brands, 9 maio 2016. Disponível em: https://perma.cc/RHL4-U48T. Acesso em: 2 ago. 2022.

[24] STARTUPS Shook Up the Sleepy Razor Market. Here's What's Next. *CNBC*, 26 set. 2018. Disponível em: https://perma.cc/47CS-DJBN. Acesso em: 2 ago. 2022.

[25] CPG Sales & ecommerce: Move to modern starts here. *Accenture*, 25 maio 2018.Disponível em: https://perma.cc/5YLB-6DMW. Acesso em: 2 ago. 2022.

[26] HOWLAND, Daphne. Native Brands Set to Open 850 Stores in 5 Years. *Retail Dive*, 10 out. 2018. Disponível em: https://perma.cc/Y6ZC-5AWF. Acesso em: 2 ago. 2022.

[27] IBM. *Incumbents Strike Back*: Insights from the Global C-Suite Study, fev. 2018. Disponível em: https://perma.cc/Z4WN-WBQ3. Acesso em: 2 ago. 2022.

[28] IBM. *Incumbents Strike Back*: Insights from the Global C-Suite Study, fev. 2018. Disponível em: https://perma.cc/Z4WN-WBQ3. Acesso em: 2 ago. 2022.

[29] EVANS, Benedict. *The End of the Beginning*, 16 nov. 2018. Disponível em: https://perma.cc/6DTE-67ZH. Acesso em: 2 ago. 2022.

[30] EVANS, Benedict. *The End of the Beginning*, 16 nov. 2018. Disponível em: https://perma.cc/6DTE-67ZH. Acesso em: 2 ago. 2022.

[31] REEVES, Martin; MOOSE, Sandy; VENEMA, Thijs. *BCG Classics Revisited*: The growth share matrix. 4 jun. 2014. Disponível em: https://perma.cc/TG3L-FVRS. Acesso em: 2 ago. 2022.

[32] MACGRATH, Rita Gunther. *The End of Competitive Advantage*: How to keep your strategy moving as fast as your business. Boston: Harvard Business, 2013.

[33] HARFORD, Tim. Why Didn't Electricity Immediately Change Manufacturing? *BBC*, 21 ago. 2017. Disponível em: https://perma.cc/K2J6-AW4H. Acesso em: 2 ago. 2022.

[34] DAVID, Paul A.; WRIGHT, Gavin. General Purpose Technologies and Surges in Productivity: Historical reflections on the future of the ICT revolution, *Economic and Social History*, n. 31, set. 1999. Disponível em: https://perma.cc/W5QJ-AVPJ. Acesso em: 2 ago. 2022.

[35] PERKIN, Neil; ABRAHAM, Peter. *Building the Agile Business Through Digital Transformation*. Londres: Kogan Page, 2017. Disponível em: https://perma.cc/6VH8-LG5D. Acesso em: 2 ago. 2022.

O negócio ágil

DEFINIÇÃO DE NEGÓCIO ÁGIL

Em meu primeiro livro, *Building the Agile Business Through Digital Transformation*,[1] defini um útil modelo amadurecido para compreender qual deve ser o aspecto de um negócio ágil, nascido digital de fato. Isso era focado em três estágios-chave de desenvolvimento:

1 **Legado:** esse é o estado antes de iniciar a jornada para a transformação ágil, isto é, quando ainda predominam abordagens, pensamento e processos tradicionais.

   a Clientes – Multicanal, em vez de *omnichannel*; a companhia orienta-se pela eficiência, mais que pela necessidade do cliente.

   b Planejamento e processo – Processos rígidos *Waterfall* [em cascata], abordagens ao planejamento fixas, gestão de projeto em cascata, ciclo de lançamento pouco frequente, controle centralizado.

   c Recursos – Fontes de dados em silos, ferramentas de análise básicas, análise descritiva, tecnologia restrita, plataformas antigas, conhecimento isolado, conjuntos de aptidões verticais, treinamento escasso, estrutura organizacional orientada em torno de áreas funcionais, estruturas rígidas que não se adaptam à oportunidade.

   d Estratégia – O desenvolvimento da capacidade digital não é central para a estratégia organizacional/KPIs [*Key Performance Indicator* ou "Indicador-chave de desempenho"], apego à vantagem legada, inovação episódica, visão de curto prazo.

e Visão – Pressupõe retenção da vantagem existente, falta de clareza quanto à direção organizacional ou ao propósito imediato.

f Cultura – Precisa, lenta, controladora, restritiva, focada na eficiência, na melhoria por incrementos, altamente discursiva.

2 **Compatível:** o negócio está no meio da jornada e provavelmente adotou muitas das mudanças fundacionais em mentalidade, estratégia, processo, recursos e cultura, mas ainda há trabalho a ser feito para firmar plenamente, estender e perceber todo o valor potencial desses novos elementos.

a Clientes – A organização orienta-se em torno da necessidade do cliente; o acompanhamento de processos e dados cria uma experiência do cliente coerente, consistente, de alta qualidade.

b Planejamento e processo – Desenvolvimento ágil, SCRUM, teste e aprendizagem, prototipagem e construção rápidos, operações empoderadas pelo digital, governança forte, *frameworks* de medições.

c Recursos – Software como serviço, pacote integrado de tecnologia, parcerias flexíveis, acompanhamento de dados, modelagem básica, análise preditiva, centros de excelência, especialistas e generalistas, aptidões tech, estruturas mais fluidas, ambiente colaborativo, integração entre digital e on-line/off-line.

d Estratégia – Processo de inovação sistematicamente projetado, maior fluidez na estratégia e planejamento, contabilidade da inovação.

e Visão – Visão e estratégia motivadoras, forte vínculo entre visão e prioridades organizacionais/KPIs, rigorosa execução da visão.

f Cultura – Colaborativa, centrada no cliente, impulsionada por dados, com foco no talento, normas desafiadoras, mentalidade de dono, maior autonomia, aprender com as falhas assim como com os sucessos.

3 Nativo: o negócio se mostra nativo em relação ao ambiente fluido, em rápida mudança, no qual opera, e isso se reflete em toda a organização, na própria trama da sua cultura e na sua maneira de operar.

a Clientes – Ciclos contínuos e rápidos de feedback com o cliente moldam estratégias, táticas, inovação e melhoria contínua.

b Planejamento e processo – Agilidade interdisciplinar, equipes pequenas, ágeis, transfuncionais, acolhimento da incerteza, permissão para falhar, rápida testagem e aprendizagem em toda a organização, metodologias *Lean*, operações digitais incorporadas, processos movidos por dados e adaptativos.

c Recursos – Estruturas e alocação de recursos orientadas em torno do cliente, contínua reconfiguração dos recursos, estruturas flexíveis, adaptativas, organização em torno da oportunidade, acompanhamento de dados/tech, análise prescritiva, equipe da linha de frente empoderada, *dashboards* customizados, escalabilidade da nuvem, modelagem acionável, decisões em tempo real, conhecimento profundo, *T-shaped*, camada humana sobrepondo-se à tecnologia, fluxo fluente de conhecimento.

d Estratégia – Plenamente ágil e adaptativa, experimentação sistemática e incorporada, saudável desapego da vantagem legada, visão de longo prazo.

e Visão – Propósito organizacional claro e visão vivenciada pela liderança e operações, evidente em táticas explícitas e comportamentos implícitos, execução adaptativa da visão.

f Cultura – Ágil, altamente fluida/colaborativa, "rápida e certa", em termos gerais, equipes empreendedoras, empoderadas, autoridade distribuída, tendência à ação, pensamento "10x", cultura de aprendizagem incorporada, em rede.

Esse modelo fornece uma visão útil do aspecto geral daquilo que é bom em uma transformação ágil, mas além de compreender os fundamentos do trabalho e pensamento ágeis, é vital identificar as mudanças cruciais de mentalidade envolvidas para que essa transição seja feita em escala, a partir das maneiras mais tradicionais de trabalhar.

ESCALAR PRINCÍPIOS ÁGEIS

A palavra "ágil" acabou até se desgastando, tal é o número de negócios que procuram se tornar mais fluentes e adaptativos. No entanto, princípios e modos de trabalhar ágeis costumam ser mal articulados, incompreendidos e mal aplicados. Podemos chamar isso de "lacuna de agilidade" – o abismo que costuma se abrir entre uma compreensão básica, de alto nível, de alguns dos termos ágeis e a implementação em escala de pensamento e modo de trabalhar ágil, que apoie a mudança, permita uma abordagem sensata à aplicação de metodologias diferentes para resolver problemas diferentes, crie ampla apreciação da cultura ágil e, como vou discutir mais adiante, propicie um bom equilíbrio entre "implementar o *Agile*" e "ser ágil" de fato.

Surgiram várias metodologias específicas em torno dessa noção de ágil (como SCRUM, SAFe, XP, Kanban) e cada uma tem seus defensores entusiastas, mas assim como não há um único guia para a transformação, tampouco há uma metodologia que se mostre sempre a melhor. Em vez disso, é muito mais importante para uma organização encontrar o próprio caminho para desenvolver seus modos de trabalhar (com frequência por meio de prototipagem da própria metodologia de trabalho), que sejam adequados ao seu contexto específico. Esse processo pode muito bem se apoiar em princípios fundacionais do *Agile*, da *Lean* e do *design thinking*, a fim de criar uma abordagem escalável. Além disso, é crucial compreender as principais mudanças de mentalidade envolvidas e como podemos aplicar esses princípios de maneira eficaz em toda a organização para apoiar a transformação.

Em meu primeiro livro,[2] examinei em detalhe as metodologias de trabalho, portanto neste livro vou colocar foco nos princípios cruciais, que não só são o alicerce, mas também costumam ser os mais desafiadores quando a organização tenta aplicá-los em escala.

■ Design *thinking*

David Kelley e Tim Brown, fundadores da empresa de design IDEO, foram os responsáveis pela adaptação do *design thinking* a uma aplicação mais ampla nos negócios. Tim Brown define *design thinking* como "uma abordagem da inovação centrada no humano, que parte das ferramentas do designer para integrar as necessidades de pessoas, as possibilidades da tecnologia e os requisitos para o sucesso nos negócios".[3]

Um processo de *design thinking* começa tipicamente com empatia, buscando compreender, sem julgar, as necessidades do cliente ou usuário final, por meio de observação e entrevistas. Isso costuma ser seguido por uma fase de definição, que procura determinar o problema certo a ser resolvido. Depois que um problema e seu contexto foram explorados, pode muito bem ser apropriado reinterpretar ou redefinir o problema para criar um *framework* que ajude a levar à solução. O *design thinking*, portanto, segue uma abordagem focada em soluções, caracterizada por pensamento divergente e convergente, que envolve originar múltiplas ideias e possibilidades antes de convergir em torno do caminho ideal a se seguir, e faz isso por meio de prototipagem, testagem e aprendizagem.

O *design thinking* é importante, pois lida com problemas complexos que não podem ser resolvidos pela aplicação de regras ou de conhecimento técnico. Os princípios cruciais, escaláveis e importantes a serem extraídos do *design thinking* são:

- o valor da empatia, da exploração e da definição do problema certo a ser resolvido;

- a importância do pensamento abdutivo, usando observação e criatividade para imaginar possibilidades e criar hipóteses;

- o benefício do pensamento divergente e convergente para gerar várias possibilidades antes de usar abordagens prototípicas para reduzir o âmbito e aprender;

- a necessidade de iteração, e de aprender continuamente.

Esses princípios são úteis para escalar, já que suportam uma melhor definição de problemas, pensamento focado em soluções e a conjunção de dinâmicas humanas, tecnológicas e econômicas em benefício do negócio.

■ *Agile* ou Ágil

As metodologias *Agile* ou ágeis surgiram na área de desenvolvimento de softwares como reação aos desafios inerentes a processos *Waterfall*, em cascata, mais tradicionais e rígidos. Um grupo de desenvolvedores reuniu-se no resort Snowbird, em Utah, em 2001, para discutir filosofias de desenvolvimento mais brandas, e publicaram o Manifesto *Agile*[4] a fim de expressar uma nova maneira de trabalhar que capturasse algumas mudanças-chave em valor. Embora todos os aspectos a seguir sejam relevantes, o valor para eles estava:

- mais em indivíduos e interações do que em processos e ferramentas;

- mais em software útil do que em documentação abrangente;

- mais em colaboração do cliente do que na negociação de contratos;

- mais em reagir a mudança do que em seguir um plano.

O *Agile* revolucionou a maneira pela qual equipes de tecnologia trabalhavam e construíam software, mas os negócios mais inteligentes também perceberam que os princípios ágeis têm importante valor não só para as equipes de tecnologia, como também para toda a organização, a fim de apoiar operações mais reativas e adaptativas. Como passarei a discutir agora, há contextos cruciais de cultura e liderança que são necessários para propiciar uma aplicação escalada do pensamento ágil, mas há alguns princípios essenciais subjacentes às metodologias *Agile* que são aplicáveis de modo mais amplo:

- **Equipes pequenas, multidisciplinares:** equipes ágeis são mantidas pequenas a fim de ter maior rapidez para se adaptar e se mobilizar, e contam com as competências necessárias para alcançar os resultados requeridos da equipe e não mais que isso. As equipes costumam ser auto-organizadas, colocalizadas e caracterizadas por alto nível de autonomia.

- **Trabalho em *sprints*:** a equipe trabalha de modo iterativo em blocos de tempo ou *sprints* (em geral, de uma a quatro semanas), focando num conjunto consensual de prioridades. As *sprints* seguem o mesmo padrão, começando com uma priorização do *backlog* e um processo de planejamento em *sprints* para identificar os itens de prioridade mais alta a serem incluídos nelas. A maior parte da *sprint* foca em realizar o trabalho para alcançar os resultados requeridos e usando técnicas como *standups* diários para ajudar a remover bloqueios a um avanço rápido. No final da *sprint*, uma revisão registra o que foi alcançado e uma retrospectiva permite aprender maneiras de trabalhar que possam empoderar uma melhoria contínua.

- **Backlogs, épicos e histórias de usuário:** mais que especificar requisitos rígidos de antemão após gastar bom tempo definindo requisitos, as equipes fatiam grandes desafios/problemas/projetos em componentes menores, que são então priorizados num *backlog*. Um épico pode ser pensado como um grande corpo de trabalho, com frequência com um objetivo focado, que é possível fatiar em várias histórias menores. Cada história de usuário é uma definição de alto nível de um requisito, e pode ser expressa nos seguintes termos: "Eu enquanto (um papel) desejo (uma meta) de modo que (um benefício)".[5] Histórias de usuário podem ser empregadas para expressar requisitos ao trabalhar retroativamente, a partir do cliente ou usuário final, e usualmente contêm informação suficiente para permitir uma estimativa do esforço necessário para atendê-lo.

- **Adaptação e iteração:** como o *backlog* é repriorizado no início de cada *sprint*, possibilitando que os requisitos mudem ao longo do tempo e mantendo a equipe focada em realizar o máximo valor (quando possível, valor ao cliente) e o mais cedo possível, o trabalho em *sprints* naturalmente incorpora adaptação à maneira pela qual as equipes estão trabalhando. Equipes exigem flexibilidade e autonomia (usualmente trabalhando com um PO [*product owner*] que supervisiona o *backlog* do produto) para que elas possam ter flexibilidade e se adaptem conforme avançam.

- **Velocidade:** equipes ágeis preveem e mantêm registro de sua velocidade por meio de estimativas de esforços relacionados a histórias de usuário. Isso significa que podem prever com maior precisão quanto tempo um projeto levará para ser completado e podem evitar a falácia do planejamento, conceito descrito pela primeira vez por Daniel Kahneman e Amos Tversky, segundo o qual somos inerentemente superotimistas ao prever quanto tempo é necessário para completar uma tarefa futura, o que leva a subestimar tempo e esforço.[6] As equipes rastreiam sua velocidade e seu progresso de maneira transparente, com frequência usando displays físicos perto da equipe.

- **Retrospectiva:** uma boa retrospectiva é uma oportunidade de focar em melhorar maneiras de operar. Questões levantadas numa retrospectiva típica podem focar no que é preciso parar de fazer, no que é bom começar a fazer, no que se deve manter, no que fazer mais ou fazer menos. A "revisão após a ação" feita pelo exército dos Estados Unidos é um exemplo, uma simples *framework* para a retrospectiva que alinha a equipe em torno de fatos que todos aceitam (o que se imaginava que fosse acontecer? O que aconteceu de fato?) e de opiniões compartilhadas (por que havia uma diferença? O que podemos aprender com isso?). Retrospectivas são úteis ao incorporar a aprendizagem e a melhoria contínua à trama de como a equipe trabalha.

- **A "Definição de pronto [*Done*]" e a Demo de *sprint*:** A "Definição de pronto" em uma equipe ágil é um conjunto de critérios consistente e acordado na qual os resultados devem ser obtidos para serem vistos como "prontos". Isso é útil para apoiar a alta qualidade dos resultados, dar-lhes consistência e governança contínua. Na Demo de *sprint*, os resultados do trabalho são apresentados aos *stakeholders* [investidores e partes interessadas] para solicitar feedback a ser incorporado a futuros trabalhos e *sprints*. Uma demo pode, portanto, ser muito útil para manter os *stakeholders* atualizados sobre o progresso e para um processo de desenvolvimento inclusivo.

- ***Product owners* e *scrum masters*:** o *product owner* [dono do produto] tem papel crucial na visão do produto final e em representar a voz do cliente e dos *stakeholders*-chave no negócio. O *scrum master* [mestre de scrum] facilita interação na equipe para assegurar boa comunicação e alinhamento, ajuda a remover barreiras para poder andar rápido, assegura a adesão da equipe a valores ágeis e protege a equipe de interferências externas ou dispersões. Ambos têm papel crucial, mas nenhum dos dois está ali para dizer diretamente à equipe o que deve ser feito – a equipe decide a melhor maneira de resolver o conjunto de desafios (Fig. 2.1).

Figura 2.1 – O processo *Agile*

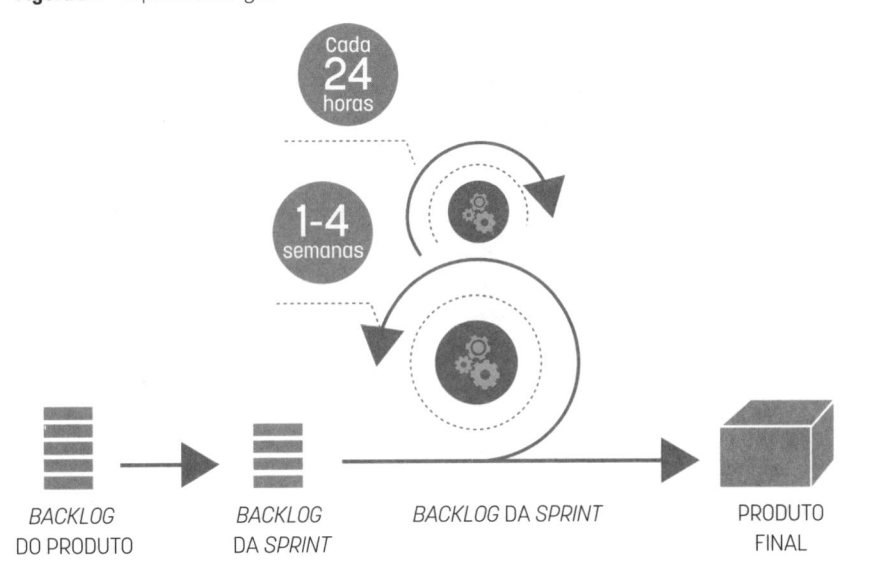

BACKLOG
DO PRODUTO

BACKLOG
DA *SPRINT*

BACKLOG DA *SPRINT*

PRODUTO
FINAL

Fonte: Adaptado de TPX Manifesto.

Os princípios e práticas a seguir amadureceram em torno do *Agile*, mas têm aplicação e benefícios mais amplos:

- a capacidade de incorporar aprendizagem, adaptação e reatividade contínuas nas operações do dia a dia;

- as abordagens à priorização em torno de uma compreensão mais equilibrada do cliente e das necessidades do negócio;

- a compreensão da capacidade de equipes pequenas de criar valor desproporcional;

- a abordagem inclusiva ao desenvolvimento para ajudar a apoiar o contínuo *buy-in* ["comprar a ideia"] e mitigar surpresas e distrações;

- o reconhecimento dos benefícios de uma acurada previsão do tempo e do esforço, e de rastrear velocidade e progresso;

- valorizar a autonomia da equipe e o papel da liderança em remover barreiras que impeçam uma rápida mobilização.

Todas essas práticas são agora fundamentais para a definição de como as organizações precisam operar em ambientes adaptativos complexos.

O *Agile* não é uma bala de prata, portanto é essencial adotar uma abordagem inteligente ao aplicar pensamentos e técnicas de criação de valor diferentes em um negócio. Mas, como discuto a seguir, trabalho ágil e pensamento ágil têm o potencial de transformar organizações grandes, lentas, e torná-las mais bem reativas, embora envolvam algumas mudanças fundamentais de mentalidade que desafiam sistemas de crença e hábitos arraigados ao longo de décadas nas companhias. Não se trata de uma mudança pequena, e as organizações que subestimam a importância dessa mudança, ou não mostram suficiente comprometimento tanto em fazer o *Agile* como em ser ágeis, vão falhar em se adaptar ao mundo moderno.

■ *Lean* startup

A *Lean* startup, assentada nas práticas que há muito tempo são parte crucial da manufatura *Lean* e de filosofias como o Toyota Production System (TPS), criou uma metodologia de desenvolvimento de produto que, alinhada ao *Agile*, trata de começar pequeno e escalar rápido. O ponto fundamental na manufatura *Lean* e no TPS era a ideia de que, em um processo, tudo aquilo que esteja fora da criação de valor para o cliente final é um desperdício em potencial e deve ser sistematicamente removido. Tal processo buscava introduzir inputs apenas no ponto em que eram necessários (daí a produção *just in time*), minimizar tempos de correção para eliminar imperfeições no resultado o mais cedo possível e focar no "Kaizen", isto é, na melhoria contínua.

Similarmente, os princípios de *Lean* startup, expostos no livro homônimo de Eric Ries,[7] tratam de eliminar desperdícios desnecessários e promover melhoria contínua por meio de aprendizagem, desenvolvimento iterativo de produto e ciclos rápidos de feedback do cliente.

Como método científico, buscam testar hipóteses sobre as necessidades do cliente por meio de prototipagem, e de remover suposições e transformá-las em aprendizagem validada. Como o *Agile*, *Lean* startup diz respeito tanto à mentalidade quanto ao processo, e envolve alguns princípios fundamentais, de aplicação bem mais ampla do que no desenvolvimento de produto:

- **O ciclo construir–medir–aprender:** como o *Agile*, a *Lean* startup usa um ciclo iterativo que procura identificar uma hipótese (todas as necessidades do cliente ou soluções ou aspectos do produto são hipóteses até serem testadas), projetar um teste ou protótipo (quando possível, direcionado a usuários finais reais) e desenvolver aprendizagens validadas que possam então moldar as próximas hipóteses e ciclos de aprendizagem. Esse processo é útil para identificar o que Eric Ries chama de suposições por "salto de fé" – todas as coisas que precisam ser verdadeiras para que determinado resultado aconteça – e testá-las uma por uma, para criar aprendizagens validadas. O processo, portanto, atenua riscos por meio de aprendizagem, adaptação e eliminação da incerteza.

- **O produto mínimo viável [*minimum viable product*, MVP]:** o MVP virou outro termo clichê, que com frequência é incompreendido ou mal utilizado. Eric Ries descreve-o como a "*vers*ão de um novo produto que permite a uma equipe obter o máximo de aprendizagem validada a respeito dos clientes com o mínimo de esforço".[8] O princípio é começar pequeno, com testes e protótipos simples, a fim de aprender rápido e escalar movendo-se velozmente por sucessivos ciclos de aprendizagem. Como vou discutir mais adiante, pode haver alguns desafios importantes de mentalidade e cultura quando se começa pequeno em organizações que estão habituadas a fazer grandes investimentos logo de saída.

- **Contabilidade da inovação:** métodos tradicionais de contabilidade e orçamento funcionam bem com proposições estabelecidas e em ambientes estáveis, mas podem ser problemáticos quando uma organização precisa inovar em escala e mobilizar-se rapidamente, com fluidez. Por exemplo, colocar foco em retornos de curto prazo e métricas governadas por índices e análises de fluxo de caixa pode ter o efeito de inibir a inovação. Processos rígidos demais de orçamento e de previsão podem atrapalhar a adaptabilidade. O foco de *Lean startup* em métricas acionáveis, e não em métricas de vaidade (isto é, medidas que representam melhorias na interação com o cliente, no desempenho e em impulsionar o negócio), permite uma abordagem mais sofisticada para compreender a trajetória do projeto e a priorização do orçamento. O *framework* de Dave McClure, "Métrica Pirata", por exemplo, monta uma hierarquia de medidas em torno de Aquisição, Ativação, Retenção, Referência e Receita [*Aquisition, Activation, Retention, Referral and Revenue*] (a sigla AARRR assemelha-se a um grito de pirata – daí a métrica "Pirata"), e essa hierarquia flui do uso do cliente para o crescimento e para medidas financeiras, de maneira a permitir melhor apreciação do potencial de ideias no estágio inicial de entrega de valor. A contabilidade da inovação, portanto, envolve equipes financeiras agindo mais como capitalistas de risco, liberando sucessivas rodadas de financiamento para projetos, com base em medições e trajetória.[9] Equipes pequenas devem ter permissão de gastar pequenas quantias de dinheiro para demonstrar de que modo podem fazer progredir valor e reduzir riscos na escalabilidade.

- **Pivotagem:** é outro termo muito usado, mas pouco compreendido. Ele é descrito por Ries como uma *"correção de rota estruturada, destinada a testar uma nova hipótese fundamental a respeito de produto, estratégia e motor de crescimento"*.[10] A pivotagem mantêm um pé em manter a visão guia do produto ou projeto e outro em permitir refocalizar a proposição ou os aspectos-chave. Pode ser desafiador executar a pivotagem em ambientes que não dão apoio a adaptação e mudança, e não são poucos os desafios de mentalidade quando se trata de evitar tendenciosidades bem conhecidas, que podem levar a uma tomada de decisão equivocada. A capacidade de fazer escolhas inteligentes sobre o momento de continuar, de interromper ou de pivotar em relação a uma iniciativa é uma aptidão de liderança cada vez mais valiosa embora subestimada.

○ A *Lean* startup estrutura-se em torno do envolvimento contínuo de clientes e, portanto, como o *Agile*, trabalha do usuário final para trás, define valor de maneiras centradas no cliente e permite que os negócios fiquem mais próximos de contextos em mudança. No entanto, também dialoga com práticas mais fundamentais que apoiam a amplitude bem como a profundidade de inovação, a mitigação do risco e a aprendizagem rápida em escala. Como ocorre com o *Agile*, uma implementação precária ou sem muita motivação da *Lean* startup pode facilmente levar a uma tomada de decisão ruim, a um valor sub-realizado, e a escorregar de volta a maneiras lineares mais tradicionais de trabalhar e pensar.

○ *Design thinking*, *Agile* e *Lean* startup (e as variantes de processos que eles geraram) oferecem, todos eles, práticas relacionadas, voltadas a conferir flexibilidade e adaptabilidade bem maior a um mundo complexo, mutável e não linear. Mas o valor inerente em mentalidade, cultura e abordagens, do qual todos eles falam, aplica-se não só a equipes de desenvolvimento de produto, design e tecnologia. Considerando quanto essa maneira de pensar pode ser fundamental para apoiar a transformação, vamos agora considerar alguns dos desafios cruciais à mentalidade envolvidos na ampla mudança em direção à cultura e ao trabalho ágil.

MUDANÇAS-CHAVE EM RELAÇÃO AO PENSAMENTO LINEAR

A transformação do pensamento linear, exemplificado pela gestão de projeto em cascata, para chegarmos a maneiras de operar mais iterativas e ágeis, envolve alguns saltos cruciais, mentais e operacionais, que podem fazer a diferença entre o sucesso e o fracasso na transformação ágil. Se a ideia é nos tornarmos mais ágeis como organização, então é crucial para o sucesso ter maior amplitude na apreciação e na aplicação desses modos essenciais de pensar. Trata-se de reconhecer que os princípios ágeis são mais do que uma mera metodologia de processo e trabalho a ser usada em equipes de tecnologia. Aplicados corretamente, tais princípios são uma maneira de operar e de pensar a forma com que as organizações são equipadas para se tornarem mais reativas e manejáveis em ambientes adaptativos complexos.

Os próprios processos podem nos ensinar algo a respeito dessas mudanças de mentalidade mais amplas e podem também agir como catalisadores para incorporar novas abordagens e hábitos positivos. Vamos pegar, por exemplo, um processo de design de serviço. Temos um exemplo, extraído do setor público, do fluxo sequencial que caracteriza as metodologias *Waterfall* [em cascata]:

1. Coletar requisitos e inputs.

2. Estabelecer um plano.

3. Escolher um fornecedor e definir metas.

4. Planejar o projeto.

5. Iniciar a implementação.

6. Concluir a implementação.

7. Entregar e avaliar.[11]

As metodologias *Waterfall* cresceram nos setores de manufatura e construção, em ambientes altamente estruturados nos quais mudanças de design no processo de desenvolvimento não demorariam a se tornar proibitivamente caras. Portanto, o design tinha que ser definido desde o início de modo bem detalhado e continuar relativamente inalterado ao longo do processo de manufatura ou construção. Trata-se, portanto, de uma metodologia de processo especificamente projetada para atenuar a mudança e a adaptação. Reunimos todos os nossos inputs no início e concluímos o processo antes de passar para o estágio seguinte e projetar a solução para esses requisitos, o que também temos que fazer com grande detalhamento. Concluímos o design ou plano antes de passar para sua implementação ou construção. O design ou plano permanecem relativamente inalterados e construímos dentro dessas especificações precisas. Concluído esse estágio, passamos para o teste ou verificação, e então fazemos o lançamento para os usuários finais ou clientes.

O pensamento e os processos *Waterfall* funcionam bem em ambientes estáveis, de lenta mobilização, nos quais os planos precisam ser fixos, as abordagens de desenvolvimento mais rigidamente estruturadas, e o ambiente e as condições são em grande parte imutáveis e amplamente compreendidos. Sua natureza linear significa que são relativamente simples de seguir e entender. Portanto, talvez de modo inevitável, abordagens desse tipo tenham sido incorporadas não só ao desenvolvimento de tecnologia, mas muito mais amplamente ao processo, ao pensamento e à estratégia de negócios. Tomadas de decisão de negócios e casos de negócios, por exemplo, com frequência seguem essa abordagem, do tipo "um tamanho único serve para tudo", de coletar inputs abrangentes, criar um plano e previsões detalhados, com grande investimento e um programa extenso de implementação que se desvie pouco do plano. Em ambientes complexos, de rápida mobilidade, nos quais estamos agora realizando boa parte de nossos negócios, isso cria um significativo número de vulnerabilidades para quem opera assim. Os desafios combinados e inter-relacionados de tempo, complexidade e adaptabilidade são cruciais:

- **Adaptabilidade:** contextos, necessidades do cliente, desafios competitivos estão todos mudando ainda mais rápido, e o pensamento linear de processos é fraco para capturar e reagir à mudança. Isso muitas vezes significa que as soluções são apresentadas no final de um processo, quando este já não é mais adequado ao propósito ou já requer mudanças imediatas. Os processos de coleta de requisitos não apenas podem ser demorados, mas também falhar em capturar a necessidade real do usuário, já que as pessoas costumam não saber o que querem de fato. A definição de problemas precisa ser um processo contínuo, e a resposta a problemas que evoluem requer flexibilidade e adaptação.

- **Complexidade:** pelo fato de os negócios terem foco crescente em operar em ambientes relativamente desconhecidos ou em territórios não mapeados (em razão da crescente complexidade dos mercados e da mudança tecnológica, ou por situações de competitividade em rápida mudança, ou pela necessidade de inovar e adentrar territórios novos e menos familiares), há maior necessidade de experimentação, testagem e aprendizagem rápida. O pensamento *Waterfall* não se presta a nada disso. Cenários complexos também requerem solução de problemas e colaboração multidisciplinares e diversidade cognitiva, aspectos aos quais os processos lineares tradicionais não dão suporte adequado.

- **Tempo:** processos movidos por detalhes e sequenciais podem funcionar bem para o setor da construção, mas muitas vezes são desenvolvimentos demorados e inadequados a situações nas quais a rapidez para o mercado é crucial, ou nos quais a vantagem está em resolver problemas com o cliente de um jeito melhor, mais fácil, mais rápido. Os imprevistos que possam surgir no desenvolvimento e que inevitavelmente não são capturados na coleta de requisitos podem atrasar ainda mais o tempo.

Ambientes complexos, em rápida mudança, com altos níveis de incerteza requerem uma resposta e um pensamento diferentes. Requerem começar pelos usuários, descobrir o que eles precisam, testar soluções e então estarem prontos para mostrar flexibilidade e mudar conforme os contextos e os requisitos mudam. Ainda temos uma visão e uma noção da direção na qual estamos indo e do que queremos alcançar, mas promovemos uma iteração mais bem informada e ficamos mais próximos das necessidades e dos contextos em mudança enquanto avançamos. É essencial, portanto:

1. Conhecer os usuários.

2. Compreender as necessidades dos usuários.

3. Construir um protótipo.

4. Obter feedback de usuários reais.

5. Iterar, com feedback constante.

6. Fazer com que isso ganhe vida.

7. Continuar a melhorar.[12]

Flexibilidade, adaptabilidade e aprendizagem contínua são incorporados a esses processos. Eles são inerentes à trama dessa maneira geral de pensar.

A grande oportunidade aqui, como este livro expõe, é adotar princípios e cultura ágeis, iterativos, e escalar essa maneira de operar e pensar a fim de ajudar o negócio a se transformar e se tornar mais ágil e reativo a um mundo muito diferente: desenvolver uma visão muito mais informada e matizada a respeito de quais pontos do negócio exigem manter abordagens tradicionais, lineares, para a criação de valor, e em quais pontos o certo é implementar maneiras mais iterativas de operar. Mas trata-se também de SER mais ágil enquanto negócio e adotar o tipo de pensamento e o tipo de cultura que podem permitir processos mais flexíveis, adaptativos, que possibilitem trabalhar para escalar e prosperar.

Para poder fazer isso com eficiência, precisamos ter uma noção plena das mudanças cruciais de mentalidade envolvidas na adoção de abordagens mais ágeis, notadamente em relação à criação de valor, aos riscos e à visibilidade. Essas convenções são aplicáveis a metodologias e projetos de trabalho, mas, além disso, capturam diferenças estratégicas mais amplas, mudanças de mentalidade e pressupostos fundamentais que estão em jogo quando uma organização quer se tornar mais ágil. Essas mudanças constituem não apenas oportunidades de lidar de modo diferente com essas dinâmicas, mas também potenciais barreiras culturais e atitudinais, que às vezes impedem que a transformação ágil seja bem-sucedida.

■ Criação de valor

Como mencionamos, em muitas empresas as maneiras estabelecidas de criar valor, de tomar decisões e de lidar com casos de negócios estão fortemente focadas no modelo *Waterfall*, em cascata. Tudo gira em torno de coletar inputs abrangentes, montar planos detalhados e da qualidade da execução em relação a esses planos fixos. De algum modo, sentimo-nos mais confortáveis com uma apresentação PowerPoint ou uma planilha que mostre uma progressão linear da iniciativa, com definição de estágios e previsão de resultados em cada etapa, mesmo quando essas previsões baseiam-se em contextos que têm alta probabilidade de mudar, ou em projeções extrapoladas de dados antigos, já desatualizados. É uma falsa certeza, que simplesmente cria mais trabalho para justificar por que você teve de se afastar de tais previsões conforme o projeto avançou.

Sem dúvida, é bem melhor levar em conta que os contextos têm probabilidade de mudar, assim como definir um curso direcional e uma visão para o resultado do projeto, para depois ser mais fluido e adaptativo a respeito de como alcançar essa visão. Rastrear o progresso em direção a uma meta é importante, mas precisamos ser mais adaptativos em relação ao que a definição inicial de um conjunto linear de metas rígidas nos permite, além de ter maior argúcia em relação à maneira de financiar projetos e de acompanhar seus principais indicadores.

Uma das mudanças-chave de mentalidade envolvida aqui é em torno da criação de valor. Em qualquer iniciativa ou projeto, costumamos imaginar a criação de valor como algo proporcional ao esforço que colocamos nela, que progredirá de modo razoavelmente linear, com o valor sendo criado de maneira estável conforme avançamos. Na realidade, se estruturamos isso ao mesmo tempo como valor ao cliente e como valor ao negócio, sem dúvida as abordagens *Waterfall* vão mostrar uma rápida entrega de valor no final do processo. Temos todo um trabalho de falar com as partes interessadas, projetar e construir, mas o negócio ou o cliente veem muito pouco valor antes do lançamento final da proposição. Quando adotamos corretamente uma postura ágil, fazemos exatamente o oposto: concentramo-nos em entregar o maior valor o mais cedo possível no processo, e então, com iteração a partir daí, passamos a entregar continuamente mais valor. O negócio e o cliente são capazes de se beneficiar bem antes. Podemos representar essas diferenças como na Fig. 2.2.

Figura 2.2 – Criação de valor *Agile versus Waterfall*

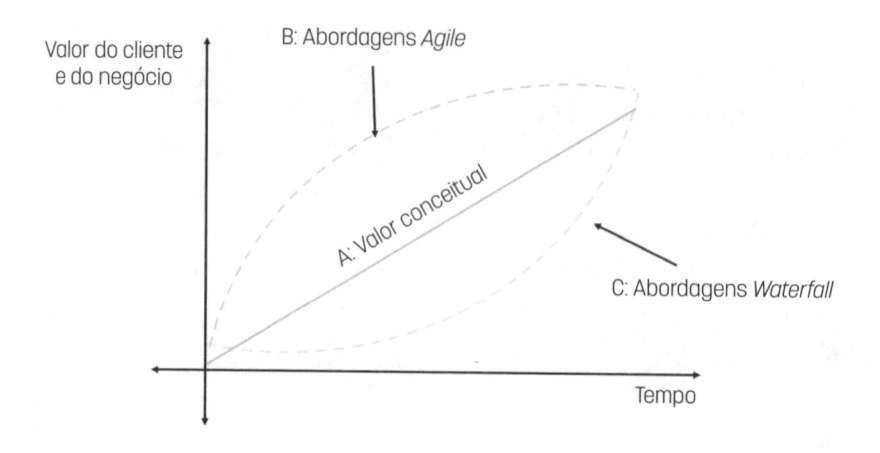

Se substituirmos tempo por esforço no eixo x, com frequência o sentido vai ser mantido. Estamos focados sempre em como entregar o máximo valor o mais cedo possível, particularmente para os clientes (porque se os clientes estão satisfeitos o negócio geralmente também estará, certo?), mas igualmente para o negócio.

Essa mudança conceitual requer um salto mental que, se não for dado, pode virar uma barreira cultural e comportamental frente à mudança. É confortável ter planos detalhados, mas precisamos reavaliar nosso entendimento do nível de inputs que é preciso ter de antemão e ficar mais confortáveis em ir aprendendo ao longo do caminho. Claro que é cômodo contar com um planejamento de tempo rígido, linear e com processos de revisão em determinados estágios, portanto temos que procurar sentir mais conforto em não saber de antemão em que ponto exatamente estaremos em qualquer dos estágios do projeto (porque de qualquer modo nunca saberemos de fato). Também há certo conforto em fazer um grande investimento de tempo e em construir recursos em uma solução altamente sofisticada, que nos deixa muito entusiasmados antes de lançá-la no mercado, portanto temos que nos sentir melhor com o "rápido e mais ou menos certo", combinado com uma governança ágil adequada.

■ Adaptabilidade

Outra mudança de mentalidade crucial é em torno da flexibilidade que precisamos ter para nos adaptarmos de maneira fácil, criteriosa e rápida. Num mundo dos negócios caracterizado pelo pensamento linear, é difícil introduzir mudança e flexibilidade. Podemos até acreditar conceitualmente que estamos mantendo um nível consistente no potencial de mudança ao longo de um projeto, mas a realidade costuma ser diferente. Num ambiente dominado pelo modo *Waterfall*, quanto mais progredimos num projeto mais tempo e recursos gastamos com ele e mais ficamos envolvidos num curso de ação particular que acreditamos ser determinante para o sucesso. O reconhecimento e apoio de nossos superiores dependem disso. Tornamo-nos dependentes do caminho; e conforme avançamos, vai diminuindo a probabilidade de fazermos mudanças significativas. Mas com mais abordagens iterativas, a capacidade de flexibilizar, aprender e se adaptar é incorporada ao processo. Embora possamos perder um pouco dessa flexibilidade ao longo do caminho, perde-se bem menos do que num modelo linear. Essas diferenças estão representadas na Fig. 2.3.

Em um nível mais abrangente, dentro da empresa esse problema pode significar que é muito fácil os negócios se tornarem dependentes do caminho quando adotam determinadas estratégias e versões sobre qual será a aparência do sucesso. Isso pode reduzir drasticamente a manejabilidade e fazer com que o negócio empaque.

Figura 2.3 – Adaptabilidade *Agile versus Waterfall*

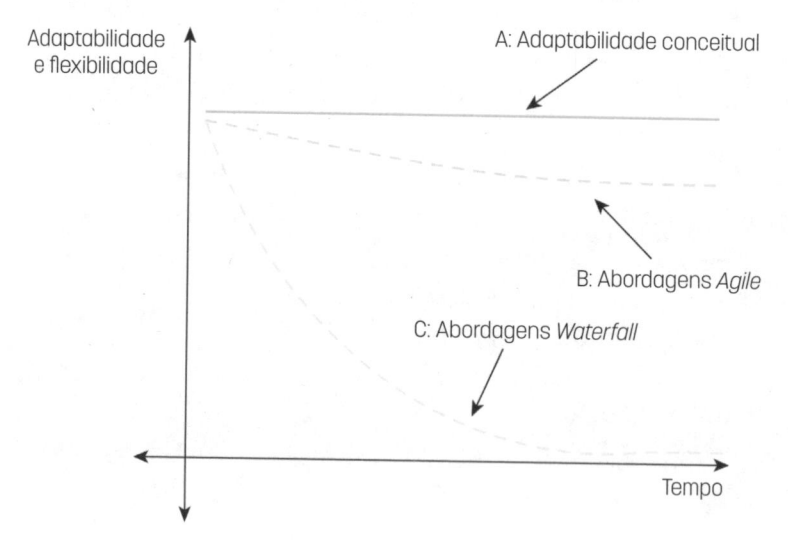

■ Abordagens ao risco

Em seu livro sobre repensar a gestão de riscos (*Rethinking Risk Management: Critically examining old ideas and new concepts*[13]), Rick Nason, professor associado da Rowe Business School, explica por que precisamos redefinir a maneira de gerir o risco nas organizações. As abordagens tradicionais, argumenta ele, encaram as equipes de gestão de risco como o "departamento do não", aquele que confia demais em *frameworks* de terceiros e carece de pensamento independente: "Rapidamente, os *frameworks* tendem a se tornar a gestão de risco, mais do que um guia para gestão de risco. Em outras palavras, as pessoas fazem a gestão do *framework*, em vez da gestão do risco – duas coisas muito diferentes".[14]

Uma abordagem mais equilibrada leva em conta o risco positivo ou bom; ao mesmo tempo, alivia o impacto e a probabilidade do risco ruim. Segundo Nason, trata-se de um equilíbrio entre arte e ciência, processo e avaliação. Isso posiciona a gestão de risco mais como uma contribuição estratégica à criação de valor. O primeiro passo para desenvolver uma compreensão estratégica é definir o problema e determinar se uma questão é simples, complicada ou complexa. Mais adiante vou falar sobre como essa abordagem à definição do problema pode apoiar um pensamento mais sofisticado em relação às metodologias que usamos para resolver desafios, bem como se estamos adotando o *Agile* ou não. Mas na gestão de risco é útil considerar que desafios simples e complicados podem em grande parte ser resolvidos por regras e processos, ao passo que resolver questões complexas requer não apenas julgamento, mas também uma abordagem do tipo "gerir, em vez de resolver", que envolve experimentar, aprender e adaptar. Para isso, é menos importante definir a solução exata no início do que assumir uma abordagem mais ampla e criativa a respeito de como você pode encontrar a solução correta. Adotar abordagens estruturadas para gerir risco em domínios simples e complicados é algo que faz sentido, mas em áreas complexas precisamos que a estrutura não atrapalhe, para tornar possível uma abordagem flexível e emergente à gestão do risco.

A cultura de risco que uma organização traz com ela pode ser uma barreira importante ou pode propiciar a mudança. Se essa cultura é estabelecida de uma maneira que leva as pessoas a ficarem temerosas, achando que sempre haverá culpa e consequências a partir dos resultados do risco, elas terão tendência a ocultar eventos da gestão de risco que possam amplificar o risco em vez de atenuá-lo. A homeostase de risco, ou compensação de riscos, foi desenvolvida como teoria por Gerald J. S. Wilde, professor de psicologia da Queen's University, em Ontário, Canadá. Essa teoria propõe que todo mundo tem um nível de risco aceitável no qual gosta de operar. As pessoas podem muito bem ajustar seu comportamento ao reagir a um nível de risco percebido em uma situação, a fim de se alinhar mais a um nível de risco aceitável. Portanto, talvez fiquem mais cuidadosas quando acreditam que há um risco maior, mas, inversamente, podem assumir mais riscos (talvez desnecessários) em situações que estejam fortemente bloqueadas pela gestão de risco.

Quando a Suécia mudou a mão do trânsito da pista esquerda para a direita, em 1967, os dezoito meses seguintes tiveram uma acentuada redução em acidentes de trânsito, o que levou Wilde a levantar a hipótese de que isso se devia ao fato de os condutores reagirem a um maior perigo tomando mais cuidado. Em um conhecido estudo sobre trânsito realizado em 1994, em Munique, um grupo de taxistas recebeu carros equipados com freios antitravamento (ABS) e um grupo controle recebeu carros idênticos em tudo aos primeiros, mas sem freios ABS. Quando os resultados foram analisados por Wilde, ele observou que os dois grupos haviam tido número muito similar de acidentes, o que o levou a concluir que os motoristas que haviam recebido equipamento adicional de segurança dirigiram mais agressivamente, levando a uma taxa de acidentes mais alta.[15]

Uma cultura avessa ao risco pode facilmente gerar mais riscos não intencionados. Quando a administração Obama, em 2013, lançou o Healthcare.gov – plataforma on-line do mercado de seguro médico, na qual cidadãos americanos podiam escolher os convênios que tivessem condições de pagar –, o sistema travou assim que entrou no ar e levou semanas para começar a funcionar bem. Os cidadãos não conseguiam sequer fazer o log-in, e tratava-se de um site concebido para ser um portal integrado para seguro médico, cuja criação custara mais de 400 milhões de dólares.[16]

Houve uma série de erros de gestão, técnicos e financeiros que contribuíram para o colapso do site no lançamento. Na época, o escritor Clay Shirky publicou um artigo destacando que a cultura na equipe que elaborou o sistema dificultava muito a divulgação de notícias ruins, e que era um tipo de ambiente no qual o fracasso não era tido como opção. Shirky observou que a adesão a processos rígidos do tipo *Waterfall* comprometera a capacidade de aprender a partir dos testes, de se adaptar quando necessário, o que gerou um imenso risco ao longo do tempo:

Um teste eficaz é um exercício de humildade; só pode ser útil em uma cultura que não confunda probabilidade com desejabilidade. Para que um teste mude as coisas, todos precisam entender que a própria opinião, e a opinião de seu chefe, importam menos do que definir aquilo que realmente funciona ou não funciona.[17]

O resultado foi um site inchado, com 500 milhões de linhas de código, isto é, um castelo de cartas gigantesco que levou a um lançamento desastroso. Em vez de evitar o fracasso, a falta de uma testagem precoce e agressiva simplesmente foi avolumando esse fracasso. Em vez de assumirem logo em público os riscos, que seriam menores e aceitáveis, eles avolumaram os riscos. Não foi um problema simples, de fornecedor, por exemplo; foi um problema de gestão e de cultura.

Muitas grandes organizações sofrem por manter culturas avessas ao risco, que impedem uma experimentação de maneira ampla e frequente. Qualquer organização precisa não só estar muito focada naquilo em que decide colocar suas apostas, mas também tem que testar soluções, aprender e escalar rapidamente, a fim de identificar onde está a real oportunidade. Isso significa alocar recursos sistematicamente para testar hipóteses e iterar valor, e ter fluidez e flexibilidade para identificar quando determinado caminho não é mais válido, para então mudar o foco e os recursos. A realidade, obviamente, é que quanto mais você experimenta, mais aprende; quanto mais inova, menor o risco de alguém decidir seu futuro por você. O foco em aprender, em vez do foco em evitar risco a todo custo, cria uma organização mais resiliente.

De maneira similar, uma cultura de abertura e transparência estimula gestores a assumirem riscos prudentes dentro de parâmetros bem compreendidos de tolerância ao risco, o que resulta em mais progresso, criatividade e motivação. Definir parâmetros claros a respeito de "falhar com margem segura" significa que você não está apostando o destino da companhia com experimentações arriscadas. Em vez disso, você está deixando as pessoas livres para testar e aprender dentro de um ambiente que oferece recompensas ao mesmo tempo que busca mitigar riscos desnecessários.

Mudar para maneiras mais ágeis de trabalhar pode envolver uma mudança de mentalidade desafiadora na relação entre risco e recompensa. Em um mundo *Waterfall*, estamos habituados a reunir todos os nossos inputs no início do processo, tomar uma decisão e apostar alto ao investir pesado em uma número limitado de maneiras de realizar o valor que acreditamos ser possível obter. No entanto, em um complexo mundo adaptativo, é mais adequado ter uma visão clara do aspecto do futuro, manter-se determinado quanto à sua direção, mas a partir disso começar pequeno, aprender e escalar rápido. Isso requer múltiplas pequenas apostas, aprendizagem rápida, escalar e/ou desapegar-se rápido e convencer-se de que, em vez de apostar muito em duas iniciativas na expectativa de que uma delas dê certo, é melhor fazer dez apostas menores, prevendo que dessas dez talvez nove vão falhar mas uma delas proporcionará um retorno realmente grande.

Em um mundo *Waterfall*, como o investimento vem na frente e a criação de valor e o feedback do cliente aparecem mais perto do fim do processo, o risco em grande parte fica conosco até o final. No *Agile*, procuramos atenuar o risco o mais cedo possível aprendendo conforme avançamos, assegurando não estar investindo recursos, tempo e dinheiro desnecessariamente em coisas que o cliente na realidade não quer. Essas diferenças podem ser representadas pela Fig. 2.4.

Um dos princípios cruciais dos processos iterativos, como a *Lean* e o *Agile*, é que estamos listando nossos pressupostos do tipo "saltos de fé" como um *backlog*; e então procurando testar cada um deles para transformá-los em aprendizagens validadas. Nos processos rígidos, lineares, é fácil pôr em movimento suposições não testadas bem no início do processo para só depois descobrir que se trata de uma suposição equivocada em um estágio avançado de desenvolvimento, talvez até apenas quando colocamos o produto final ao vivo para os usuários. Isso aumenta o risco e a vulnerabilidade, particularmente quando as coisas à sua volta estão mudando rápido. Com processos lineares, o custo da mudança cresce conforme você avança. Com processos iterativos, você deliberadamente reduz o risco enquanto segue adiante.

Figura 2.4 – Abordagens ao risco *Agile versus Waterfall*

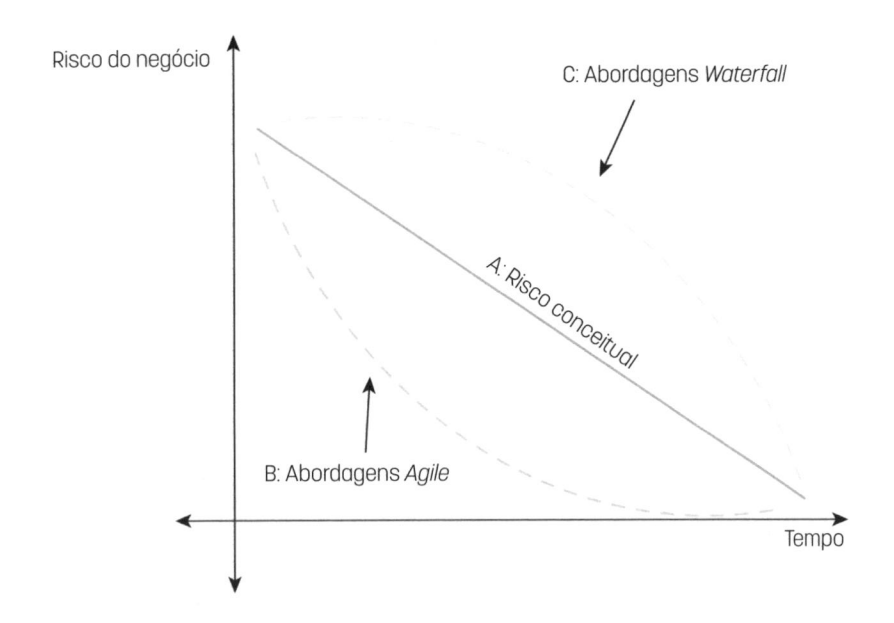

ESTUDO DE CASO

Airbus A380

Mais adiante, neste livro, trataremos da importância da autonomia alinhada como maneira de empoderar uma rápida mobilização, mantendo ao mesmo tempo alinhamento direcional e governança fortes. A história do que ocorreu no processo de desenvolvimento do novo Airbus A380, a maior aeronave comercial do mundo, é um lembrete do que pode acontecer de grave quando falta um alinhamento adequado, além do quanto podem ser significativas algumas suposições que vão acompanhando em fogo brando o processo de desenvolvimento.[18]

A essência da história é a seguinte: diferentes grupos de design, trabalhando no mesmo projeto em diferentes países, usaram versões diferentes do mesmo software de Computer-Aided Design (CAD). Nesse desenvolvimento dos projetos de engenharia por várias equipes, os projetistas alemães e espanhóis usaram a versão 4 do software CATIA, enquanto as equipes britânica e francesa já haviam passado para a versão 5. O problema disso é que a versão 5 do software promoveu um significativo upgrade em relação à versão anterior, ou seja, havia notáveis inconsistências que emergiram apenas quando o primeiro protótipo da aeronave começou a ser construído em Toulouse.

Apesar de terem sido fabricados conforme a especificação, quando os 530 quilômetros de fiação e cabos começaram a ser entretecidos na estrutura da aeronave, os engenheiros logo notaram que muitos fios eram alguns centímetros mais curtos. A complexidade do sistema de fiação (mais de 100 mil fios), aliada às discrepâncias entre as versões do software, exigiu reprojetar e refabricar, gerando consequentes atrasos no projeto (a certa altura, mais de 1.100 engenheiros alemães foram levados até a planta de produção em Toulouse para corrigir os problemas[19]). O resultado foi meses de atraso e imensos gastos adicionais.

A situação foi acentuada pela complexa estrutura organizacional, pois o negócio da Airbus era um consórcio de várias companhias. Como não foi criada uma equipe única de projeto que abrangesse os diferentes centros, a pressão contínua em manter o projeto avançando para cumprir um cronograma excessivamente agressivo, além da ênfase mal direcionada em manter as diferentes partes da companhia atendidas em vez de focar no que era melhor para a aeronave, também foram fatores que atrapalharam o desenvolvimento. Os atrasos no projeto A380 custaram ao negócio 6,1 bilhões de dólares.[20] É um exemplo claro do custo potencial de não testar suposições e de acrescentar complexidade desnecessária a um projeto de grande porte.

Figura 2.5 – Visibilidade *Agile versus Waterfall*

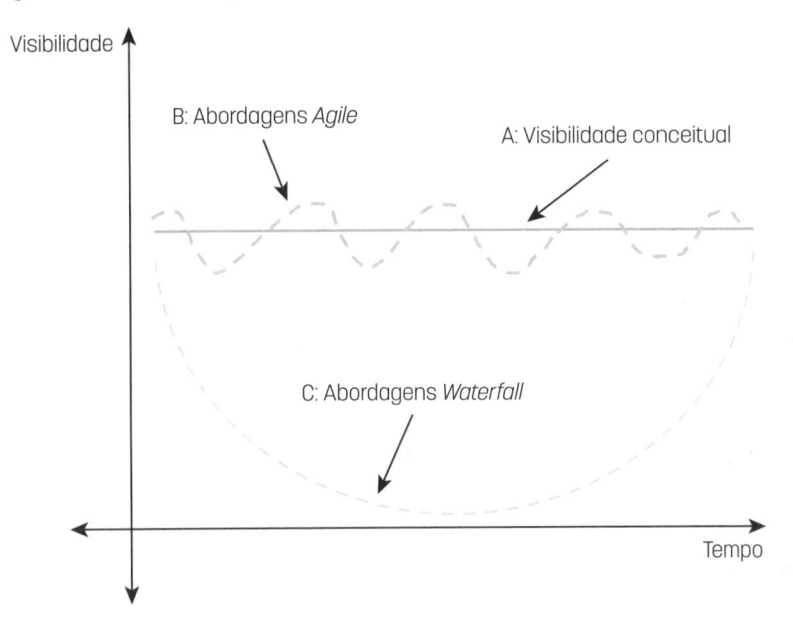

■ Abordagens à visibilidade

Pode ser fácil acreditar, ao se adotar abordagens *Waterfall*, que, por avançarmos em estágios regulares, temos uma boa visibilidade do progresso ao longo da iniciativa, mas a realidade pode ser bem diferente. Conforme o projeto avança, em estágios que envolvem trabalho intensivo e detalhado, realizado por equipes ou funções individuais, é fácil perdermos a visibilidade do que está acontecendo de fato com o progresso e, como mencionamos, pode até ocorrer que uma suposição importante seja acrescentada ao desenvolvimento sem que ninguém perceba. Com abordagens iterativas talvez fique difícil prever com alguma certeza, no início de um projeto, em que pé estaremos a determinado estágio (e se for possível prever, o processo não estará sendo ágil), mas com uma governança ágil adequada podemos, sim, manter um bom nível de clareza ao longo do processo. As diferenças-chave podem ser representadas pela Fig. 2.5.

O ponto crucial aqui é que essas são as mudanças-chave de mentalidade. Caso não forem feitas, elas podem se tornar barreiras significativas à adoção de novas maneiras de pensar e talvez nos façam retroceder a práticas mais confortáveis e lineares. À medida que for tomada a decisão não só de usar metodologias iterativas mais amplamente em todo o negócio, mas também de adotar mentalidades ágeis ao longo dele, essas diferenças se tornam representações cruciais de sucesso e fracasso.

PRINCÍPIOS DO NEGÓCIO ÁGIL

No meu primeiro livro, desenvolvemos doze princípios do negócio ágil, inspirados pelo Manifesto *Agile* original, que foi um modelo para uma melhor maneira de desenvolver softwares. A partir desses princípios originais, definimos alguns princípios fundamentais para incrementar os negócios no complexo mundo adaptativo que temos hoje (Quadro 2.1). Esses princípios de um negócio ágil definem um modelo para uma organização verdadeiramente adaptativa e reativa.

Quadro 2.1 – Princípios do negócio *Agile*

	Princípios do Manifesto *Agile*	Princípios do negócio *Agile*
1	Nossa prioridade mais alta é satisfazer o cliente por meio de rápida e contínua entrega de softwares de valor.	A orientação básica é atender à necessidade do cliente por meio de constante melhoria da sua experiência.
2	Dê boas-vindas a exigências de mudança, mesmo nas fases finais do desenvolvimento. Processos *Agile* equipam a mudança para a vantagem competitiva do cliente.	Estratégias e táticas são altamente adaptativas e reativas, e a mudança é bem-vinda.
3	Entregue software funcional com frequência, de duas semanas a dois meses; quanto mais curto o tempo, melhor.	Trabalho iterativo, por *sprint*, entrega valor ao cliente por meio de progresso e impulso contínuos.
4	Pessoal de negócios e desenvolvedores devem trabalhar juntos no dia a dia ao longo de todo o projeto.	Uma colaboração eficaz entre as funções, apoiada por intenções claras, é crucial para o sucesso.

Princípios do Manifesto *Agile*	Princípios do negócio *Agile*
5 Construa projetos em torno de indivíduos motivados. Dê-lhes o ambiente e o apoio que precisam, e confie que irão concluir o trabalho.	Construa empresas com indivíduos motivados. Empodere equipes para atuarem em ambiente de trabalho flexível, com confiança e conforto, sem divergências.
6 O método mais eficiente e eficaz de passar informação de desenvolvimento a uma equipe e dentro dela é a conversa cara a cara.	Onde possível, minimize burocracia e política, e maximize colocalização e comunicação cara a cara.
7 Software funcional é a medida básica de progresso.	Resultados são a medida ótima do progresso e sucesso.
8 Processos *Agile* promovem desenvolvimento sustentável. Patrocinador, desenvolvedor e usuário devem ser capazes de manter um ritmo constante indefinidamente.	O negócio *Agile* apoia inovação e progressos contínuos e sustentáveis. Mudança e iteração são constantes, e o ritmo do progresso nunca desacelera.
9 A atenção contínua à excelência técnica e ao bom design favorece a agilidade.	Excelência técnica e bom design são cruciais para manter ritmo e agilidade.
10 Simplicidade – a arte de maximizar a quantidade de trabalho que não precisou ser feito – é essencial.	Minimize desperdício de esforço, duplicação e recursos.
11 As melhores arquiteturas, requisitos e designs emergem de equipes que se auto-organizam.	Os melhores resultados emergem de equipes pequenas com alto grau de autonomia.
12 A intervalos regulares, a equipe reflete sobre como se tornar mais eficaz, e então sintoniza e ajusta seu comportamento de acordo.	Melhoria contínua é alcançada por meio de um tempo de reflexão incorporado e de comportamentos e cultura que apoiem a aprendizagem.

O IMPACTO DAS EXPECTATIVAS CRESCENTES DO CLIENTE

A experiência do cliente tornou-se "a" área de foco nos últimos anos para organizações de um amplo campo de setores. À medida que mais produtos se tornam serviços, e até bens físicos são incrementados com camadas de interação com serviços impulsionadas por software, o foco operacional de muitas organizações está se deslocando da eficiência da cadeia de valor para os ecossistemas de valor nos quais a experiência do cliente se torna um componente crucial.

Há pouca dúvida sobre quanto a experiência do cliente é importante para a criação de valor no negócio. Um levantamento da Defaqto Research concluiu que 55% dos consumidores pagariam mais por uma melhor experiência do cliente.[21] Um relatório do Walker Group previu que, em 2020, a experiência do cliente suplantaria preço e produto como diferencial-chave de marca.[22] Aqueles que responderam ao Digital Trends Report anual da Econsultancy[23] (publicado em associação com a Adobe e baseado em uma pesquisa global com mais de 14 mil profissionais digitais) citaram a "otimização da experiência do cliente" como a oportunidade de negócios mais estimulante para o ano seguinte. A mesma resposta ocupou o topo da lista nas últimas quatro iterações dessa pesquisa, demonstrando que se trata de uma prioridade de longo prazo; mas que é capaz de mudar o jogo.

Portanto, indica uma vantagem potencial futura. Quando os participantes dessa mesma pesquisa da Econsultancy foram questionados sobre quais previam ser as maneiras pelas quais sua organização (ou a organização de seu cliente, no caso de agências) poderia se tornar um diferencial de concorrência nos próximos cinco anos, citaram a experiência do cliente como foco principal.

Evidentemente, há muitos desafios envolvidos nesse foco de entregar uma experiência do cliente excepcional, como os inerentes a acompanhar fontes de dados díspares e extrair efetivamente insight e valor por meio de aplicação, assim como os desafios dos sistemas legados e de reinventar o próprio negócio (estruturas, processos, prioridades) para torná-lo mais reativo aos contextos competitivos e do consumidor em rápida mudança.

Esse é um desafio contínuo, especialmente porque cada novo serviço bem-sucedido que aparece no mercado faz a expectativa do cliente aumentar. O autor Adam Morgan uma vez descreveu esse fenômeno como "filhotes do Uber" – a ideia de que essa ampliação contínua na expectativa do cliente cria um contexto em perpétua mutação, ao qual os negócios precisam corresponder, bem como a necessidade de uma melhoria contínua (e não episódica).[24]

Em 2015, a Uber Data Team fez uma análise para ver se o aumento de eficiência (tempo mais curto para conseguir um carro) resultava num aumento das expectativas dos usuários do Uber ao longo do tempo. Descobriu que as cidades em que o Uber está há mais tempo haviam experimentado a mais acentuada queda na disposição de aguardar um carro.[25] Isto é, quanto maior a eficiência do Uber em melhorar o suprimento e otimizar os algoritmos de atendimento, mais impacientes as pessoas ficavam em suas esperas – um padrão replicado, qualquer que fosse a geografia. Como a equipe do Uber declarou: "A conclusão é que sentimos a necessidade de alcançar um nível cada vez mais alto, para levar você do bar para casa quando você tiver bebido demais".[26]

O resumo da história para quase qualquer negócio é que conforme a experiência do cliente se torna cada vez mais o diferencial, a agilidade em reagir às mudanças ocorridas na expectativa do cliente torna-se a vantagem ou desvantagem competitiva mais crucial. Não é uma mudança pequena. É uma reorientação do negócio inteiro em direção a estruturas, processos, práticas e comportamentos ainda mais centrados no cliente.

De algum modo, porém, apesar da óbvia importância da experiência do cliente em impulsionar o valor do negócio, e do fato de praticamente todos os negócios se colocarem como centrados no cliente, muito da realidade da experiência do cliente acaba sendo qualquer coisa exceto algo realmente centrado no cliente. Mesmo agora, vários anos depois de ficar evidente a importância da experiência do cliente como um fator diferencial e gerador de lucro, ainda há mil exemplos de negócios fazendo coisas por razões que nitidamente são centradas na empresa e não no cliente. Portanto, temos dados de contato escondidos nos sites por trás das FAQs porque é mais conveniente para as empresas não ter de pagar alguém para responder às perguntas dos clientes. Temos automação precariamente implementada, que falha em dar aos clientes o que eles querem quando precisam –os empurrando para a frente por meio de menus automatizados–, em vez de simplesmente ser capaz de fazer uma pergunta a uma pessoa. Pior ainda é quando essas empresas ficam bombardeando o cliente com mensagens inúteis, puro desperdício, sendo que ele não quer, nem precisa dessas mensagens. Temos complicados procedimentos de log-in e segurança que não se mostram à altura da nova tecnologia, e jornadas de cliente com complexidade desnecessária, que não são seguidas, pois é complicado navegar por elas e podem ser tudo, menos centradas no cliente.

Apesar de todas as promessas, acabamos vendo-nos numa era com múltiplos campos a preencher, sistemas de pagamento e identificação longe de serem fluentes, ecossistemas concorrentes que não conversam entre si e infraestruturas de apoio atravancadas, que vazam dados ou empacam serviços.

Tom Goodwin (autor de *Digital Darwinism: Survival of the fittest in the age of business disruption*[27]) descreveu isso como a "era meio-digital" – uma era de pico de complexidade, na qual temos todas as possibilidades das novas tecnologias, mas ainda carregamos o fardo de um pensamento do passado, o que resulta em excesso de dificuldade, escassa interoperabilidade e experiência do cliente desajeitada.

> Essa energia – as forças disruptivas, a vasta sensação de mudança, a aceleração da complexidade, o estresse de companhias lutando para alcançar as margens de lucro do passado – é onde estamos agora. Encontramos complexidade em todos os aspectos da nossa vida e tendemos a não percebê-la por estarmos fascinados pelo novo.

Enquanto as expectativas do cliente não param de crescer, negócios de todo tipo precisam estar sempre se adaptando, evoluindo e transformando em reação a isso. Não se trata de investimentos e inovação periódicos; trata-se de rápidos ciclos de feedback do cliente, que dão lugar a iteração contínua e a um novo pensamento.

Como a indústria da música se tornou ela mesma seu pior inimigo

Às vezes setores inteiros podem implementar estratégias que não fazem sentido para o cliente e podem criar uma vulnerabilidade estratégica. Na década de 1990, a indústria do disco fez esforços específicos para tentar matar as vendas do single no varejo em favor do formato mais lucrativo do álbum. O resultado foi uma lição salutar para negócios de todo tipo.[28]

O álbum [LP] foi, sem dúvida, o formato proeminente a partir da década de 1960, com os singles [compactos] sendo vistos muitas vezes como uma maneira de impulsionar as vendas do respectivo long-player, particularmente na década de 1980, quando álbuns como *Thriller*, *Hysteria* e *Born in the USA* lançaram uma alta proporção de faixas como singles (*Thriller*, por exemplo, teve sete de suas nove faixas lançadas nesse formato).

Na década de 1990, porém, as companhias de discos (começando pela Capitol Records e pela MC Hammer, acredite ou não) foram à guerra do single no varejo, promovendo sucessos do rádio que você só podia adquirir comprando o álbum todo (pense em Alanis Morissette), fazendo surgir o fenômeno no final dos anos 1990 de consumidores obrigados a desembolsar o valor de um álbum inteiro que geralmente tinha apenas uma música boa nele (pense em Chumbawamba). A razão disso era, obviamente, que os selos ganhavam mais dinheiro desse jeito, mas inevitavelmente geravam ressentimento em seus clientes, que acabariam revidando com maior vigor. A história de como a Napster tumultuou o negócio da música na virada para o atual século não apenas é bem documentada, mas também provê uma lente por meio da qual podemos ver como as próprias práticas da indústria acabaram armando sua queda espetacular.

É um grande exemplo de como é fácil um setor inteiro promover um desalinhamento de incentivos e metas ao perseguir estratégias que podem fazer sentido para o caixa da empresa em curto prazo, mas que não fazem sentido em longo prazo e aumentam o tipo de fragilidade que as torna altamente vulneráveis a uma disrupção genuinamente de longo alcance.

A "PLATAFORMIZAÇÃO" DA CAPACIDADE

A palavra "plataforma" às vezes é usada de modo indiscriminado na atualidade, mas indica talvez uma das mais significativas transições inerentes à economia dos negócios na era digital. A internet sempre foi ótima para facilitar relacionamentos entre os nós de uma rede, mas a passagem de negócios tradicionais do tipo "tubulação" para as chamadas organizações em "plataforma" capitaliza isso de uma maneira que nitidamente caracteriza pensamento e modelos nativos do digital.

Uma boa exploração desse conceito vem dos estudiosos Van Alstyne, Parker e Choudary em um artigo sobre as novas regras para estratégia, no qual defendem que as plataformas não são algo inteiramente novo – como muitas outras coisas, a era digital simplesmente serve para dar a certos conceitos uma importância aumentada, ou um contexto ou aplicação totalmente novos.[29] No entanto, a era da internet mudou algumas dinâmicas-chave: a necessidade de infraestrutura e ativos próprios; uma escalabilidade mais rápida e mais barata; a interação e participação com maior isenção de atritos; fluxo e intercâmbio de dados e de valor mais fluidos. Essas novas dinâmicas têm permitido que um novo tipo de negócio ganhe forma: "Negócios em plataforma juntam produtores e consumidores em intercâmbios de alto valor. Seus principais ativos são informação e interações, que, juntos, são também a fonte de valor que eles criam e sua vantagem competitiva".[30]

O modelo clássico de cadeia de valor discutido antes (criado por Michael Porter, é claro) encaixa-se na ideia linear de negócios tipo "*pipeline*", nos quais inputs entram por uma das pontas, passam por vários processos e atividades na organização até resultar em outputs. A margem é a diferença entre o valor criado e o custo de criar esse valor.

Em contraste, negócios em plataforma assentam-se num ecossistema que tipicamente compreende quatro componentes principais:

- donos da plataforma;

- fornecedores que atuam como a interface da plataforma;

- produtores que criam suas ofertas;

- consumidores usuários dessas ofertas.

Como exemplo, o Google é dono da plataforma Android, mas é parceiro de fabricantes de dispositivos móveis (os fornecedores), de terceiros desenvolvedores de aplicativos (os produtores) e de consumidores (que não só utilizam a plataforma, mas também devolvem valor na forma de uso de dados e receita). É perfeitamente possível que as companhias sejam ao mesmo tempo negócios *pipeline* e plataforma (como de fato o Google e a Apple são com seu negócio de manufatura de dispositivos, e seu negócio de loja de comercialização de apps e serviços), mas a diferença entre os dois envolve algumas estratégias-chave e mudanças de mentalidade que Van Alstyne, Parker e Choudary definem como:

1. **Passar de controle de recursos a orquestração de recursos:** em vez de um modelo fortemente focado na propriedade e controle de (talvez escassos ou únicos) recursos (que podem ser tangíveis ou intangíveis, como o IP), o principal ativo de valor (e o que é difícil de copiar) vem da comunidade, dos ativos e de contribuições dos produtores e consumidores.

2. **Passar de otimização interna a interação externa:** em vez de um foco básico (interno) na eficiência em atividades da cadeia de valor, o valor na plataforma vem de facilitar a interação (externa) entre produtores e consumidores. Como os autores observam, isso significa um foco na governança do ecossistema, e não nos custos de produção.

3. **Passar do foco no valor do cliente ao foco no valor do ecossistema:** a diferença aqui é entre otimizar o valor do ciclo de vida do cliente e o valor que vem de otimizar e expandir um ecossistema

alimentado por ciclos iterativos, de feedback rápido (o exemplo que eles dão é subsidiar um tipo de consumidor a fim de atrair outro tipo).

Cruciais para o negócio plataforma são conceitos como o de efeitos de rede – o princípio de que quanto mais participantes houver em um sistema, melhor e mais atraente esse sistema se torna (melhor combinação suprimento–demanda, mais dados a serem aplicados) –, escalabilidade, economias de escala do lado da demanda e vantagens em valor médio por transação. Efeitos de rede criam o tipo de ciclo de feedback virtuoso que tem permitido a companhias como a Alibaba escalar da maneira como fizeram.

Isso difere muito dos negócios lineares tipo *pipeline*, focados em evitar ameaças tradicionais, como as expressas no modelo de Porter chamado "Cinco forças": a ameaça de novos entrantes; a ameaça de substitutos; o poder de barganha dos clientes; o poder de barganha dos fornecedores; e a rivalidade competitiva), ou em "construir um fosso" para enfrentar a concorrência, e controlar a maior parte possível do processo a fim de ganhar a partir de eficiências. Segundo os autores, o pensamento tradicional tipo *pipeline* geralmente considera forças externas como "depletoras" (isto é, que extraem valor da empresa), embora em economias do lado da demanda elas possam na realidade ser "incrementadoras" (isto é, acrescentar valor). Fornecedores e clientes poderosos podem ser mais benéficos do que ameaçadores, mas o truque está em compreender a dinâmica a fim de moldar um ecossistema.

Esse tipo de pensamento de plataforma é um elemento crucial para empoderar a agilidade organizacional. Ao entender de que modo funcionam os ecossistemas, como é possível capitalizar efeitos de rede e proporcionar relacionamentos que criem valor, podemos não só sobreviver, mas também prosperar na era digital.

E vale a pena notar que isso funciona tanto para organizações do setor público quanto para os negócios. Quando Mike Bracken do Serviço Digital do Governo do Reino Unido falou, em 2015, a respeito do "governo como plataforma" (uma expressão criada por Tim O'Reilly algum tempo antes[31]), referia-se a como abordagens em silo à transformação digital criam duplicação e desperdício. Em vez disso, a visão que ele sugeria era estabelecer "uma infraestrutura nuclear comum de sistemas digitais, tecnologia e processos compartilhados, sobre os quais é fácil montar serviços governamentais brilhantes, centrados no usuário".[32]

Os princípios que sustentam essa maneira de pensar dizem respeito a acesso sem atritos, eficiência em fazer corresponder suprimento e demanda, compreender como o valor flui por um sistema, e reforçar ciclos de feedback que permitam melhoria contínua. Com certeza, tudo isso é algo que qualquer organização quer compreender.

ESTUDO DE CASO

ASOS Marketplace

A varejista digital de moda ASOS lançou sua proposta chamada Marketplace em 2010 como uma plataforma para apoiar negócios de butiques de moda, tanto emergentes quanto estabelecidas. Essas butiques são negócios menores, cada um vendendo seu estilo único de roupa, e de muitas maneiras elas são concorrentes da ASOS. O lançamento do Marketplace talvez seja contraintuitivo em relação ao pensamento mais tradicional, que se preocuparia com a concorrência direta e a canibalização das vendas. Por que a ASOS escolheu hospedar vendedores potencialmente concorrentes no próprio site?

O ASOS Marketplace começou com vinte vendedores, mas a partir de então tornou-se uma plataforma líder para marcas independentes de moda e para lojas vintage, e tem hoje mais de mil butiques distribuídas em cinquenta países diferentes. O Marketplace é um destino que dá aos clientes uma razão para voltar ao site da varejista várias vezes (segundo a empresa de análise SimilarWeb, o Marketplace recebe 1,8 milhão de visitas por mês),[33] assim como uma comunidade distribuída ao longo de plataformas sociais. A ASOS ganha 20% de comissão de cada venda efetuada na plataforma. Isso fala de uma marca de confiança que está assumindo posição de liderança em seu mercado. Mas talvez um dos mais valiosos benefícios da plataforma Marketplace para a ASOS, embora relativamente oculto, é a aprendizagem que extrai de uma base de vendas mais ampla, de grande volume. Mais vendas significam mais dados, o que equivale a mais aprendizagem; para a ASOS, isso traz a capacidade de identificar e reagir mais rápido à dinâmica em transformação do cliente, além de capitalizar tendências em áreas de produto que estão nas margens de seu domínio de produto. Qual seria o aspecto de um ASOS Marketplace para o seu tipo de negócio?

PENSAMENTO DE SISTEMAS PARA NEGÓCIOS

Como a maior parte dos negócios opera agora em ambientes adaptativos cada vez mais complexos, ficou mais importante valorizar o pensamento de sistemas de alto nível, como um modo de navegar, resolver problemas e apoiar a mudança. Estratégias emergentes são mais necessárias para navegar com eficácia em cenários complexos e contextos mutáveis. Os negócios gradualmente operam como players em ecossistemas que compreendem fornecedores, parceiros, clientes e outras partes terceirizadas em redes movidas por valor. Assim, torna-se cada vez mais útil entender a transformação organizacional em termos de mudança em sistemas (negócios são sistemas). Todos os exemplos citados são sistemas relacionados, portanto, os princípios básicos do pensamento de sistemas nunca foram tão relevantes.

A designer australiana e inovadora Leyla Acaroglu tem apresentado uma definição útil de seis conceitos fundamentais do pensamento de sistemas: interconectividade; síntese; emergência; ciclos de feedback; causalidade e mapeamento de sistemas.[34]

Um dos conceitos centrais do pensamento de sistemas é a interconectividade. Usando uma definição extraída da teoria dos sistemas, descrita pela primeira vez pelo biólogo L. von Bertalanffy na década de 1930, podemos começar definindo um sistema como: "um conjunto de componentes relacionados que trabalham juntos em um ambiente particular para desempenhar quaisquer que sejam as funções requeridas para alcançar o objetivo desse sistema".[35]

No nível mais básico, existem três tipos principais de sistemas[36]:

1 **Sociais:** sistemas criados por humanos para possibilitar e fazer progredir a sociedade humana (incluindo coisas como educação, finanças, governo e sistemas legais).

2 **Industriais:** quaisquer sistemas que tenham a ver com produtos, serviços, bens e infraestrutura, que possam viabilizar e apoiar sistemas sociais (um exemplo: sistemas de transporte e as partes que os compõem).

3 **Ecossistemas:** sistemas naturais, que provêm os materiais brutos que dão apoio a sistemas industriais, e em última análise sustentam a vida na Terra (entre os exemplos temos o ciclo do carbono, minérios e combustíveis – embora tudo na natureza seja circular, os humanos têm tendência a tornar os sistemas industriais lineares, o que, como temos discutido, pode torná-los insustentáveis).

Todos os elementos em um sistema se apoiam em alguma outra coisa para sobreviver (e com frequência em uma complexa série de coisas). Como Leyla Acaroglu descreve:

> Quando dizemos que "tudo está interconectado" a partir de um ponto de vista de sistemas, estamos definindo um princípio fundamental da vida. A partir disso, podemos mudar a maneira de encarar o mundo, de uma "visão de mundo mecânica" linear, estruturada, para uma série dinâmica, caótica, interconectada de relacionamentos e ciclos de feedback.[37]

A mudança de mentalidade, portanto, vai de linear a circular, e o pensamento de sistemas procura destrinchar os relacionamentos entre essas coisas interconectadas.

Enquanto a análise divide a complexidade em componentes manejáveis, sendo mais reducionista e apropriada à visão mecânica e linear do mundo, a meta no pensamento de sistemas é a síntese, isto é, como os elementos se combinam para criar algo novo. Portanto, isso requer uma apreciação não só dos componentes individuais, mas também dos relacionamentos e dinâmicas entre esses componentes individuais, e como eles se combinam para criar o todo: "síntese é a capacidade de enxergar a interconectividade".

A emergência é o resultado de coisas interagindo e se juntando para produzir algo diferente. O que emerge como resultado da interação pode ser completamente distinto daquilo que constituiu nosso ponto de partida ou do que tínhamos em mente. Como R. Buckminster Fuller disse uma vez: "Não há nada numa lagarta que nos diga que ela será uma borboleta".[38]

Uma estratégia emergente, portanto, envolve organizações que empreendem uma série de ações, cada uma definida talvez pelos resultados da última ação, que ao longo do tempo podem se tornar um padrão consistente de comportamento. Nesse sentido, difere da estratégia deliberada, na qual uma série de ações resulta em algo que tem relação com o curso de ação pretendido. A estratégia deliberada pode ser adequada a um planejamento de negócios rígido, linear, que talvez funcione bem em ambientes estáveis que se movem devagar, mas é bem menos adequada a climas em rápida mudança, que exigem reações mais adaptativas. A estratégia emergente é aquela que está sempre evoluindo, talvez de maneiras diversas, em reação a contextos mutáveis. Sua gestão envolve não descartar nada que se desvie do plano original, e sim buscar identificar continuamente melhores opções e então gerir recursos de modo flexível para fomentá-las.

Quando elementos interagem num sistema, criam ciclos constantes de feedback entre os componentes. Esses ciclos de feedback podem reforçar ou equilibrar. Há um ciclo de feedback de reforço quando elementos num sistema incentivam a mais do mesmo, o que pode ter impacto positivo, mas também causar problemas se um elemento for refinado continuamente e chegar a assumir o controle. Um exemplo disso são algumas metodologias que acabam se tornando doutrinas nos negócios, pois reforçam certos comportamentos e reduzem a flexibilidade e a adaptabilidade.

O estrategista John Willshire chamou isso de o "problema do padrão"[39]:

- O exemplo torna-se uma lição.
- A lição torna-se um método.
- O método torna-se uma prática.
- A prática torna-se uma doutrina.
- A doutrina torna-se a morte.

Inversamente, ciclos de feedback equilibrantes são autocorretores e produzem estabilidade em vez de reforçar mais do mesmo (como nas situações predador/presa de ecossistemas naturais). Mas mudanças dramáticas no ecossistema podem transformar ciclos de feedback equilibrantes em ciclos de reforço.

Em um sistema dinâmico, em constante evolução, é importante compreender ciclos de feedback e causalidade, ou de que modo elementos se influenciam mutuamente.

É útil mapear sistemas, particularmente quando queremos mudá-los. Ao mapear sistemas, precisamos levar em conta não só os elementos componentes, mas também as conexões, relacionamentos e ciclos de feedback entre eles. Podemos então desenvolver insights em torno de intervenções, ou estratégias capazes de moldar o sistema da maneira mais eficaz. Entre as abordagens simples ao mapeamento de sistemas, temos:

- mapas das partes interessadas ou *stakeholders*: mostram indivíduos e/ou organizações que são players importantes no sistema e como se relacionam e se interconectam;

- mapas mentais: podem ser usados para mostrar influências, mudanças ou tendências em um ambiente externo que possam influenciar a questão;

- mapas de problemas: podem ser usados para definir determinado conjunto de problemas (sociais, políticos, econômicos) em torno de uma entidade ou questão;

- diagramas de ciclo causal: são designados para mostrar os ciclos de feedback (tanto positivos quanto negativos) entre players que possam impactar comportamentos ou resultados.

Existem várias metodologias para mapear sistemas, entre elas os *cluster maps*, nos quais o problema, a questão ou o tópico é posto no centro e todos os elementos relacionados do sistema são mapeados em volta, indicando-se as conexões entre eles. Ou podemos usar círculos interconectados para investigar os relacionamentos inerentes em um sistema, posicionando os elementos desse sistema em volta de um grande círculo e conectando os relacionamentos entre eles. Ou ainda mapear os ciclos de feedback envolvidos em um sistema, como uma alternativa a fim de considerar de que modo ele funciona.

O ponto é que toda organização é um sistema, e num mundo digital, mais do que nunca, toda companhia se assenta num sistema e numa rede de conexões. Mapear esse sistema e os relacionamentos dentro dele é um bom ponto de partida para moldar nossa compreensão de onde estamos no momento e de como podemos mudar. Nos negócios, a geração de valor moderna é menos sobre processos rígidos, lineares, e mais sobre relacionamentos em rede. Se os negócios cada vez mais operam como parte de ecossistemas mais complexos, precisamos ser capazes de mapear suas partes componentes, entender o relacionamento, os ciclos de feedback e causalidade entre eles, e como podemos estabelecer e orquestrar redes bem-sucedidas que funcionem para todos os envolvidos.

CENTRALIDADE NO CLIENTE GENUÍNA (E SUPOSTA)

Já se escreveu bastante sobre as abordagens centradas no cliente para que tenhamos um alto nível de compreensão do que elas significam exatamente. Um número suficiente de negócios coloca a expressão em suas declarações de missão e nos documentos sobre estratégia, para que reste pouca dúvida a respeito de sua importância. No entanto, muitas experiências do cliente continuam precárias. Com isso, muitas jornadas do cliente são interrompidas; com isso, muitos clientes são deixados frustrados e incomodados, em vez de terem boas surpresas e obterem satisfação.

Parte disso talvez tenha a ver com nossa dificuldade de reimaginar experiências, simplificar complexidade e ter boa empatia, apesar das promessas da nova tecnologia e do fato de muitas tecnologias inteligentes estarem conosco há bastante tempo. Ficamos muitas vezes empacados ao olhar o novo pelas lentes do velho, sem repensar as coisas em toda a sua extensão. Esse é o "estágio intermediário" do digital, descrito por Tom Goodwin: "Estamos num período híbrido entre duas eras. Vivemos num mundo analógico ampliado pelas novas possibilidades do digital, mas que ainda não foi repensado ou reconstruído para essa próxima era".[40]

As intenções de muitos executivos costumam ser boas, mas o verdadeiro desafio para ser genuinamente centrado no cliente é conseguir que as companhias se desapeguem de seus hábitos arraigados de fazer as coisas por razões centradas no negócio. Elas criam experiências que fazem sentido para os procedimentos operacionais da organização, ou para suas estruturas ou requisitos de eficiência, mas não fazem sentido para o cliente. Na realidade, na hora agá a maioria dos líderes nos negócios é de fato incentivada e recompensada por fazer coisas centradas no negócio, não no cliente. Subvalorizamos qualidades como empatia ou aptidões como um bom design por não trazerem retorno imediato. Quanto mais você é veterano numa empresa, mais tende a se afastar dos clientes reais, por isso fica mais difícil entender as necessidades reais, os problema reais, e conectar a execução com a realidade da experiência.

A única maneira de contornar isso é orientar seu negócio completamente para o cliente. É não deixar que sejam apenas umas poucas equipes ou departamentos os que têm contato com clientes reais. É incorporar as necessidades do cliente à missão, à estratégia, às prioridades, táticas e métricas organizacionais. Isso precisa ser inerente às metodologias de trabalho, fazer parte da própria cultura da organização.

ESTUDO DE CASO

A Amazon trabalhando retroativamente

A abordagem da Amazon de "trabalhar retroativamente" é amplamente usada nos negócios como maneira de lançar novas proposições, prover uma estrela-guia para um desenvolvimento do produto centrado no cliente e para contínua iteração do valor ao cliente. Trabalhar retroativamente a partir do cliente é o oposto da abordagem mais tradicional, que começa com uma ideia de um novo produto ou serviço e então tentar achar clientes que realmente se interessem por ele.

Quando a Amazon lança uma nova ideia, por exemplo, um gestor de produto começa redigindo um release interno dirigido aos clientes do produto novo ou atualizado, e apresenta o produto pronto. Gasta-se tempo refinando esse release, já que ele contém informações-chave a respeito do problema do cliente, do porquê e como as soluções atuais são falhas, e de por que e como a nova proposição resolverá isso. Desse modo, obtém-se não só uma visão-guia daquilo que é a proposição, que pode ser usada em todos os estágios de desenvolvimento, mas também se faz uma checagem intuitiva para sentir se o produto ou serviço é suficientemente estimulante e se possui chances de ir bem ou não. Se não for suficientemente estimulante, o gestor de produto precisará iterar ou abandonar o release. Assim, evita-se gasto desnecessário, já que iterar no release tem uma eficácia de custo bem maior do que iterar no próprio produto. A seguir, um exemplo do perfil do release[41]:

- ☑ **Título:** nome do produto de modo que o leitor e o cliente-alvo possam entender.

- ☑ **Subtítulo:** em uma sentença logo abaixo do título, descreva qual o mercado para o produto e que benefícios os usuários finais terão com ele.

- ☑ **Resumo:** um parágrafo importante, que resume o produto e o benefício. Ele tem que supor que o cliente/leitor não precisará ler nada mais para ter certeza de que entendeu exatamente o que é o produto.

- ☑ **Problema:** responde à pergunta de qual problema o produto está resolvendo.

- ☑ **Solução:** exatamente de que maneira o produto resolve o problema melhor e de modo mais elegante.

☑ **Uma citação sua:** uma citação imaginária de uma pessoa que seja porta-voz da companhia, a respeito de por que o produto vale a pena.

☑ **Como começar:** como você pode tornar mais fácil começar?

☑ **Citação do cliente:** uma citação de um cliente hipotético descrevendo a experiência e o benefício que ele ou ela obtiveram.

☑ **Fechamento e *call to action*:** indicações sobre onde obter mais informações, onde o leitor deve ir a seguir e fechamento.

O release deve ser curto e simples, talvez com duas páginas no máximo, sem palavreado que não acrescente nada à qualidade da descrição, sem usar jargão e com uma narrativa fluente. Se houver necessidade de mais informações, elas podem ser incluídas numa seção FAQ ["Perguntas frequentes"] como uma maneira de assegurar que o release se mantenha focado no benefício ao cliente. Como Ian McAllister, diretor da Airbnb e ex-membro da equipe da Amazon, observa a respeito de trabalhar de trás para a frente, quando o projeto passa para o desenvolvimento, o release pode funcionar como um guia para que a equipe tenha certeza de estar construindo o que estava no release e nada mais: "Isso mantém o desenvolvimento de produto focado em alcançar os benefícios ao cliente e evitar que acrescente coisas extrínsecas, que levem mais tempo para construir, exijam recursos para serem mantidas e não ofereçam um benefício real ao cliente".[42]

REFERÊNCIAS

[1] PERKIN, Neil; ABRAHAM, Peter. *Building the Agile Business Through Digital Transformation*. Londres: Kogan Page, 2017. Disponível em: https://perma.cc/6VH8-LG5D. Acesso em: 2 ago. 2022.

[2] PERKIN, Neil; ABRAHAM, Peter. *Building the Agile Business Through Digital Transformation*. Londres: Kogan Page, 2017. Disponível em: https://perma.cc/6VH8-LG5D. Acesso em: 2 ago. 2022.

[3] IDEOU. Design Thinking. [S.d.]. Disponível em: https://perma.cc/ A2TL-DP27. Acesso em: 2 ago. 2022.

[4] AGILE MANIFESTO. Manifesto for *Agile* Software Development. 2001. Disponível em: http://agilemanifesto.org/. Acesso em: 2 ago. 2022.

[5] AGILE MODELING. User Stories: An *Agile* Introduction. [S.d.]. Disponível em: https://perma.cc/ND5J-9PKX. Acesso em: 2 ago. 2022.

[6] PEZZO, Mark V.; LITMAN, Jordan A.; PEZZO, Stephanie P. On the Distinction Between Yuppies and Hippies: Individual differences in prediction biases for planning future tasks. *Personality and Individual Differences*, v. 41, n. 7, p. 1359-1371, nov. 2006. Disponível em: https://perma.cc/Q6SJ-RFT8. Acesso em: 2 ago. 2022.

[7] RIES, Eric. The LeanStartup. [Site]. Disponível em: http://theleanstartup.com/. Acesso em: 2 ago. 2022.

[8] RIES, Eric. *The LeanStartup*: How constant innovation creates radically successful businesses. Nova York: Portfolio Penguin, 2011.

[9] MCCLURE, Dave. Startup Metrics for Pirates: AARRR! *Master of 500 Hats*, 6 set. 2007. Disponível em: http://500hats.typepad.com/500blogs/2007/09/Startup-metrics.html. Acesso em: 2 ago. 2022.

[10] RIES, Eric. The LeanStartup. *Principles*. Disponível em: http://theleanstartup.com/principles. Acesso em: 2 ago. 2022.

[11] REYNOLDS, Roo. *Agile* in the Public Sector. *Roo Reynolds*, 25 maio de 2016. Disponível em: http://rooreynolds.com/2016/05/25/*agile*-in-the-public-sector/. Aceso em: 2 ago. 2022.

[12] REYNOLDS, Roo. *Agile* in the Public Sector. *Roo Reynolds*, 25 maio de 2016. Disponível em: http://rooreynolds.com/2016/05/25/*agile*-in-the-public-sector/. Aceso em: 2 ago. 2022.

[13] NASON, Robert. *Rethinking Risk Management*: Critically examining old ideas and new concepts. Nova York: Business Expert Press, 2017.

[14] NASON, Robert. *Rethinking Risk Management*: Critically examining old ideas and new concepts. Nova York: Business Expert Press, 2017.

[15] WILDE, Gerald. Challenges to Accident Prevention: The issue of risk compensation behavior. Jan. 1994. Disponível em: https://perma.cc/QYX5-CWVB. Acesso em: 2 ago. 2022.

[16] PEAR, Robert; LAFRANIERE, Sharon; AUSTEN, Ian. From the Start, Signs of Trouble at Health Portal. *The New York Times*, 12 out. 2013. Disponível em: https://www.nytimes.com/2013/10/13/us/ politics/from-the-start-signs-of-trouble-at-health-portal.html. Acesso em: 2 ago. 2022.

[17] SHIRKY, Clay. Healthcare.gov and the Gulf Between Planning and Reality, nov. 2013. Disponível em: https://perma.cc/U94P-URNX. Acesso em: 2 ago. 2022.

[18] AIRBUS A-380. *Why Do Projects Fail?*, 11 abr. 2011. Disponível em: http://calleam.com/WTPF/?p=4700. Acesso em: 2 ago. 2022.

[19] AIRBUS A-380. *Why Do Projects Fail?*, 11 abr. 2011. Disponível em: http://calleam.com/WTPF/?p=4700. Acesso em: 2 ago. 2022.

[20] Q&A: A380 delays. *BBC News*, 30 out. 2006. Disponível em: http://news.bbc.co.uk/1/hi/business/5405524.stm . Acesso em: 2 ago. 2022.

[21] FAGAN, Laura. Customer Service Stats: 55% of Consumers Would Pay More for a Better Service Experience. *SalesForce*, 24 out. 2013. Disponível em: https://perma.cc/9PJG-3YVQ. Acesso em: 2 ago. 202.

[22] WALKER. *Customer 2020*: A Progress Report. Indianapolis: Walker, 2020. Disponível em: https://perma.cc/ZH72-5T8H. Acesso em: 2 ago. 2022.

[23] DIGITAL Intelligence Briefing: 2017 Digital Trends. *Econsultancy*, fev. 2017. Disponível em: https://perma.cc/2A5M-KQDZ. Acesso em: 2 ago. 2022.

[24] MALBON, Tim. Uber's Children vs Conscious Consumers. *Made by Many*, 30 out. 2014. Disponível em: https://perma.cc/V33U-F7KU. Acesso em: 2 ago. 2022.

[25] MYHRVOLD, Conor. Uber Expectations as We Grow. *Uber Newsroom*, 13 jan. 2015. Disponível em: https://perma.cc/322V-YGN2. Acesso em: 2 ago. 2022.

[26] MYHRVOLD, Conor. Uber Expectations as We Grow. *Uber Newsroom*, 13 jan. 2015. Disponível em: https://perma.cc/322V-YGN2. Acesso em: 2 ago. 2022.

[27] GOODWIN, Tom. *Digital Darwinism*: Survival of the fittest in the age of business disruption. Londres: Kogan Page, 2018.

[28] MOLANPHY, Chris. Hit Parade: The Great War Against the Single Edition. *Slate*, 29 set. 2017. Disponível https://perma.cc/5H8D-YWR4. Acesso em: 2 ago. 2022.

[29] ALSTYNE, Marshall W. Van; PARKER, Geoffrey G.; CHOUDARY, Sangeet Paul. Pipelines, Platforms, and the New Rules of Strategy. *Harvard Business Review*, abr. 2016. Disponível em: https://perma.cc/UT8D-8FH6. Acesso em: 2 ago. 2022.

[30] ALSTYNE, Marshall W. Van; PARKER, Geoffrey G.; CHOUDARY, Sangeet Paul. Pipelines, Platforms, and the New Rules of Strategy. *Harvard Business Review*, abr. 2016. Disponível em: https://perma.cc/UT8D-8FH6. Acesso em: 2 ago. 2022.

[31] O'REILLY, Tim. Government as a Platform. *MIT Press Journals*, v. 6, n. 1, 2010. Disponível em: https://perma.cc/Y62R-C2U8. Acesso em: 2 ago. 2022.

[32] BRACKEN, Mike. Government as a Platform: the next phase of a digital transformation. *Government Digital Service*, 29 mar. 2015. Disponível em: https://perma.cc/ZJF3-MAKU. Acesso em: 2 ago. 2022.

[33] ASOS Traffic: May 2019 Overview. *SimilarWeb*, maio 2019. Disponível em: https:// perma.cc/P9BD-48XS. Acesso em: 2 ago. 2022.

[34] ACAROGLU, Leyla. Tools for Systems Thinkers: The 6 Fundamental Concepts of Systems Thinking. *Disruptive Design*, 7 set. 2017. Disponível em: https://perma.cc/S4ZJ-5UD6. Acesso em: 2 ago. 2022.

[35] SYSTEMS Theory Overview. University of New Brunswick. [S.d.]. Disponível em: https:// perma.cc/J3T2M4LM. Acesso em: 2 ago. 2022.

[36] THE THREE Main Systems at Play in the World Are... *Disruptive Design*, 18 ago. 2017. Disponível em: https://perma.cc/3QKK-FASA. Acesso em: 2 ago. 2022.

[37] ACAROGLU, Leyla. Tools for Systems Thinkers: The 6 Fundamental Concepts of Systems Thinking. *Disruptive Design*, 7 set. 2017. Disponível em: https://perma.cc/S4ZJ-5UD6. Acesso em: 2 ago. 2022.

[38] THE MONTANA INSTITUTE. R. Buckminster Fuller. 20 abr. 2014. Disponível em: https://perma.cc/SSZ5-UDL8. Acesso em: 2 ago. 2022.

[39] PERKIN, Neil. Google Firestarters Patterns of Behaviour. *Only Dead Fish*, 6 set. 2017. Disponível em: https://perma.cc/55K7-QHEN. Acesso em: 2 ago. 2022.

[40] GOODWIN, Tom. *Digital Darwinism*: Survival of the fittest in the age of business disruption. Londres: Kogan Page, 2018.

[41] MCALLISTER, Ian. What is Amazon's Approach to Product Development and Product Management? *Quora*, 18 maio 2012. Disponível em: https://perma.cc/6YCB-JLMR. Acesso em: 2 ago. 2022.

[42] MCALLISTER, Ian. What is Amazon's Approach to Product Development and Product Management? *Quora*, 18 maio 2012. Disponível em: https://perma.cc/6YCB-JLMR. Acesso em: 2 ago. 2022.

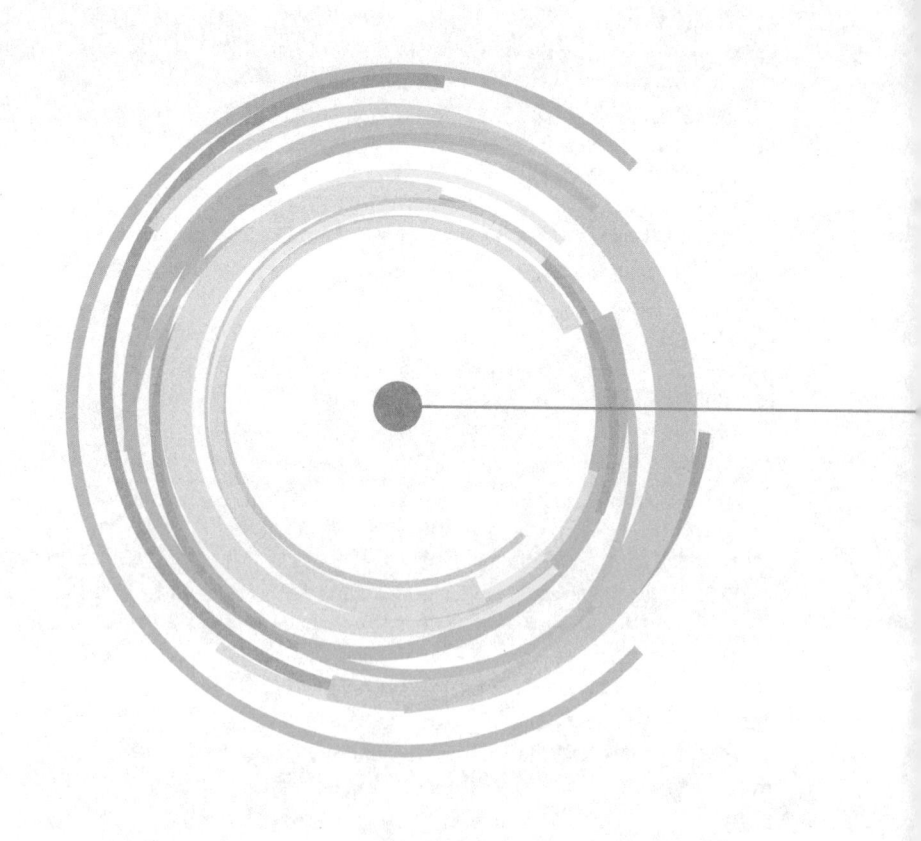

"Conforme a tecnologia se desenvolve no seu ritmo e **empodera novas capacidades** ao longo de todo o negócio, inclusive em áreas emergentes como a **aprendizagem de máquina**, os **líderes** cada vez mais precisarão fazer **escolhas inteligentes** sobre como equilibrar dinâmicas cruciais a fim de **maximizar oportunidades**."

Um novo sistema operacional ágil para os negócios

A DINÂMICA-CHAVE DE TECNOLOGIA NAS EMPRESAS

Conforme a tecnologia se desenvolve no seu ritmo e empodera novas capacidades ao longo de todo o negócio, inclusive em áreas emergentes como a aprendizagem de máquina, os líderes cada vez mais precisarão fazer escolhas inteligentes sobre como equilibrar dinâmicas cruciais a fim de maximizar oportunidades.

O tecnólogo de marketing Scott Brinker descreveu essas dinâmicas como a necessidade de alcançar o equilíbrio adequado entre tecnologia e pessoas (entre automação e humanização), e entre centralização e descentralização (entre escala e velocidade).[1] Ao considerar esta última dinâmica, precisamos identificar as vantagens que podem advir de centralizar processos-chave, dados e ferramentas, para alcançar o benefício de escala em toda a organização. Isso nos permite compartilhar práticas e padrões comuns, entregar uma experiência do cliente mais consistente por meio de dados compartilhados, eliminar esforços e ferramentas duplicados, e implantar processos replicáveis que promovam eficiência. Mas o contraponto a isso é a necessidade de otimizar também o fluxo de trabalho no contexto local, empoderar equipes para que experimentem e reajam rapidamente, e permitir oferecer experiências do cliente mais personalizadas baseadas em contexto local (Fig. 3.1).

Quanto ao outro eixo, temos a oportunidade de introduzir automação em escala por meio de um pacote de tecnologia coerente, avaliada, integrada e mantida em nível global, e orquestrar o fluxo entre dados e tecnologia descentralizados e centralizados. Mas precisamos também investir no lado das pessoas desse espectro para capitalizar o julgamento e a supervisão humanos, incentivar a aprendizagem contínua, a experimentação e o conhecimento compartilhado, a fim de vincular de volta as estratégias e atividades aos valores e à cultura, empoderar indivíduos para se sobreporem à automação quando é necessário proteger o cliente e a experiência de marca, e possibilitar e inspirar empatia e criatividade. Precisamos evitar o que Scott chama de "Jurassic Park" (usando uma citação do filme): "Seus cientistas estavam tão preocupados em saber se podiam ou não, que não pararam para pensar se deviam".[2]

Figura 3.1 – Dinâmica de tecnologia organizacional

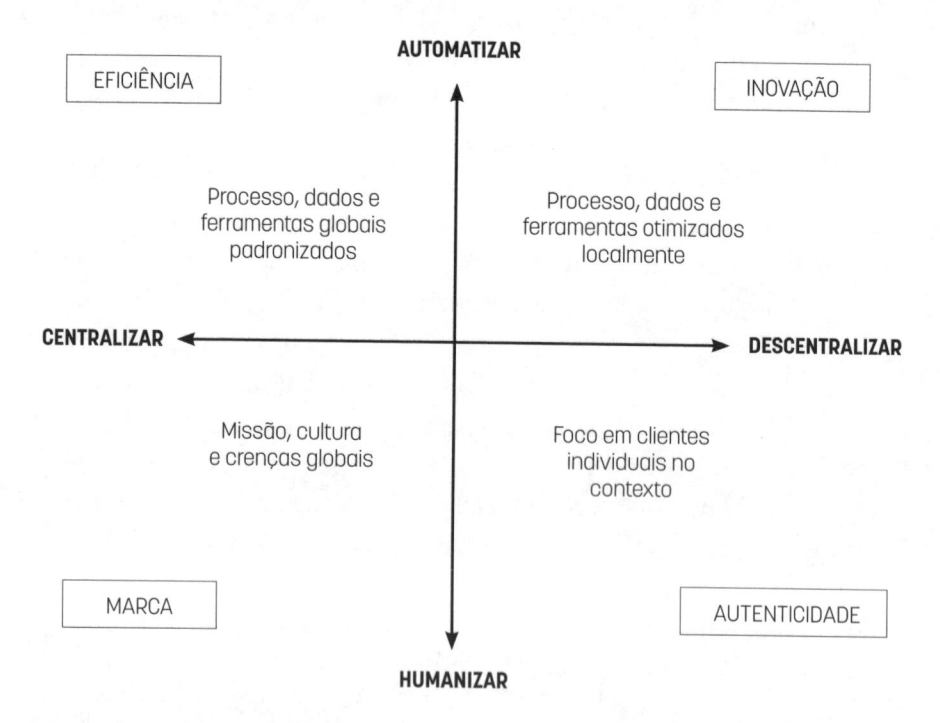

Fonte: Adaptado de Brinker (2018).

Scott originou essa matriz no contexto da tecnologia de marketing, mas esse modelo capta a dinâmica crucial ao longo da organização de tecnologia mais ampla. Ocorre com facilidade que o negócio gravite para os extremos quando considera o impacto da tecnologia, mas, é claro, a verdade sempre está em algum lugar intermediário.

EQUIPES PEQUENAS PODEM PROMOVER GRANDES MUDANÇAS

Maior agilidade organizacional vem de equipes empoderadas que tenham bom desempenho em resolver desafios que realmente importem ao negócio. Mas tais equipes não precisam ser grandes. Equipes pequenas, multidisciplinares, empoderadas por tecnologias digitais, podem gerar uma quantidade de mudança e valor desproporcional em programas de transformação e além deles.

Em grandes negócios, há a tentação de colocar recursos nos problemas, imaginando que mais cérebros e corpos levem a melhores soluções. Políticas internas acabam fazendo com que pessoas sejam incluídas no processo quando não precisariam realmente estar ali e não contribuem com muito valor. Representantes de funções que podem ser necessárias apenas em pontos-chave acabam sendo incluídos na equipe do projeto desde o início e tendo que comparecer a todas as reuniões de atualização. O resultado é ficarmos então com mais de vinte pessoas sentadas numa sala tentando fazer o projeto andar. E tudo se desacelera.

A realidade é que "mais não é melhor" em termos de eficácia de equipe. Richard Hackman, professor de Harvard (e especialista em dinâmica de equipes) mostrou que um dos desafios-chave com grandes equipes é o crescente fardo na comunicação.[3] Em termos simples, à medida que o tamanho do grupo aumenta, o número de vínculos entre as pessoas também aumenta, só que exponencialmente (Fig. 3.2).

A comunicação em equipes fica sujeita a uma explosão combinatória. Em outras palavras, à medida que vão se acrescentando pessoas à equipe, as linhas de comunicação ficam sujeitas a um aumento em rápida aceleração. O custo da comunicação aumenta drasticamente, o que logo compromete a produtividade.

Figura 3.2 – Impacto do tamanho da equipe

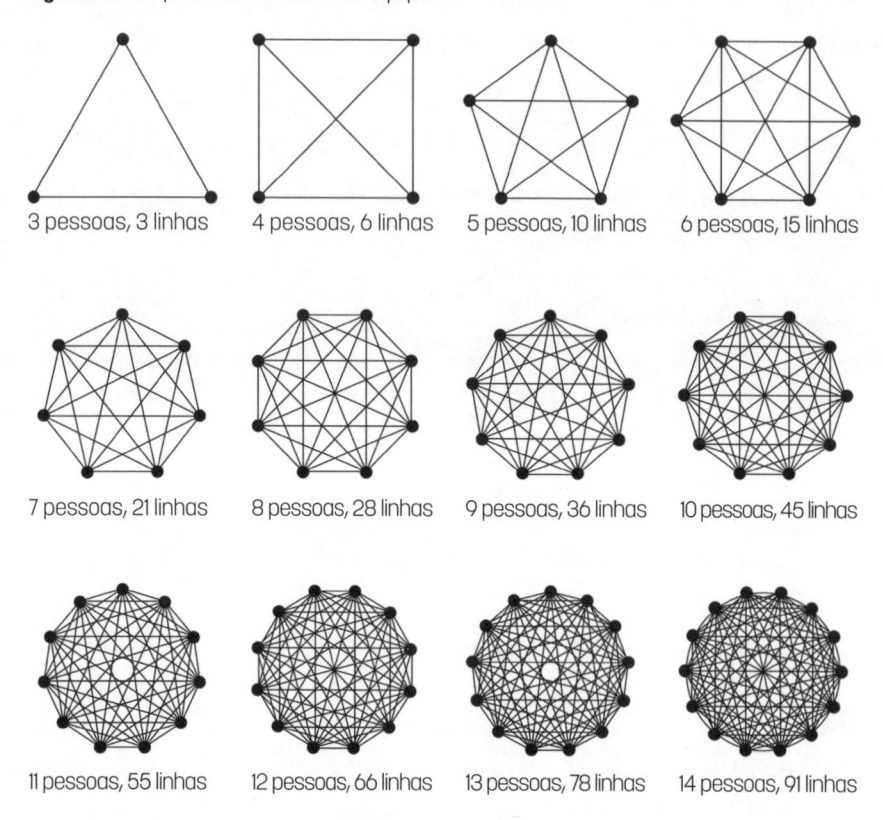

Equipes pequenas trazem outros benefícios além da capacidade de alinhar, iterar e se mover rápido: também trazem maior probabilidade de gerar novas ideias. Uma análise de mais de 65 milhões de artigos, patentes e projetos de software em ciência e tecnologia descobriu que, embora equipes maiores desenvolvam e consolidem o conhecimento existente com maior frequência, equipes pequenas têm maior probabilidade de introduzir ideias novas e divergentes.[4] James Evans, um dos autores do estudo, professor de sociologia e diretor do Knowledge Lab da Universidade de Chicago, descreveu de que modo equipes maiores tendem a se basear em sucessos recentes: "Equipes grandes são quase sempre mais conservadoras. Os trabalhos que produzem são como as sequências de filmes de grande sucesso; elas são muito reativas e de baixo risco".[5] Equipes pequenas, por outro lado, têm maior probabilidade de contribuir com ideias e pesquisas disruptivas e inovadoras e de apreciar o potencial do trabalho que estão fazendo.

Hackman definiu quatro aspectos principais que são cruciais para criar uma equipe eficaz dentro de uma organização:

1 Tarefas em equipe comuns que atuem no sentido de preencher uma visão estimulante.

2 Limites claros em termos de quem está de fato na equipe, de fluxo de informação e de alinhamento com outros recursos, prioridades, políticas e equipes.

3 Autonomia para trabalhar dentro desses limites.

4 Estabilidade.

Portanto, é crucial entendermos a diferença entre uma equipe real e um grupo perdedor "coadjuvante", e como uma falta de clareza (surpreendentemente comum), de direção e de autonomia compromete a capacidade de rápida mobilização.

Jeff Bezos, sempre focado em preservar a agilidade à medida que a Amazon escala, fez uma famosa descrição de que as equipes da empresa não devem ultrapassar o número de pessoas que é possível alimentar com duas pizzas grandes (de seis a oito pessoas). Uma equipe eficaz pequena, multidisciplinar, é composta pelas pessoas e áreas de aptidão necessárias para se alcançar resultados-chave e não mais que isso (neste livro, delineamos uma maneira eficaz de gerir dependências ao longo de várias equipes pequenas para assegurar que a equipe nuclear seja mantida pequena). Isso é importante, pois evita não só problemas de comunicação, mas também a falácia de escalar a equipe (a tendência que as pessoas têm de superestimar a capacidade da equipe e subestimar o tempo de conclusão da tarefa à medida que o tamanho da equipe aumenta) e a perda relacional (a sensação de que é difícil obter apoio em equipes grandes).

A composição multidisciplinar da equipe é importante não só para alcançar resultados, como também para estimular a diversidade. Como Richard Hackman assinala, a homogeneidade entre os membros da equipe pode às vezes ser um problema real em equipes de projeto, pois tendemos a escolher pessoas com mentalidades parecidas para trabalharmos. No entanto, o desempenho e a criatividade melhoram quando há maior diversidade (incluindo diversidade cognitiva e uma gama substancial de visões a respeito de como o trabalho deve ser estruturado e executado): "É o conflito em relação à tarefa, e não a harmonia interpessoal, o que estimula a excelência de uma equipe".[6]

As tecnologias digitais têm transformado a dinâmica da contribuição da equipe. Equipes pequenas, empoderadas, podem originar ideias transformadoras e ter sucesso em aplicar sua capacidade de construir e executar bem essas ideias. Está na hora de reimaginar como atribuímos recursos à criação de valor no negócio.

DISTANCIAR-SE DE HIERARQUIAS RÍGIDAS

Tem havido um foco razoavelmente intenso nos últimos anos em questionar o valor das estruturas hierárquicas rígidas nos negócios e, particularmente no contexto dos modelos atuais empoderados digitalmente e operando em rede, perguntar se essa abordagem tradicional à organização precisa mudar.

É uma boa pergunta. Embora o contexto no qual os negócios operam tenha mudado substancialmente com o impacto da tecnologia digital, a maioria dos negócios ainda se estrutura de formas que fazem mais sentido numa era industrial, na qual controle, eficiência, escala e minimização de desvios eram todos muito importantes. A questão é se isso ainda faz realmente sentido em um mundo cada vez mais caracterizado pela horizontalidade, por redes, dados e fluxos de valor, pensamento em sistemas e modelos de negócios em plataforma.

Os desafios inerentes à hierarquia como princípio organizacional já foram tratados por alguns autores. Um amplo metaestudo sobre 54 estudos anteriores (com análise de mais de 13 mil equipes), realizado por Lindred Greer, Bart de Jong, Maartje Schouten e Jennifer Dannals na Stanford Business School ("Why and When Hierarchy Impacts Team Effectiveness: A meta-analytic integration"[7]) concluiu que o efeito líquido da hierarquia no desempenho, em geral, era negativo.

Apesar de algumas hierarquias baseadas em especialistas ajudarem a melhorar o desempenho da equipe, muitas outras eram disfuncionais.

A hierarquia, porém, não é inerentemente ruim. Ela pode conferir ordem, clareza, governança e liderança. Mas depender demais da hierarquia, ter uma visão presa demais a um design organizacional verticalizado, atrapalha a agilidade e o tipo de inovação contínua, a autonomia da equipe e individual, as abordagens centradas no cliente e a adaptabilidade e reatividade estratégica e tática que rapidamente estão virando apostas iniciais para a resiliência e sobrevivência das organizações. As áreas funcionais comprometem a capacidade de criar experiências de cliente excepcionais, que sejam adotadas. Vão contra a capacidade de colaborar rapidamente. Atrapalham o design transfuncional e a inovação. Limitam a flexibilidade da atividade do trabalho. Não é por acaso que equipes pequenas, multidisciplinares (com frequência auto-organizadas) se tornaram o motor da mudança em muitas empresas que pensam à frente. Com o acesso quase universal à informação, as velhas ideias sobre a liderança, como se ela tivesse todas as respostas e soluções que então fluem para baixo pela hierarquia, tornaram-se flagrantemente desatualizadas.

Mas há desafios também na outra ponta do espectro do design organizacional. Alguns negócios bravamente optaram por uma abordagem radical e adotaram estruturas mais planas, usando metodologias como Holacracy,[8] que distribui poder mais horizontalmente em escala por toda a companhia. A varejista de calçados Zappos talvez seja o exemplo mais conhecido de negócio que adotou Holacracy, embora este sistema já exista há mais de uma década ainda temos poucos exemplos de sua aplicação bem-sucedida em escala, e a Zappos tem admitido que precisaram fazer evoluir significativamente a maneira como ele opera em suas organizações desde sua implantação em 2014.[9]

Portanto, como sempre, a resposta está em algum ponto intermediário. As organizações precisam equilibrar os benefícios que podem ser obtidos da hierarquia (eficiência, clareza de autoridade, concentração da expertise de especialistas, linhas claras de comunicação e plano de carreira simplificado) com os de uma estrutura mais fluida, evolutiva (agilidade, adaptabilidade, colaboração transfuncional e inovação, velocidade de entrega). Como muitos negócios estão estruturados em disciplinas e hierarquias funcionais relativamente rígidas, o rumo da mudança é claramente em direção a obter maior fluidez e desafiar as ortodoxias de longa data quanto à maneira ótima de organizar equipes. Precisamos reinventar o design da organização em torno de uma compreensão mais matizada de onde a hierarquia é benéfica e onde não é, a fim de equilibrar os extremos, gerir de modo adequado o jogo entre ambos, e conferir um novo nível de flexibilidade às estruturas, que possa propiciar uma agilidade organizacional bem maior.

ESTUDO DE CASO

As microempresas da Haier

A transformação da companhia chinesa Haier, de fábrica de geladeiras em situação difícil, localizada em Qingdao, a um dos maiores negócios do mundo de eletrônicos ao consumidor, é um exemplo excepcional de pensamento ousado para dar vida à agilidade por meio de cultura, prática de gestão e design organizacional.

Na década de 1980, a fábrica da Haier estava afundada em dívidas e sofrendo com uma gestão precária, uma infraestrutura dilapidada e produzindo cerca de 80 geladeiras por mês. O novo CEO, Zhang Ruimin, começou a reverter a sorte do negócio por meio de um potente foco em melhorar a qualidade do produto, algo que vinha sendo um grande problema da empresa. Então, conforme ela se tornou mais bem-sucedida e cresceu ainda mais, Ruimin dedicou-se apaixonadamente a incutir uma cultura de empreendedorismo, inovação e agilidade.

Conforme a companhia escalou, Ruimin enxugou a gestão média e dividiu seus 75 mil funcionários em mais de 4 mil microempresas (MEs), muitas das quais têm apenas de 10 a 15 funcionários. Essas MEs atuam como uma rede de pequenas companhias dentro da companhia maior, cada uma com a própria contabilidade de lucros e perdas, sendo focada em negócios e necessidades de clientes e grupos específicos, com alto nível de flexibilidade para se adaptar conforme exigido, sem interrupções demoradas e burocráticas.

Existem três variedades principais de MEs dentro da Haier. Essas MEs transformadas são unidades voltadas ao mercado, focadas em reinventar proposições legadas e redirecioná-las para o mundo propiciado pela web. Um número menor de MEs "em incubação" ajuda a originar negócios inteiramente novos para capitalizar mercados emergentes de tecnologias e assegurar um fluxo contínuo de inovação pioneira. Um número maior de MEs "nodulares" vende produtos e serviços componentes (desde suporte de RH a design e manufatura) a outras MEs da Haier voltadas ao mercado. Nessa abordagem de fornecedores internos, as MEs são livres para procurar externamente acesso a serviços se assim desejarem, ou seja, serviços que tradicionalmente seriam mono-pólio interno (qualquer coisa de P&D, finanças, TI, RH e assim por diante, em que os outros departamentos não têm escolha a não ser fazer uso deles) são expostos à concorrência de mercado e, portanto, obrigados a ser eficientes e os melhores da sua categoria.

A Haier transformou o negócio em uma organização plana, que é um mercado aberto de ideias, talento e recursos, com as MEs frequentemente em concorrência entre elas para serem as melhores. Em vez de áreas funcionais rígidas, os funcionários são empoderados para propor novas ideias, que então são postas em votação, e os bem-sucedidos tornam-se líderes de projeto e podem recrutar outros funcionários para o seu empreendimento. Os funcionários têm liberdade para trabalhar nos projetos que acharem mais atraentes; depois que um projeto é concluído, as pessoas que trabalharam nele voltam ao mercado. Na realidade, a Haier se tornou uma espécie de startup de rápida mobilidade, em rede, caracterizada por altos níveis de agilidade, auto-orga-nização, desenvolvimento de talentos e empreendedorismo.[10]

Ruimin incentivou um princípio de "distância zero em re-lação aos clientes", voltado a criar maior intimidade com o cliente e também reatividade, tudo focado no valor que está sendo criado para o usuário final, podendo ser um cliente no mercado, outra ME dentro da Haier ou um parceiro de negócios. A recompensa não só está alinhada ao desempenho do negócio, mas também ao valor ao cliente, num conceito que eles chamam de *rendanheyi*, uma mistura de caracteres chineses que representa um vínculo íntimo entre o valor criado para os clientes e o valor que é recebido pelos funcionários. Os salários de base são baixos, mas uma combinação de bônus, dividendos e partilha de lucros significa que o potencial de ganhos é alto. Isso garante níveis excepcionais de serviço e experiência do cliente, maior flexibilidade em permitir que as MEs configurem sua rede de provedores de serviços conforme a necessidade, linhas de comunicação mais rápidas entre a companhia e seus clientes e parceiros externos, mas também uma abordagem colaborativa para resolver problemas e ajudar as MEs a alcançarem suas metas.

Em vez de usar o desempenho do último ano como ponto de partida, são definidas para cada ME metas desafiadoras que levem a crescer "de fora para dentro", por meio de uma unidade de pesquisa dedicada, que examina o que é possível conseguir. Em geral, a expectativa é que essas MEs voltadas ao mercado aumentem receitas e lucro em múltiplos da média do setor, mas as metas adaptam-se em reação às mudanças nas circunstâncias. Uma série de métricas, que levam em conta o envolvimento do usuário no desenvolvimento, a extensão dos lucros derivados do valor do ecossistema e do valor único do cliente, é usada para rastrear o desempenho com metas e médias mais tradicionais.

A Haier acredita nos princípios de inovação aberta, em abrir o negócio à cooperação e input externos a fim de gerar novas propostas. A empresa também avalia que, em muitos casos de inovação aberta corporativa, a velocidade da inovação é muito rápida fora da organização; mas depois desacelera drasticamente assim que entra no negócio, quando fica sujeita a processos e regras arraigados. A fim de mitigar isso, os funcionários são empoderados a se tornar empreendedores e criar a própria ME para atender a necessidades de negócios específicas.

Um exemplo disso foi quando a companhia precisou entrar no mercado de geladeiras de três portas (duas de geladeira e uma porta de freezer embaixo). A companhia abriu uma solicitação de propostas em sua intranet como um convite. Um dos funcionários ganhou a concorrência e recebeu um dinheiro inicial para começar a construir uma equipe e um negócio. Ele teve a sensatez de incorporar alguns dos outros funcionários que haviam apresentado propostas preteridas, mas que continham boas ideias, e então eles contrataram capacidades e talentos de manufatura, pesquisa, desenvolvimento e marketing. Começaram um negócio que dois anos mais tarde gerava cerca de 1,5 bilhão de dólares de receita.[11]

Para se tornarem mais nativas em relação ao mundo digital, as MEs voltadas ao mercado são incentivadas a inovar a fim de apoiar o movimento de passar de provedoras de produtos e serviços a desenvolvedoras de plataformas e ecossistemas. Exemplo disso é a Lavanderia Comunitária, que cresceu de um app de celular por meio do qual estudantes universitários chineses programavam e pagavam instalações para lavar roupa de cama, a um ecossistema que abriga vários outros negócios, retendo uma parte da receita que ela extrai de 9 milhões de usuários do serviço.[12]

As MEs são reunidas em grupos (chamados plataformas), que focam principalmente em categorias de produtos ou às vezes em competências-chave, como um modo de coordenar grandes iniciativas de investimento. Os donos de plataformas identificam oportunidades de colaboração entre plataformas, definem padrões relevantes que o resto da organização pode usar e são incentivados a impulsionar o crescimento da plataforma.

Essa rede de MEs de rápido fluxo da Haier tem não só empoderado um nível de agilidade único, como também tido um sucesso excepcional, transformando uma fábrica de Qingdao à beira da falência numa gigante multinacional de eletrônicos de consumo com receitas de 35 bilhões de dólares. Ao longo da última década, o lucro líquido de seu negócio principal de eletrodomésticos cresceu 23% ao ano, uma performance que tem permitido adquirir outros fabricantes, como a GE Eletrodomésticos. Com isso, a companhia gerou mais de 2 bilhões de dólares no valor de mercado de seus novos empreendimentos.[13]

Uma visão central focada em qualidade e serviço provê uma estrela-guia para a estratégia. A ausência de hierarquia permite à companhia mover-se rapidamente e que o pessoal de vendas na linha de frente traga ideias dos clientes diretamente de volta para a alta gestão, e com isso se possa remodelar a inovação e a estratégia. A fluidez de sua estrutura modular significa que os funcionários estão acostumados a uma mudança contínua, sentem-se mais à vontade com a incerteza, e podem mais facilmente acolher oportunidades para empreender. É uma organização construída para a inovação contínua, que é adaptativa, embora resiliente e coerente.

MUDAR OS HORIZONTES DE INOVAÇÃO

O modelo Três Horizontes da McKinsey para inovação[14] há tempos tem sido uma maneira de categorizar os diferentes tipos de inovação nos quais uma companhia precisa focar para criar vantagem duradoura. No entanto, o impacto de infraestruturas e tecnologias digitais altamente escaláveis e acessíveis está desafiando esse modelo de algumas maneiras críticas.

O modelo, como é sabido, busca definir os diferentes tipos de inovação nos quais os negócios precisam focar para sobreviver e prosperar:

- O horizonte 1 refere-se a melhorias incrementais ou inovação contínua dos produtos, modelos ou competências essenciais de uma companhia. Esse tipo de inovação é focado tipicamente nos mercados existentes ou utiliza tecnologias existentes com as quais a companhia tem familiaridade, e é provavelmente a forma de inovação mais fácil e comum.

- As inovações do horizonte 2 dizem mais respeito a adjacências, produtos da próxima geração, e provavelmente focam em estender o modelo existente da companhia ou suas competências essenciais a novos mercados ou clientes, talvez usando novas tecnologias. Com isso, esse horizonte abrange áreas com as quais a companhia não tem tanta familiaridade, e provavelmente requer pensamento e técnicas diferentes em relação ao horizonte 1.

- As inovações do horizonte 3 são inteiramente inéditas – produtos ou categorias pioneiros que estão estendendo os limites, reagindo à disrupção ou tomando partido dela, e levando a empresa a explorar novos mercados ou tecnologias.

Originalmente articulado em 2000, no livro *The Alchemy of Growth*, por Baghai, Coley e White,[15] o modelo se tornou uma referência para descrever a necessidade que as organizações têm de moldar o foco e bancar diferentes tipos de inovação, e como a capacidade de criar vantagens competitivas em andamento depende de todos os três tipos. Embora seja mais fácil para os negócios focar na inovação incremental, que é mais próxima dos modelos já existentes e bem compreendidos (horizonte 1), há a exigência de uma abordagem mais abrangente que reconheça a necessidade de uma exploração contínua em áreas menos conhecidas (horizontes 2 e 3).

O modelo Três Horizontes apresenta uma maneira pela qual as organizações podem de maneira convergente gerir a otimização das oportunidades atuais de crescimento, ao mesmo tempo que descobrem e fomentam potenciais oportunidades futuras para crescer. Mas é importante que os negócios identifiquem as diferenças no modo de lidar com cada uma, por exemplo: abordagens a risco e recompensas; fontes de criação de valor; medições; e a alocação de tempo da alta gestão.

A fonte de criação de valor no horizonte 1 vem de uma execução superior; no horizonte 2, de "vantagem posicional" (quando você tenta ganhar melhor posição em relação a seus concorrentes); já no horizonte 3, de visão e antevisão dos contextos e oportunidades em constante mudança dos clientes e do mercado.

A McKinsey concluiu que os horizontes 2 e 3 não apenas requerem mais tempo dos líderes principais, mas também um compromisso para evitar que essas inovações careçam de recursos devido a pressões financeiras de curto prazo. Eles também concluíram que, no horizonte 3, embora a taxa geral de acerto possa ser mais baixa, inovadores bem-sucedidos concentravam seus experimentos entre dois a cinco temas, dependendo do porte da organização.

As medições ao longo dos horizontes também diferiam. O horizonte 1 é mais a respeito de lucro, fluxo de caixa e retorno do capital investido, supervisionado por gestores de negócios experientes. O horizonte 2 é mais ligado ao empreendedorismo, portanto supervisionado por "construtores de negócios", cuja métrica para o sucesso pode se basear em marcos de receita e valor atual líquido. O horizonte 3 é bem mais emergente, portanto requer visionários e "campeões", que têm foco em tecnologias emergentes e marcos de valor comercial.

No entanto, como observado por Steve Blank, empreendedor do Vale do Silício, algumas das dinâmicas que caracterizam o modelo, notadamente o prazo de entrega para cada horizonte, têm mudado de modo fundamental.[16]

O modelo da McKinsey considera que diferentes setores têm diferentes cronogramas para que as inovações retornem valor (em setores de ciclo curto, por exemplo, o valor pode ser criado mais rapidamente), mas geralmente o impacto no lucro e no fluxo de caixa, e o valor corrente de mercado são mais longos com inovações mais emergentes do que ao ampliar competências essenciais. O horizonte 1 pode, portanto, produzir impacto no curto prazo, pois tem foco em modelos e capacidades que já estão contribuindo agora para a maior parte do valor e do lucro. O horizonte 2 pode levar de três a cinco anos para ver um retorno, pois envolve estender negócios e capacidades existentes. Por fim, o horizonte 3 pode levar até de cinco a doze anos, pois envolve uma criação de valor mais disruptiva.

No ambiente moderno, porém, Blank observa que o tempo necessário para que ideias disruptivas sejam pesquisadas, engenharizadas e escaladas para o mercado tem sido radicalmente transformado pelas tecnologias e redes digitais. Os horizontes 2 e 3 podem agora acontecer velozmente. O potencial de ideias novas, emergentes, até mesmo disruptivas, de serem rapidamente prototipadas e gerarem escala ganhando vida própria acrescentou uma dinâmica inteiramente nova: "Essas entregas rápidas do horizonte 3 enfatizam disrupção, assimetria e, o mais importante, velocidade, acima de qualquer outra característica. Operacionalidade, facilidade de manutenção, completude, escala etc. são todas secundárias em relação a velocidade de aplicação e assimetria".[17]

O modelo Três Horizontes, apesar de ainda ser uma maneira válida e importante de compreender os diferentes tipos de inovação nos quais os negócios precisam colocar foco continuamente, não está mais submetido ao tempo. Negócios disruptivos, não mais atravancados por tecnologias e sistemas legados e por processos arraigados e lentos, podem mover-se mais rápido em direção a gerar retorno a partir de tecnologias e modelos mais novos e disruptivos.

Blank define quatro maneiras-chave pelas quais é possível reagir a esse tipo de disrupção rápida:

- Incentivando recursos de terceiros para que foquem na sua meta ou missão – criar iniciativas de inovação, permitindo que partes externas inovem a partir de seus dados por meio de APIs, criando novos mercados por meio de pensamento em plataforma (Apple e o App store), fazendo parcerias com empreendedores para arriscar construir em torno de metas alinhadas (Diageo e Distill Ventures[18] seriam um exemplo disso), definindo desafios incentivados, inclusivos (a DARPA Prize Challenges é um exemplo,[19] assim como a Hyperloop Pod Competition, de Elon Musk, que desde 2015 tem desafiado equipes de universitários ao redor do mundo a apoiar o desenvolvimento de protótipos Hyperloop funcionais [20]).

- Adquirindo inovadores externos que possam operar à velocidade dos disruptores. O desafio aqui, porém, é o potencial não desprezível de que cultura, processos e abordagens corporativos acabem sufocando qualquer vantagem de velocidade que o novo negócio tenha.

- Copiando rapidamente modelos novos, disruptivos (como fez o Google ao copiar o modelo "pague por clique" do Overture) – o que introduz o risco de não entender bem as necessidades e contexto do cliente e com isso falhar em fazer a coisa direito.

- Inovando melhor que os disruptores (como Amazon e AWS, Apple e iPhone). Isso, obviamente, é muito difícil de conseguir quando se trata de uma organização grande, estabelecida, focada em executar, otimizar e proteger o valor de criação legado.

O modelo Três Horizontes continua sendo uma taxonomia muito útil, mas a armadilha é subestimarmos o impacto de repropor as tecnologias existentes no horizonte 1 para criar novos modelos rapidamente, e a rapidez com que essas novas propostas emergentes podem ser iteradas e escaladas.

O VERDADEIRO DESAFIO DA TRANSFORMAÇÃO

O futurólogo e diretor de Engenharia do Google, Ray Kurzweil, fez uma famosa descrição do ciclo de vida de uma tecnologia (ou de invenções baseadas em tecnologia), retratando-o como uma "curva S". O ciclo começa com uma adoção lenta, seguida por um período de alto crescimento e rápido desenvolvimento, até o crescimento se estabilizar num patamar de maturidade (Fig. 3.3).

Figura 3.3 – Curva S de tecnologia

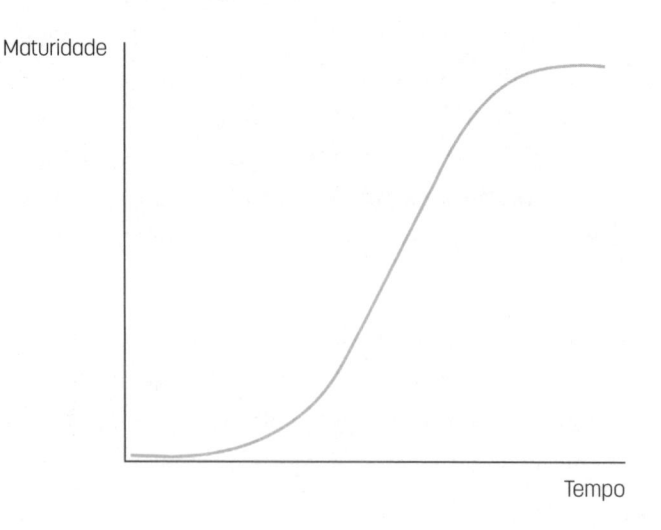

É importante compreender o impacto dessa trajetória da inovação. A Inteligência Artificial, por exemplo, nasceu na década de 1950 e tem progredido de maneiras cruciais desde então, mas apenas nas últimas décadas alcançou o ponto de real democratização e de aplicação mais universal nos negócios. Para Kurzweil, é importante que as invenções levem em conta o mundo futuro e não apenas os contextos atuais;[21] mas o tempo também é crucial. Assim, o ciclo começa quando os fatores que propiciam a inovação tecnológica se posicionam; depois, ela é inventada, aprimorada e desenvolvida; em seguida, amadurece e se torna parte da vida diária, parecendo imune à disrupção (crença que é talvez reforçada pelo fracasso dos primeiros disruptores), até ser usurpada por recém-chegados e cair na obsolescência.

A curva S é uma maneira útil de representar o desenvolvimento das inovações tecnológicas, mas foi Charles Handy quem originalmente (em seu livro sobre captar o sentido do futuro, *The Empty Raincoat*[22]) usou a curva S como maneira de descrever a trajetória de vários sistemas bem-sucedidos. Seu padrão de sobrepor curvas S demonstra a necessidade de reinvenção regular, mas mostra também o desafio inerente à disrupção e transformação. É uma excelente metáfora para expressar o real desafio inerente à transformação.

Digamos que uma organização é representada pela curva 1, na Fig. 3.4. Ela está indo bem, explorando sua vantagem existente e, portanto, talvez esteja chegando perto do cume da sua curva S. Quando a nova onda de tecnologia ou nova onda de disrupção chega ao ponto A, é a hora em que ela precisa inovar; no entanto, há pouca razão para isso, já que tudo parece estar indo muito bem.

Figura 3.4 – Curvas S e a zona ambígua

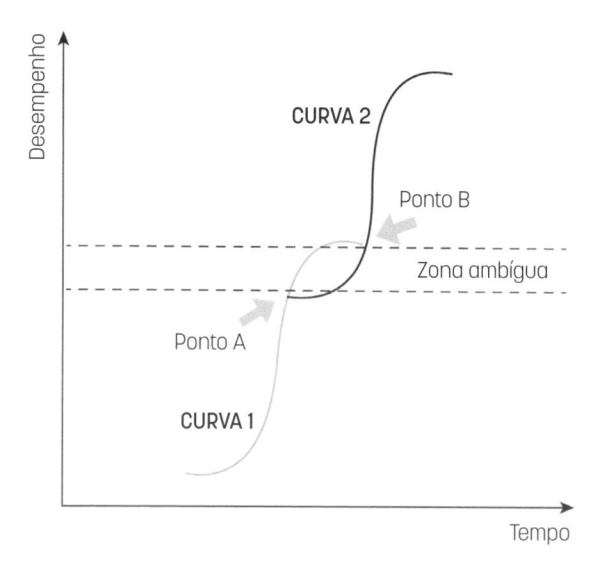

O negócio vem ganhando mais dinheiro do que nunca e está bem otimizado. Não há razão para olhar para a frente e prever um futuro diferente, porém é justamente isso o que seria preciso fazer.

Conforme a nova tecnologia ou força disruptiva começa a escalar, a organização estabelecida pode muito bem estar no ponto B, capturada pela velocidade da mudança. Nessa situação, talvez seja tarde demais, pois a organização estabelecida está montada em torno de uma vantagem existente e ainda não fez o trabalho de entender como pode criar valor no novo paradigma. Novatos no mercado ou estabelecidos ágeis, disruptivos, fizeram *sim* o trabalho e, portanto, podem escalar primeiro – e fazer isso rápido demais para que a estabelecida, com sua lenta mobilidade, seja capaz de acompanhar o passo. Muitas organizações, é claro, esperam estar a ponto de crise para então acionar uma mudança significativa, mas a essa altura a credibilidade de sua liderança e sua posição competitiva podem já ter sido danificadas irrevogavelmente. Como afirmou Ray Kurzweil, precisamos inventar para o que será, em vez de para o que é agora. É necessário olhar à frente, para o ponto B, e trabalhar retroativamente, a fim de compreender quando e como precisamos fazer a transição.

Há um segundo desafio inerente à passagem de uma curva à curva seguinte, que é representado na figura pela "zona ambígua". Nesse período de transição, o negócio precisa gerir sua atividade da maneira usual, cumprir suas metas trimestrais, o valor para os acionistas e todas as prioridades caracterizadas pela curva S existente, mas ao mesmo tempo tem que inventar o negócio do futuro e fazer a passagem para a nova curva S. Essa é a "parte intermediária nebulosa" da transformação. O período em que um negócio está efetivamente tentando trocar o pneu com o carro em movimento; o período em que precisará equilibrar muito bem os recursos entre o velho e o novo; o período em que precisará se dispor a ser incompreendido, a experimentar e aprender rápido, a fazer apostas inteligentes no futuro.

Mas o verdadeiro desafio no meio disso tudo é que os negócios não estão diante apenas de uma curva S com a qual terão que lidar, mas de sucessivas curvas S, sobrepostas. Portanto, o novo normal exige uma reinvenção contínua e incansável.

O PROBLEMA DA INOVAÇÃO CORPORATIVA

Um dos maiores desafios da inovação corporativa é adquirir a capacidade de tomar certa distância dos pressupostos existentes (com frequência escondidos ou tóxicos) e reimaginar as proposições, relacionamentos ou processos a partir do zero. É difícil defender uma ideia disruptiva quando tudo o que negócio sabe no momento depõe contra a viabilidade dessa ideia. Torna ainda mais difícil executá-la.

J. F. C. Fuller era oficial do Exército britânico, um estrategista e historiador militar, e um dos fundadores da guerra moderna de blindados. A partir do final de 1916, ele se tornou chefe do corpo de tanques britânico. Seu "Plano 1919", na Primeira Guerra Mundial, foi uma estratégia pioneira e ambiciosa de usar os novos tanques britânicos para passar por cima das trincheiras alemãs e desferir um golpe decisivo no exército inimigo para pôr fim à guerra.[23] O plano envolvia reunir 5 mil tanques britânicos pesados e de médio porte, 3 mil dos quais seriam usados para penetrar as defesas alemãs ao longo de um *front* de 150 quilômetros, com apoio aéreo. Então, 800 tanques médios de rápida mobilidade atacariam a fileira quilométrica de quartéis-generais do Exército alemão, situados atrás das trincheiras, e desmantelariam as estruturas de comando. Em seguida, 1.200 tanques médios adicionais, com apoio de artilharia, força aérea, cavalaria e infantaria transportada em caminhões seriam rapidamente mobilizados para penetrar ainda mais nas linhas inimigas.

O plano de um ataque relâmpago de Fuller era revolucionário. Até então, os tanques só eram usados para abrir brechas nas trincheiras inimigas, pelas quais a infantaria podia avançar uns poucos quilômetros. Mas o que Fuller propunha era uma nova forma de guerra mecanizada, que poderia acabar com o impasse da guerra de trincheiras, à base de desgaste gradual, e focar em desorganizar o inimigo. Ele escreveu: "O sucesso tático na guerra geralmente é obtido ao lançar uma força organizada contra outra desorganizada".[24]

No entanto, o plano nunca foi posto em prática. O biógrafo de Fuller, Brian Holden Reid, chamou o Plano 1919 de "o mais famoso plano não utilizado da história militar".[25] Mas como observa Tim Harford, escrevendo para o *Financial Times,* Fuller havia na realidade criado uma estratégia militar inteiramente nova, que seria estudada pelos alemães e implementada com efeito devastador em 1940. Fuller havia na verdade inventado a Blitzkrieg.[26]

Depois que o plano de Fuller falhou em ver a luz do dia na Primeira Guerra Mundial, muitas nações ainda resistiram às suas ideias e acreditavam que os tanques deviam ser usados em pequenos bolsões como apoio à infantaria. O exército até parou de publicar o livro de Fuller por vários anos, embora Heinz Guderian, a mente por trás da Blitzkrieg de Hitler, tivesse conseguido ler a obra de Fuller após a Primeira Guerra para, é claro, utilizá-la com grande impacto.

Essa história sugere uma excelente analogia das razões pelas quais organizações com tanta frequência olham para o novo com as lentes do velho e ignoram os tipos de ideia e de conceito que podem ser potencialmente transformadores, mesmo quando esses conceitos se originam dentro das próprias organizações – como o computador pessoal do Centro de Pesquisa de Palo Alto (PARC) da Xerox, com mouse e interface gráfica do usuário; a primeira câmera digital de Steven Sasson para a Kodak; o Walkman Memory Stick da Sony; o IBM Simon; o primeiro celular com *touchscreen*.

Em 2010, o escritor e tecnólogo Kevin Kelly escreveu a respeito da seguinte citação de Clay Shirky: "As instituições tentarão preservar o problema para o qual elas são a solução".[27] Chamou isso de "Princípio de Shirky", uma referência ao Princípio de Peter, segundo o qual as pessoas nas organizações são promovidas por seu "nível de incompetência". Isto é, sua promoção se baseia em sucessos anteriores, mas como as aptidões para uma tarefa não se transferem necessariamente a outra tarefa, essas pessoas acabam alcançando um nível no qual não são mais competentes. Suas realizações anteriores impedem sua demissão, mas elas são incapazes de continuarem progredindo, portanto ficam estagnadas na incompetência. O Princípio de Shirky fala da ideia de que entidades complexas como uma empresa ou um setor podem se tornar tão dedicadas ao problema do qual são a solução que muitas vezes inadvertidamente perpetuam ou prolongam o problema. As empresas ficam empacadas nas estratégias e no pensamento que foram responsáveis por seu sucesso anterior. Essa dependência de caminhos significa que as decisões e escolhas são feitas com base em conhecimento passado ou presente, limitado pela competência atual, e não em pensar no que seria possível.

Tim Harford faz referência a um artigo de 1990 de Rebecca Henderson e Kim Clark (*Architectural Innovation: The reconfiguration of existing product technologies and the failure of established firms*),[28] no qual os autores fazem distinção entre tipos diferentes de inovação, com base nos componentes de um produto e na maneira em que são integrados ao sistema. Eles definem quatro tipos de inovação de produto:

1. **Inovação incremental:** pode fortalecer os componentes essenciais do produto, mas também mantém os vínculos existentes entre eles (um exemplo seria melhorar o desempenho de um componente de um carro, como o eixo de transmissão, sem que isso impacte a maneira pela qual o carro é montado).

2. **Inovação modular:** pode mudar a tecnologia fundamental do componente, mas ainda não muda a maneira pela qual o sistema se articula (como no caso de uma transmissão automática).

3. **Inovação arquitetural:** pode mudar o design, mas sem que os componentes alterem significativamente a maneira pela qual se articulam (como no caso das transmissões para tração dianteira).

4. **Inovação radical:** é a mais extrema, e envolve mudar tanto a tecnologia dos componentes quanto a maneira com que se articulam (veículos elétricos, por exemplo).

Henderson e Clark são da opinião de que a inovação arquitetural e a radical podem mudar a estrutura organizacional e os processos existentes de modo mais fundamental, o que dificulta a reação dos que estão estabelecidos: "Inovações arquiteturais destroem a utilidade de conhecer a arquitetura nas empresas estabelecidas, e [...] Como o conhecimento da arquitetura tende a se tornar incorporado à estrutura e aos procedimentos de processamento da informação das organizações estabelecidas, essa destruição é difícil de ser aceita pela empresa e dificulta as correções".[29]

A inovação incremental e a modular são menos desafiadoras para as estruturas estabelecidas, já que o sistema não muda substancialmente. A inovação radical estabelece um novo design dominante e um novo conjunto de conceitos de design incorporados aos componentes articulados na nova arquitetura. A inovação arquitetural envolve reconfigurar um sistema estabelecido, articulando os componentes existentes de novas maneiras. Portanto, pode ser mais difícil de perceber e de ser entendida, pois envolve componentes similares do problema, articulados de novas maneiras e, portanto, com relações muito diferentes entre eles. Quando a estrutura organizacional e o fluxo de informações já cresceram em torno do velho sistema, fica muito difícil para a empresa reagir de maneira adequada. A estrutura vira um obstáculo.

Henderson usa o exemplo da IBM para demonstrar como uma empresa pode realmente reagir bem a uma inovação radical se esta se encaixar na estrutura que já existe. A IBM soube lidar com desenvolvimentos importantes, como o semicondutor, o circuito integrado, o disco rígido e a mudança para a computação *mainframe*, que não tinham estrutura muito dissimilar da usada para produzir máquinas tabuladoras mecânicas. Mas quando veio a revolução do PC, o sucesso inicial da IBM só aconteceu por ela se opor a forças e vantagens de sua estrutura atual. No fim, a política interna prevaleceu e a divisão de PCs, que lutava para se manter, acabou sendo vendida. Similarmente, na Primeira Guerra Mundial, a invenção do tanque não se encaixou nos sistemas e estruturas existentes de combate na guerra e, portanto, seu real potencial de ser usada de maneira decisiva foi perdido.

Em 1968, o programador Melvin Conway escreveu: "As organizações que projetam sistemas [...] São obrigadas a produzir designs que são cópias das estruturas de comunicação dessas organizações".[30]

A "Lei de Conway", como ficou conhecida, baseava-se na observação de que construir software exige que vários engenheiros se comuniquem frequentemente para que o software funcione a contento, portanto a estrutura da interface do software naturalmente mostra congruência com a estrutura social da organização que o criou. Essa similaridade entre organizações e designs foi denominada por ele de homomorfismo, observando que: "o próprio ato de organizar uma equipe de design significa que certas decisões de design já foram tomadas, de maneira explícita ou de outro modo".[31]

O cientista americano da computação Fred Brooks notou a aplicação mais ampla desse conceito na teoria da gestão, como apresentou em seu primeiro livro sobre engenharia de software (*The Mythical ManMonth*[32]): "Como o design que surge primeiro quase nunca é o melhor possível, o conceito de sistema prevalente pode ter de mudar. Assim, a flexibilidade da organização é importante para o design eficaz".

O ponto é que, quando começamos a projetar qualquer sistema, as escolhas já feitas podem afetar de modo fundamental o resultado. Há uma ligação intrínseca entre a estrutura da organização e as proposições de design/arquitetura. Isso significa que a inovação arquitetural ou a radical tornam-se muito difíceis, pois requerem uma reformulação fundamental da maneira em que as partes componentes se articulam. Em outras palavras, o modo atual com que o negócio está organizado limita qualquer inovação que não seja incremental ou modular. Portanto, é necessário contar com maior flexibilidade e fluidez organizacional para tornar possível organizar rapidamente e corrigir erros, e se adaptar em torno de novos modelos.

Escrevendo sobre a Lei de Conway, o estrategista Noah Brier faz referência à obra da professora da Harvard Business School, Carliss Baldwin.[33] O trabalho de Baldwin sobre a chamada "hipótese em espelho" mostra que o espelhamento entre as dependências técnicas e os vínculos organizacionais torna-se evidente como uma maneira de preservar a escassez de recursos cognitivos na resolução de problemas complexos:

> Pessoas encarregadas de implementar projetos ou processos complexos defrontam-se inevitavelmente com interdependências que criam problemas técnicos e conflitos em tempo real. Elas têm de chegar a soluções que levem em conta as limitações técnicas; portanto, precisam comunicar-se entre elas e cooperar para resolver seus problemas. Canais de comunicação, colocalização e relações de emprego são laços organizacionais que sustentam a comunicação e cooperação entre indivíduos e, portanto, devemos esperar ver uma relação

muito próxima – tecnicamente um homomorfismo – entre um gráfico de rede de dependências técnicas em um sistema complexo e um gráfico de rede de laços organizacionais mostrando canais de comunicação, colocalização e relações de emprego.[34]

Em outras palavras, o espelhamento facilita entender resultados e novos produtos quando eles se alinham bem aos modos atuais de organizar. Esse efeito, como Noah aponta, pode ser circular: "Companhias se organizam e por sua vez projetam sistemas que espelham essas organizações e, por sua vez, solidificam ainda mais a estrutura organizacional que foi implantada".[35]

É possível que em alguns casos (particularmente no contexto da inovação incremental ou modular) o espelhamento resulte em inovações e resultados efetivos. Mas quando se trata de inovação mais radical, arquitetural, que desafie não só o conhecimento, mas também os fluxos de informações e a estrutura arquitetural de uma organização, o espelhamento pode ser contraproducente.

Contextos em rápida mudança ou capacidades emergentes caracterizadas por níveis mais altos de incerteza não combinam com sistemas e modos de trabalhar rígidos, que reflitam as maneiras existentes de fazer as coisas. Em vez disso, precisamos dar maior fluidez às estruturas e trabalhar reversamente a partir do design de sistema que precisamos ter para chegar a uma estrutura capaz de refleti-lo. Estruturas rígidas e profundamente hierárquicas podem ser boas para entregar inovação incremental e modular e apoiar otimização e eficiência, mas não são adequadas à flexibilidade exigida em uma resolução de problemas mais adaptativa, emergente. Esses tipos de desafio exigem equipes pequenas, transfuncionais, capazes de se mover rapidamente, sem o estorvo de sistemas, arquitetura e pensamento arraigados.

Necessariamente, precisamos redesenhar nossas organizações para que reflitam essas duas necessidades.

ALÉM DA INOVAÇÃO: A NECESSIDADE DE RENOVAÇÃO CONSTANTE

Transformação é mais do que apenas inovação. De fato, há muito a comentar a respeito do argumento de que, no caso das grandes empresas, tornar um negócio ágil é na realidade lembrar de novo como é ser pequeno: fazer bem o básico; simplificar a complexidade; ser rápido em vez de avesso a mudança; evitar ficar empacado.

Mas há também uma mudança nítida de mentalidade envolvida em abandonar o foco contínuo em proteger sua vantagem existente (foco obsessivo em mudanças incrementais na fatia de mercado, ou em só se dispor a aprender a partir dos limites estreitos do próprio setor ou ramo, sem adotar uma visão mais ampla das próprias capacidades) e passar a incentivar um tipo de negócio capaz de imaginar um futuro diferente, criar a proposta de uma autodisrupção e então executá-la implacavelmente.

Negócios ágeis não esperam até chegar a próxima inflexão ou ponto de crise: eles estão ativamente explorando o futuro e o lugar que podem ocupar nele, e refazendo seu negócio em bases contínuas. Ou seja, reinvenção perpétua.

ESTUDO DE CASO

A Netflix e como promover disrupção no próprio negócio

A Netflix começou com um negócio de aluguel de DVDs em 1997, mas em sua curta história já se reinventou como negócio não uma vez, mas duas, em sua jornada até chegar onde está hoje. A capacidade de otimizar o negócio, como se costuma fazer, e ao mesmo tempo construir o negócio que irá potencialmente canibalizar e causar disrupção no negócio existente é uma área crucial de tensão para muitas organizações. Falar é fácil. Na realidade, fazer é terrivelmente difícil, e não só pelos desafios econômicos, de recursos e emocionais que isso pode trazer. A Netflix é uma das poucas companhias que têm se mostrado dispostas a se reinventar continuamente conforme novas ondas de tecnologia, dinâmicas de mercado e contextos de consumidor vão emplacando.

O CEO Reed Hastings tem falado sobre quanto foi importante nessa jornada da companhia manter agilidade à medida que ela escalava e ter menos regras, em vez de mais, conforme crescia.[36] Também ressalta a importância de foco e contexto para permitir que as grandes mudanças aconteçam. Por exemplo, eles gastaram muito pouco tempo pensando no que a concorrência estava fazendo, e em vez disso, focaram seu tempo e pensamento em como poderiam melhorar o serviço aos clientes. O lugar em que você escolhe focar sua atenção obviamente é uma determinante-chave da orientação organizacional. Muitas companhias estabelecidas, diz ele, olham para como estão agora, mas não vislumbram como poderiam estar à medida que a tecnologia inevitavelmente evolui.

Reed discorda da máxima de Andy Grove de que apenas os paranoicos sobrevivem. Um aspecto-chave de selecionar no que eles colocam sua atenção, diz Reed, é ter um ponto de vista sobre o futuro. A Netflix há muito tempo tornou público um ponto de vista sobre seu futuro em longo prazo, que faz justamente isso.[37] Sua ideia é que ver tudo como uma ameaça acaba dispersando você de seguir o próprio caminho. Tem que ser como um jogo de xadrez, no qual você pensa várias jogadas à frente.

Mas a importância do foco e do comprometimento tem sido crucial em suas sucessivas transições. Segundo ele, se você precisa desenvolver uma musculatura inteiramente nova como negócio, isso tem que ser posicionado como essencial à sobrevivência. Não se pode perder tempo. Assim, quando o negócio de streaming começou a ganhar forma ele deliberadamente criou espaço entre os dois negócios e entre as equipes concorrentes, e foi a ponto de separar as reuniões de gestão para garantir que o negócio de streaming fosse construído e ficasse em pé por seus próprios méritos.

A ORGANIZAÇÃO AMBIDESTRA

O conceito de "organização ambidestra" foi descrito pela primeira vez por Charles O'Reilly e Michael Tushman, em artigo na HBR [*Harvard Business Review*] de 2004,[38] como uma maneira de captar o desafio inerente nos negócios, ser capaz de fazer melhorias constantes nos modelos existentes e ao mesmo tempo desenvolver inovações precursoras. Isso, dizem eles, equivale ao desafio de constantemente olhar para trás, a fim de atender aos produtos e processos do passado, mas conseguir ainda assim olhar adiante e preparar-se para as inovações que definirão um novo futuro.

Eles estudaram 35 diferentes tentativas de lançar inovações precursoras, empreendidas por nove diferentes setores, procurando aqueles exemplos nos quais o negócio havia sido capaz de simultaneamente perseguir inovações incrementais para os clientes existentes e desenvolver inovações precursoras para os clientes novos.

A pesquisa mostrou que as companhias que haviam tido sucesso em equilibrar a exploração simultânea de modelos existentes com a exploração mais radical de modelos futuros partilhavam algumas características comuns – especialmente em manter um grau de separação entre as áreas tradicionais e as exploratórias, permitindo assim que diferentes processos, estruturas e culturas emergissem ao mesmo tempo que preservavam vínculos firmemente integrados entre as unidades no nível da alta direção. Mais de 90% dessas organizações ambidestras conseguiram alcançar suas metas e com maior sucesso do que o obtido por outras maneiras de estruturar a inovação precursora.

É crucial considerar tanto os aspectos comuns quanto as diferenças entre as áreas já exploradas e as áreas em prospecção do negócio, além de como se vinculam e interagem. O'Reilly e Tushman mostraram que organizações ambidestras bem-sucedidas haviam sido capazes de montar estruturas suficientemente independentes para permitir o surgimento de inovações precursoras e maneiras diferentes de trabalhar, que ao mesmo tempo estavam conectadas no nível da alta direção para se alinharem em termos de visão, metas estratégicas ou necessidades. Isso requer que as equipes e a gestão de nível mais elevado sejam ambidestras em compreender as necessidades divergentes dos diferentes tipos de área de negócio, combinando a aptidão de promover substituições ou tomar decisões difíceis com o pensamento visionário exigido de empreendedores. A alta direção também deve estar comprometida em operar de modo ambidestro. Uma visão instigante, comunicada incansavelmente por essa alta direção, pode articular uma meta e direção capazes de propiciar uma prospecção e exploração de partes do negócio e fazê-las coexistir e avançar, com benefícios para os funcionários de ambos os tipos de modelo operacional.

A necessidade de inovação precursora certamente não diminuiu desde que essa pesquisa foi realizada em 2004, e o ambiente de negócios no mínimo ficou ainda mais caracterizado pela rápida mudança e pela imprevisibilidade. Portanto, o conceito de uma organização capaz de otimizar de modo ambidestro o presente e também criar o futuro é um conceito poderoso. Ainda mais se considerarmos o que acontece quando há foco excessivo em apenas um desses aspectos. Quando a 3M, há muito tempo reverenciada como uma das companhias mais inovadoras do mundo, colocou James McNerney como CEO em 2000, ele introduziu muitas práticas com as quais havia se familiarizado em seu tempo de GE. McNerney pôs foco em impulsionar eficiências e introduziu a Six Sigma, uma metodologia de processos disciplinada e alimentada por dados, que busca eliminar desperdício e falhas e favorecer melhorias incrementais, previsibilidade e repetibilidade. Nos primeiros anos, isso teve o efeito benéfico de aumentar as margens operacionais que eram de 17%, em 2001, para 23%, em 2005.[39] Mas quando a Six Sigma foi aplicada a processos de pesquisa e desenvolvimento, ela matou a criatividade e a inovação disruptiva e houve uma dramática queda no número de produtos novos e inovadores criados. A companhia que havia sido famosa por inovações como o Post-it e a fita adesiva Scotch estava sufocando exatamente o que a havia tornado bem-sucedida e única. Foi necessário um novo CEO, que isentou áreas-chave do negócio de participarem da Six Sigma a partir de 2005, para se chegar a uma abordagem mais equilibrada em relação à prospecção e exploração e para reacender o potencial de inovação no negócio.

No ambiente moderno, em que o valor cada vez mais se desloca da vantagem competitiva de longo prazo, sustentável, para buscar gerar e explorar uma série de vantagens transitórias, os negócios precisam de um fluxo contínuo de novas propostas e rupturas. Isso só pode acontecer se houver suficiente separação nos estágios iniciais, assegurando que novos pensamentos, culturas e maneiras de trabalhar ganhem suficiente espaço para prosperar e não sejam sufocados pelo legado e pela hierarquia. Então a maior oportunidade é que essas novas ideias e modelos operacionais catalisem uma transformação mais ampla na organização inteira. Para que isso aconteça, à medida que os conceitos são negociados e escalados, deve haver um compromisso e integração cada vez maior não só no nível mais alto, mas em todos os níveis da organização, e um fluxo mais contínuo entre aproveitar e explorar.

MOLDAR A DEMANDA E ATENDER À DEMANDA

Um exemplo da maneira de pensar o modelo organizacional ambidestro é a clássica curva de experiência da BCG.[40] Desenvolvida em meados da década de 1960 como modo de mostrar a relação entre a experiência de produção e o custo, a curva expressa como os custos unitários de produção de uma companhia se reduzem em uma quantia previsível conforme aumenta sua "experiência", ou volume de produção acumulado (Fig. 3.5). O fundador da BCG, Bruce Henderson, observou que essa curva podia se traduzir em significativa vantagem para os líderes em *market share* [fatia de mercado], já que eles poderiam acumular experiência de forma rápida, levando a uma vantagem de custo autoperpetuante.

Figura 3.5 – A curva de experiência

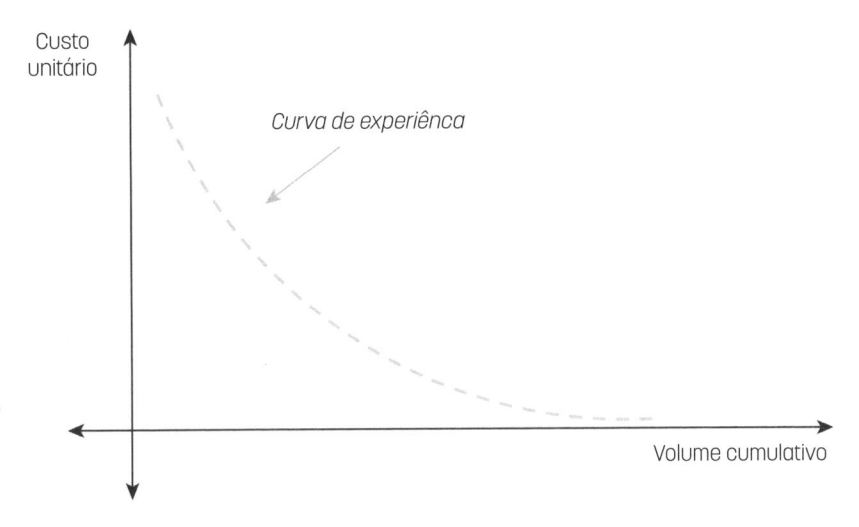

Fonte: Adaptado de Curva de experiência BCG. Disponível em: https://www.bcg.com/en-gb/ publications/2013/ growth-business-unit-strategy-experience-curve-bcg-classics-revisited.aspx. Acesso em: 3 ago. 2022.

A curva de experiência diz respeito a explorar e atender a demanda, mas como vimos, a natureza mutável da vantagem acrescentou algumas nuances muito diferentes a isso. A curva de experiência funciona bem em climas estáveis, mas é desafiada no contexto de ambientes mais voláteis e em rápida mudança, que requerem maior frequência de inovações e de lançamentos. Isso significa que, além de atender e explorar a demanda, os negócios precisam de foco bem mais intenso em criar demanda para uma sucessão de novos produtos, serviços ou propostas – o que a BCG chama de moldar a demanda. Isso pode ser representado por uma sucessão de curvas de experiência que tenham a ver com explorar a demanda existente, com uma série de repetidos "saltos" de uma curva de experiência para a seguinte, à medida que as companhias geram novas ondas de produtos ou propóem inovação e valor. Similarmente, podemos representar isso como uma sucessão de curvas de experiência por meio das quais a organização ágil se torna apta a explorar a vantagem existente, com uma série de saltos relacionados de uma vantagem à seguinte (Fig. 3.6).

Figura 3.6 – Explorar a demanda e moldar a demanda

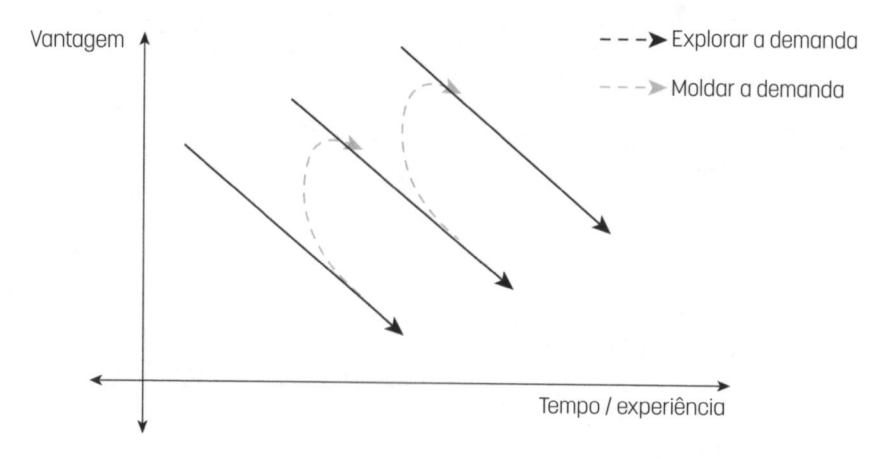

Fonte: Adaptado de Curva de experiência BCG. Disponível em: https://www.bcg.com/en-gb/ publications/2013/ growth-business-unit-strategy-experience-curve-bcg-classics-revisited.aspx. Acesso em: 3 ago. 2022.

A BCG nota que os dois tipos de experiência são caracterizados por abordagens e necessidades estratégicas diferentes, conforme mencionado. Como a curva de experiência é moldada explorando e atendendo à demanda, ela é definida por processos lógicos, mais lineares e dedutivos, estruturados em torno de repetição, geração de maior eficiência e melhoria incremental. Podemos capturar dados relacionados a custos transacionais, procurar oportunidades para melhorar e implantar mudanças: em outras palavras, usar pensamento indutivo (baseado em fatos diretamente observáveis) e pensamento dedutivo (lógica e análise, tipicamente baseados em evidências passadas). A experiência de moldar a demanda, por outro lado, é caracterizada pelo pensamento *abdutivo,* que nos leva a pensar criativamente, imaginar o que é possível, formular hipóteses a respeito das necessidades do cliente, de novas fontes de vantagem, do potencial de novas tecnologias; e então testar e prototipar, aprender com base em resultados empíricos e encerrar, pivotar ou expandir rapidamente. Os negócios tendem a se tornar altamente proficientes em raciocínios indutivos e dedutivos, mas em geral são pobres em pensamento abdutivo. Os três são essenciais.

Em última instância, a vantagem competitiva de longo prazo talvez tenha consistido sempre em ser adepto dos dois tipos de experiência, mas nos ambientes atuais, complexos, em rápida mudança, o importante é o grau de foco que se coloca em cada um (a maioria das companhias vai muito bem em atender a demanda ao longo do tempo à custa de moldar a demanda), e o fato de que a velocidade exigida para ciclar entre os dois aumentou drasticamente.

A Netflix é um ótimo exemplo de um negócio que se mostrou apto em obter um bom equilíbrio ambidestro, empreendendo uma sucessão de pivotagens, desde enviar DVDs até fazer streaming de filmes e investir agora em conteúdo original. Eles previram muito bem a mudança para conteúdo de streaming, e foram capazes de gerir o negócio existente e ao mesmo tempo incentivar uma nova proposta disruptiva. Atualmente, em período relativamente curto de tempo, aumentaram seu investimento em conteúdo original para 13 bilhões de dólares em 2018, mais do que a HBO e a CBS.[41] Ao moldarem a demanda dessa forma, estão elevando a expectativa do cliente significativamente e gerando uma vantagem importante.

DA EFICIÊNCIA ESCALÁVEL À APRENDIZAGEM ESCALÁVEL

Equipes pequenas podem ser motores de mudança numa grande organização. A equipe, como o estrategista Russell Davies uma vez a descreveu, é a unidade de entrega.[42] Mas a equipe pode também catalisar aprendizagem e transformação, já que aprendemos melhor quando aprendemos juntos. Grandes organizações são tipicamente dominadas por um foco na eficiência e na execução – lidar com tarefas repetíveis, minimizar variação e recompensar a conformidade. Qualidades que funcionam bem em ambientes estáveis, com contextos bem compreendidos que mudam devagar, mas não tão bem em circunstâncias de rápida mudança, caracterizadas por maior incerteza. São qualidades que podem trazer economia em custos operacionais e melhorar a produtividade e a eficiência de processos, mas que podem também frear a colaboração entre disciplinas e o desenvolvimento de conhecimento e insight. Precisamos derrubar essas barreiras a uma aprendizagem efetiva e reorientar a organização para aprender em escala.

A professora da Harvard Business School, Amy Edmondson (em seu livro *Teaming: How organizations learn, innovate, and compete in the knowledge economy*[43]), diz que organizar para aprender deve ser algo que se reflita no conjunto das abordagens, funções e processos da maneira mais ampla possível, ao longo de toda a organização:

> Para ficarem em dia com os desenvolvimentos em sua área, as pessoas devem se tornar aprendizes para a vida toda, e o sucesso virá para aqueles que forem capazes de dominar novas aptidões e vislumbrar novas possibilidades. Os funcionários devem absorver e às vezes criar novos conhecimentos enquanto executam. Pelo fato de esse processo tipicamente acontecer entre indivíduos que trabalham juntos, a aprendizagem coletiva – isto é, aprender em pequenos grupos e por meio deles – é considerada o veículo primário para aprendizagem organizacional.[44]

Devemos procurar recrutar experimentadores e solucionadores de problemas, mais do que pessoas que prezem a conformidade e sigam regras; e devemos treinar para aprender fazendo, em vez de sempre aprender antes de fazer; devemos defender a integração do conhecimento em vez do know-how separado e dividido por áreas; devemos empoderar o pessoal para que explore e experimente, para que use a variância como oportunidade para melhorar, em vez de tentar eliminá-la, e para que pergunte "o que aprendemos?" mais do que "será que fizemos do jeito certo?".

O ponto é que aprender a vida inteira é algo que deveríamos adotar não apenas como indivíduos, mas também numa equipe e em nível organizacional. Hoje fala-se muito a respeito de "fracassar rápido", "fracassar feliz", "acolher o fracasso". Isso não é tão útil assim. O fracasso em isolamento é um padrão redundante. Muito melhor falar em aprendizagem e em como podemos apoiar uma melhoria contínua a partir da compreensão, de refletir a respeito e reagir tanto aos sucessos quanto aos fracassos. Como Amy diz:

> Ao encarar um caminho incerto à frente, tentar algo que falha e então descobrir o que poderia funcionar é a verdadeira essência do bom desempenho. Mas um desempenho ótimo é quando se tenta algo que falha, descobre-se a alternativa que funciona e então conta-se aos colegas tudo a respeito disso – a respeito tanto do sucesso quanto do fracasso.[45]

Essa mudança no valor em direção à aprendizagem organizacional, em vez de buscar apenas alavancar o domínio em escala e a eficiência, representa uma das ações disruptivas de maior impacto em termos de vantagem corporativa. John Hagel e John Seely Brown, na Deloitte, têm descrito isso como uma mudança de "eficiência" para "aprendizagem" escalável.[46]

A história das corporações há muito tempo se caracteriza pelas vantagens que podem ser derivadas do porte e do volume e da aptidão em diminuir custos, melhorar margens e ganhar eficiências em escala ao longo do tempo. No século XIX, quando emergiram novas tecnologias de transporte, comunicações e manufatura, surgiu também uma nova estirpe de companhia, estruturada para alavancar os benefícios escalados das novas capacidades de produção, distribuição e marketing. Essas organizações arquitetaram-se em torno de eficiência, de concentrar transações numa única empresa a fim de reduzir custos transacionais, em boa parte da maneira que Ronald Coase descreve em seu famoso ensaio sobre a natureza da empresa.[47] Empresas, segundo Coase, existem para economizar no custo de coordenar a atividade econômica.

Esse foco em alavancar a eficiência escalada tem moldado há muito tempo as organizações em torno da necessidade de controle, consistência, estabilidade e previsibilidade, resultando em hierarquias de comando e controle de cima para baixo, planejamento e previsão em prazos mais longos, áreas funcionais verticais e processos padronizados e rígidos. Ao longo do século XX, isso atendeu bem às companhias, mas nesse processo tem ocorrido um significativo *trade-off* corporativo, isto é, compensações entre a eficiência escalada e a capacidade de aprender rapidamente, de ser flexível, adaptativo e experimental.

Em outras palavras, é muito difícil encontrar o espaço para explorar novas possibilidades, tentar novas possibilidades e até se adaptar rapidamente quando a estrutura organizacional, os processos e a cultura cresceram especificamente em função de reduzir a divergência da norma, atenuar os riscos, a exploração e os desvios, além de reduzir a não conformidade. Experimentação, curiosidade e improvisação são o combustível da rápida aprendizagem. Ao limitá-las, a aprendizagem organizacional fica também restringida.

Em tempos de estabilidade e de contextos que se movem mais devagar, a preeminência da eficiência escalável faz sentido. Mas quando o ambiente muda e passa a ser caracterizado por níveis mais elevados de disrupção e imprevisibilidade, sacrificar a capacidade de aprender em escala, e rápido, torna-se uma nítida desvantagem. As tecnologias e modelos digitais são capazes de reduzir drasticamente os custos transacionais (e têm feito isso); por exemplo, a capacidade de alavancar as aptidões, conhecimento e investimento de terceiros faz com que a vantagem que vem da integração vertical e da escala se reduza.

Hagel e Seely Brown escreveram sobre a necessidade de desenvolver novas arquiteturas de relacionamento dentro, ao longo e fora das instituições, para romper com esses *trade-offs* de desempenho, conseguir expandir o que for possível e valorizar a aprendizagem escalável mais que a eficiência escalável. Como os contextos competitivos, de mercado e de cliente mudam cada vez mais rápido, o valor dos estoques de conhecimento existentes dentro da organização, relativamente estáticos, podem se depreciar depressa, enfatizando a necessidade de criar mecanismos, relacionamentos e espaços voltados a aumentar o fluxo de informação, aprendizagem e adaptação. Não ser capaz de aprender rapidamente nesses contextos cria vulnerabilidade e fragilidade:

> Chegamos a um ponto de virada importante, no qual o sucesso não é definido pela escala, mas sim pela capacidade de aprender (e desaprender) mais rapidamente. O modelo tradicional de "equilíbrio pontual", no qual as companhias se movem de um estado estável a outro, está morto, e as companhias precisam adotar um estado que as leve a "mudar continuamente", para fazer frente às rápidas mudanças no ambiente.[48]

Tecnologias digitais têm propiciado maneiras radicalmente diferentes de se conectar com as mais diversas e úteis fontes de conhecimento e informação, tanto dentro quanto fora da organização, seja por meio do poder de códigos-fonte abertos [*open-source*], contribuição colaborativa [*crowd-sourcing*], núcleos de talento [*talent-pools*], da miríade de fontes de insight de terceiros, seja por fluxo de dados de APIs [Interfaces de Programação de Aplicativos]. Isso tem garantido que as potenciais complexidades e os custos de transação de se conectar a múltiplas fontes externas de valor sejam mitigados e reduzidos. Nunca foi fácil obter respostas rápidas a questões, ou acessar expertise excepcional, ou criar e manter comunidades focadas em torno de colaboração, experiência e conhecimento. Esse tipo de rede baseada em conhecimento pode se beneficiar de um fluxo fácil de informações, da curva de valor exponencial que vem dos efeitos de rede (cada participante adicional da rede aumenta o valor da rede como um todo); e por meio disso essas redes aumentam a velocidade e a abrangência da aprendizagem de cada um dos envolvidos. Um potencial novo pode ser concretizado.

Não é pouca mudança. Como Hagel e Seely Brown observaram em seu relatório da Deloitte: "Tipos fundamentalmente diferentes de instituições podem precisar romper essas limitações e adotar novas ferramentas e práticas para simultaneamente impulsionar tanto a aprendizagem acelerada quanto altos níveis de eficiência em ambientes em rápida evolução. Para isso, é preciso repensar a filosofia das empresas". A fim de remodelar e passar da eficiência em escala para a aprendizagem em escala, elas requerem um tipo de organização fundamentalmente diferente.

A vantagem foi por muitos anos definida pela escala. Então, mais recentemente, ela se voltou para a adaptação em escala. Agora, a vantagem está firmemente enraizada na capacidade de aprender rápido em escala (Fig. 3.7).

Figura 3.7 – Aprender rápido em escala

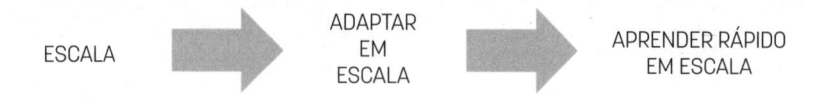

ESCALA → ADAPTAR EM ESCALA → APRENDER RÁPIDO EM ESCALA

ESTUDO DE CASO

Amazon Marketplace e Fulfilment by Amazon

Lançado em 2006, o Fulfilment by Amazon (FBA)[49] é um serviço de ponta a ponta que a Amazon criou para permitir que milhões de vendedores terceiros utilizem sua plataforma para vender e atender a pedidos. Usado por vendedores em mais de 100 países, o serviço permite que esses comerciantes aproveitem um conjunto de propostas de serviços da Amazon, desde armazenar produtos em instalações de centros locais de atendimento até usar seus milhares de funcionários para selecionar, embalar e despachar produtos a clientes, aproveitando os benefícios da Amazon Prime e seus serviços de entrega para exportar facilmente produtos a clientes de 185 países ao redor do mundo, assim como lidar com devoluções e fazer uso da equipe de serviços ao cliente da Amazon.

Por meio do FBA, a Amazon oferece um conjunto de ferramentas para propiciar melhor gestão de vendas, incluindo otimização de preços, análise de negócios e recomendações que efetivamente permitem a vendedores terceiros gerir seus negócios a partir de qualquer dispositivo, onde quer que estejam.

O FBA é um excelente exemplo de pensamento nascido no digital. Em vez de se preocupar com a possibilidade de esses vendedores terceiros poderem canibalizar as vendas da Amazon, a companhia criou um ecossistema de plataforma que propicia um relacionamento produtivo entre ela, vendedores terceiros e clientes, que é benéfico para todos. À medida que essas vendas para a plataforma Amazon Marketplace acontecem, o valor aumenta para todos no ecossistema.

No quarto trimestre de 2018, 52% das unidades pagas vendidas na Amazon foram realizadas por vendedores terceiros, e no total de 2018 geraram mais de 42 bilhões de dólares em receitas do serviço de vendedor [*seller-service*] (um aumento de mais de um terço em relação ao ano anterior), um segmento de receita que fica atrás em valor apenas das vendas de produtos do varejo da Amazon.[50]

O Marketplace e o FBA dão à Amazon maior escala e alavancagem, mas o crucial é que dão também à companhia aprendizagem rápida em escala. À medida que mais vendedores se juntam à plataforma e mais transações são feitas por meio dos sistemas da Amazon, ela acumula crescentes volumes de dados que lhe permitem aprender melhor e mais rápido que ninguém.

EXPLORAR, EXECUTAR, ESTENDER E APROVEITAR

Assim, como vimos, a organização ágil é aquela caracterizada por contínua mudança, reinvenção, reatividade e manejabilidade: capaz de capitalizar o potencial de equipes pequenas para apoiar transformação, agilidade e adaptabilidade em escala; capaz de manter alto nível de fluidez em torno da atribuição de recursos para evitar espelhar os desafios inerentes à inovação arquitetural e radical; capaz de lidar com altos níveis de ação ambidestra para conseguir gerir negócios da maneira usual e simultaneamente, de uma maneira convergente, inventar o negócio do futuro; capaz de se mostrar apta tanto em atender à demanda quanto em moldá-la.

O economista de origem austríaca Joseph Schumpeter, que lecionou por muitos anos em Harvard, definiu o processo de mudança tecnológica como dividido em três estágios principais: Invenção (ideias); Inovação (desenvolvimento de novas ideias em produtos e processos comercializáveis, ou comercialização); e Difusão (escala ou adoção).[51] Dada a necessidade não apenas de uma inovação episódica, mas também de uma inovação contínua, ampla e profunda, necessitamos estruturar um novo tipo de organização que se defina por um perpétuo ciclo de exploração, execução, extensão e aproveitamento (Fig. 3.8):

Exploração: é a busca de necessidades do cliente subatendidas, de novos problemas de cliente a resolver, novas propostas, novas eficiências, novas estruturas de relacionamento, o valor de novas tecnologias, melhores maneiras de trabalhar. A exploração precisa estar arraigada e ser contínua.

Execução: é a capacidade de comercializar, gerar valor de antemão, construir modelos escaláveis em torno de novas propostas, moldar recursos, tecnologia e processos de maneiras que possam propiciar rápido crescimento. Sem esse estágio, costuma haver um "elo perdido" entre as ideias do estágio inicial e as soluções escaladas que têm real impacto no negócio.

Extensão e aproveitamento: foco em operacionalizar, estender e fazer crescer a proposta para maximizar o potencial, aproveitar a vantagem criada pela experiência e pela maior eficiência ao longo do tempo. Esse estágio é necessário para otimizar plenamente a oportunidade a partir da vantagem existente.

Figura 3.8 – Explorar, executar, estender e aproveitar

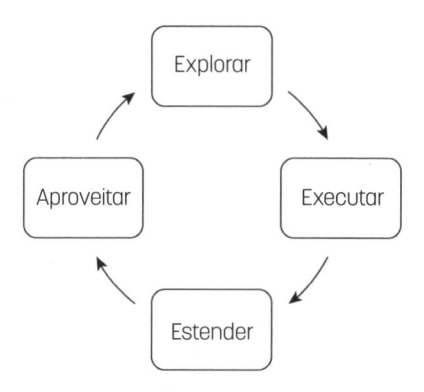

Os ciclos de inovação precisam ser acelerados para que operem em intervalos de meses, gerando um fluxo contínuo de novos experimentos e iniciativas. Mas, além disso, toda a organização precisa estar preparada para suportar esse fluxo de novo valor.

Se você fosse projetar organizações a partir do zero para os complexos ambientes adaptativos atuais, não projetaria um negócio que fosse moldado demais pela exploração da vantagem existente, por áreas funcionais que inibem colaboração horizontal e por práticas burocráticas de trânsito lento. É necessário um tipo totalmente novo de organização, montada em torno de inovação e mudança contínuas.

UMA ESTRUTURA PARA INOVAÇÃO CONTÍNUA

Depois de definir as tarefas-chave que uma organização ágil tem de realizar em termos de exploração, execução e extensão e aproveitamento, precisamos alinhar recursos, processo e pessoas em torno dessas tarefas. O pesquisador Simon Wardley articulou uma maneira útil de estruturar as aptidões especiais e os diferentes recursos necessários para dar vida a produtos e serviços, mas também caracterizou esses estágios – como pioneiros, colonizadores e planejadores urbanos.[52] Cada um desses arquétipos são notáveis à sua maneira, mas se apoiam em capacidades diferentes que nos permitem mapeá-los para a tarefa organizacional a ser feita:

- **Pioneiros:** procuram novo território para o negócio, originam conceitos inteiramente novos, usam antevisão para criar novas possibilidades para o futuro. Sua taxa de fracasso provavelmente é a mais alta entre esses arquétipos, mas são capazes de gerar conceitos que podem moldar um novo valor futuro para a organização. Os pioneiros se posicionam no estágio da exploração.

- **Colonizadores:** pegam o futuro possível e o tornam realidade, partem de ideias parciais para dar-lhes completude, avaliam ideias no estágio inicial para assegurar que sejam comercialmente viáveis. Constroem modelos de negócios com base em grandes ideias, tornam novos produtos e serviços escaláveis, compreensíveis, constroem confiança e coesão. Colonizadores se posicionam no estágio de execução.

- **Planejadores urbanos:** industrializar, operacionalizar, otimizar. Eles pegam modelos, produtos e serviços e os fazem funcionar em escala, para que se beneficiem de economias de escala, e então procuram estendê-los a novas áreas de oportunidade, torná-los mais rápidos, melhores, mais eficientes ao longo do tempo. Planejadores urbanos se posicionam no estágio do ciclo de extensão e aproveitamento.

Figura 3.9 – Evolução da proposta

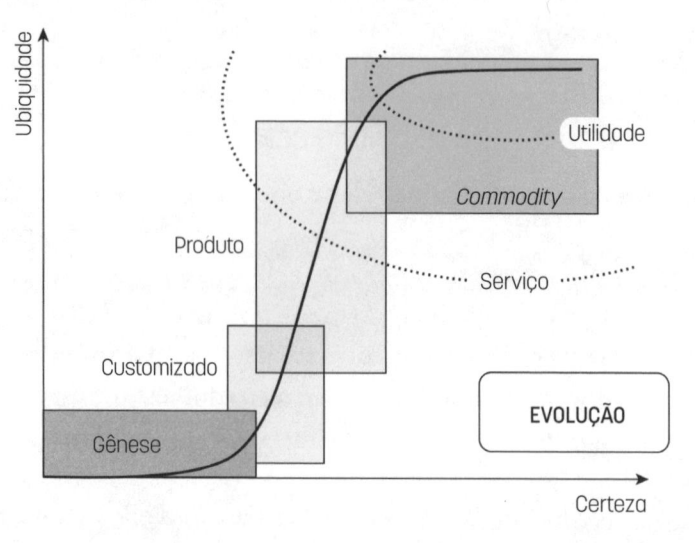

Fonte: Adaptado de Wardley (2016). Disponível em: https://medium.com/wardleymaps/ anticipation-89692e-9b0ced. Acesso em: 3 ago. 2022.

Simon representa o ciclo tradicional de evolução do produto ou proposta como uma curva S, na qual cada solução do estágio inicial começa largamente customizada, antes de escalar e finalmente alcançar o ponto em que é crescentemente comoditizada e se torna mais uma utilidade. Conforme o ciclo de vida do produto progride ao longo do tempo, a certeza aumenta à medida que a organização desenvolve experiência, mas isso também ocorre com a ubiquidade da proposta (Fig. 3.9).

Podemos mapear esses nossos arquétipos de pessoas em cima desse gráfico. Os pioneiros vão atuar nos primeiros estágios de gênese da proposta. Os colonizadores criarão versões customizadas e escalabilidade. Planejadores urbanos irão operar na ponta do volume, extraindo valor de serviços e propostas mais comoditizados e ubíquos. Como resultado, a maneira pela qual cada um desses arquétipos trabalha é diferente:

- **Pioneiros:** experimentam de modo iterativo, prototipando internamente, e talvez usando métodos de trabalho e técnicas de *Agile* ou *Lean* startup. Operam em ambientes de alta incerteza, procurando a novidade ou o potencial de diferenciação, talvez o valor futuro de alto potencial nas propostas ou mercados que sejam por enquanto escassamente compreendidos ou definidos. Entendem de primeiros protótipos, MVPs, potencial futuro.

- **Colonizadores:** têm foco em desenvolver a compreensão, identificar os aspectos específicos que serão úteis, ampliar um mercado, gerar lucratividade. Trabalham com feedback e melhoria constante, portanto provavelmente ainda usarão metodologias de trabalho iterativas. Entendem de crescimento, de tendências e de trabalhar com ciclos de feedback do cliente.

- **Planejadores urbanos:** operam em mercados maduros, ambientes de alto volume e mais estáveis, entendem de segmentos bem definidos, otimização, eficiência operacional, análise, de construir aquilo de que o negócio precisa. Estão familiarizados com processos focados na eficiência, como a metodologia Six Sigma.

Mais adiante examinarei de que modo uma organização pode mapear as diferentes tarefas a serem realizadas e aplicar recursos e processos apropriados a esses diferentes domínios. Ser uma organização ágil não significa que o *Agile* deve ser o processo *default* [padrão], mas significa, sim, um pensamento mais sofisticado em relação à aplicação de diferentes metodologias de trabalho, e saber discernir aonde aplicamos *Agile*, e aonde precisamos simplesmente SER ágeis.

O SISTEMA OPERACIONAL DUAL

Considerando a necessidade que as organizações têm de ser ambidestras para que possam continuar entregando o que se refere à vantagem competitiva existente e ao mesmo tempo inventar o negócio do futuro, precisamos repensar nossa abordagem ao design da organização. O professor John Kotter, da Harvard Business School (em seu livro *Accelerate: Building strategic agility for a fastermoving world*[53]), tem defendido que os negócios, para criar uma verdadeira agilidade e reatividade, precisam montar um "sistema de operação dual", projetado para tanto permitir o rápido desenvolvimento de novas ideias e modelos quanto continuar maximizando as eficiências operacionais necessárias para gerir o negócio da maneira usual. Quando as companhias começam como startups, são naturalmente organizações pequenas e decididamente em rede, mas conforme escalam, requerem gestão e maiores eficiências, portanto o lado hierárquico do negócio com o tempo cresce. Mas à medida que a inovação desacelera e a pressão competitiva aumenta, a necessidade de eficiências cada vez maiores resulta num negócio totalmente hierarquizado, que perdeu aquela capacidade de rede. O pensamento de Kotter dizia respeito à necessidade, em um ambiente de negócios em rápida mudança, de reintroduzir na organização um pouco do modelo em rede.

Conforme as organizações se tornam maiores, elas passam a ser mais focadas internamente, e a inovação se torna algo adicional para as pessoas que ocupam a hierarquia e já estão muito envolvidas nas tarefas diárias. Essa falta de espaço para a experimentação contínua é um grande desafio. A expectativa geralmente é que os líderes e gestores, ao assumirem responsabilidade por novos projetos, consigam levar adiante a nova iniciativa e ao mesmo tempo continuem fazendo tudo o que vinham fazendo. Nunca ninguém pensa no que poderia parar de fazer a fim de liberar tempo e recursos para iniciar algo novo. Outro desafio crucial nas organizações estritamente hierárquicas é o simples fato de que a colaboração transdisciplinar se torna difícil. Os departamentos operam em função das próprias agendas. O status da liderança é determinado pelo porte da sua equipe ou do seu orçamento. Tomar decisões rápidas que envolvam diferentes contribuições ou disciplinas torna-se problemático. Ao longo do tempo, a orientação básica gira em torno do que é certo para o departamento, e não do que é certo para o cliente.

Como discutimos antes, hierarquias rígidas são muito boas para explorar a vantagem existente, mas são terríveis quando se trata de reagir à mudança rápida e incorporar exploração e experimentação na trama de como elas operam. No moderno ambiente, os negócios precisam criar mais proativamente estruturas capazes de entregar maior agilidade. A grande oportunidade é que, com a capacidade de levar adiante o negócio nos termos usuais e otimizar a vantagem existente por meio das hierarquias tradicionais, podemos usar equipes pequenas e multidisciplinares para criar no negócio um elemento mais orientado em rede (Fig. 3.10).

Adiante discutiremos algumas das oportunidades e desafios que surgem ao passar para esse modo de operação, mas é importante compreender que não há um plano definido sobre como isso deve acontecer. Equipes pequenas e envolvendo várias funções podem estar alinhadas em objetivos significativamente diferentes, voltadas para otimizar jornadas de clientes, para processos específicos de inovação ou para resolver desafios cruciais de negócios. Cada empresa terá os próprios contextos e objetivos, que determinarão uma abordagem diferente. Nesse sentido, desafios significativos pelo caminho poderão surgir, conforme a organização for aprendendo a equilibrar diferentes maneiras de trabalhar, a lidar com prioridades diferentes e adaptar-se às mudanças de modo que possam ser bem-sucedidas em longo prazo.

Figura 3.10 – Hierarquia e rede

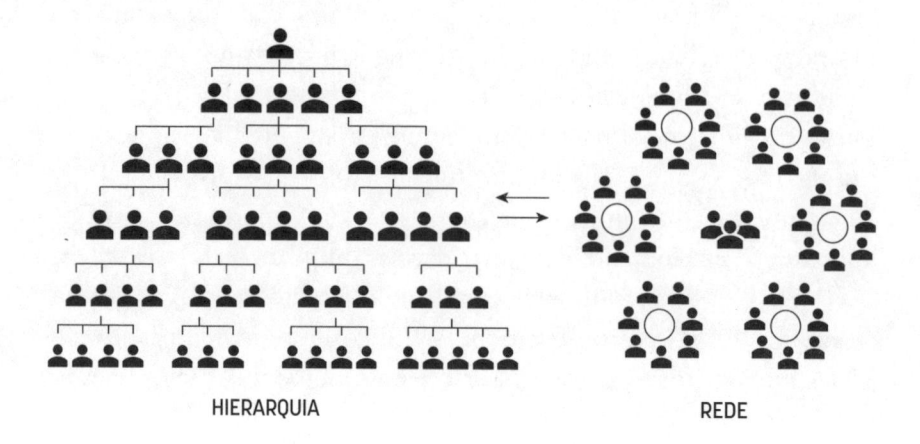

HIERARQUIA REDE

Mas o ponto é que ao fazer isso o negócio incorpora proativamente mais maneiras ágeis de trabalhar, e continua alcançando suas metas. Você não quebra seu negócio, nem atua pelas beiradas da transformação. Pelo contrário, você traz maior agilidade à companhia, permite que haja maior fluidez na atribuição de recursos, mais adaptabilidade em lidar com desafios cruciais para o cliente e o negócio, e capitaliza a capacidade de pequenas equipes promoverem uma grande mudança.

CONSTRUIR UMA ARQUITETURA ORIENTADA A SERVIÇOS

Nas estruturas organizacionais tradicionais, a expertise funcional é organizada em áreas que podem se beneficiar de aprendizagem compartilhada e de maior eficiência. Isso funciona bem num sentido vertical, para alinhar a equipe funcional mais facilmente em torno de práticas, abordagens e padrões comuns, e prover governança funcional e plano de carreira. Mas é terrível para a colaboração horizontal. Em uma era que requer mudanças significativas no trabalho multifuncional, precisamos encontrar novas maneiras de empoderar uma operação multidisciplinar convergente. Além da capacidade de escalar equipes pequenas, multidisciplinares, como motor para a mudança contínua, precisamos catalisar mais trabalho multifuncional fluente desenvolvendo uma arquitetura orientada a serviços e por meio do uso de APIs [*Application Programming Interface* ou Interface de Programação de Aplicativos – um conjunto de definições e protocolos para conectar sistemas e serviços e permitir o intercâmbio de dados e utilidades entre eles]. Há três tipos-chave de APIs[54]:

- APIs abertas ou públicas, que não têm restrições de acesso;

- APIs parceiras, disponíveis apenas a parceiros estratégicos;

- APIs privadas ou internas, que expõem sistemas ou capacidades internamente, e com maior frequência não são abertas a uso externo.

APIs internas podem originar um modelo operacional organizacional, construído em torno de uma arquitetura orientada a serviços [*service-oriented architecture*, SOA], na qual equipes e funções individuais disponibilizam dados e recursos como um serviço a outras equipes que podem precisar deles. Embora essa abordagem não seja isenta de desafios (entre eles descobrir recursos relevantes, gerir demanda e também apoio), tem o potencial de dar suporte a uma agilidade bem maior ao fazer com que mais dados e capacidades estejam disponíveis quando solicitados ou quando necessários. Basta considerar com quanta frequência numa grande organização uma equipe requer informações, recursos ou números de outra equipe e quanto esse processo é lento, às vezes por meio de processos manuais e de e-mail. Isso é agravado pelo fato de a maioria das organizações crescer com múltiplos sistemas que não compartilham dados nem conversam entre eles, o que significa que a amplitude do acesso a dados relevantes se torna difícil.

A Amazon foi, é claro, a primeira organização escalada a realizar o potencial das APIs para permitir um modelo operacional verdadeiramente inovador, que acabou dando a eles (e continua dando) considerável vantagem. Lá atrás, em 2002, Jeff Bezos divulgou sua conhecida instrução sobre como o software deveria ser construído na Amazon (parafraseado aqui):

1. Todas as equipes a partir de agora irão expor seus dados e funcionalidades por meio de interfaces de serviço.

2. As equipes devem se comunicar entre si por meio dessas interfaces.

3. Não será permitida nenhuma outra forma de processo interno de comunicação: nenhum vínculo direto, nem leituras diretas dos

dados armazenados por outra equipe, nem modelos de memória compartilhada, nem qualquer tipo de camuflagem. A única comunicação permitida é por meio de chamadas pela interface de serviços da rede.

4 Não importa que tecnologia elas usam.

5 Todas as interfaces de serviço, sem exceção, devem ser desenhadas a partir do zero para serem externalizáveis. Isto é, a equipe deve planejar e projetar de modo que seja capaz de expor a interface a desenvolvedores no mundo externo. Sem exceções.

6 Aquele que não fizer isso será demitido.[55]

A ordem sem dúvida foi provocada pelo custo crescente e pela morosidade por não se ter um modo consistente de intercambiar capacidades e dados entre diferentes equipes e funções. Mas isso fez o negócio se transformar internamente em uma SOA, na qual todas as equipes interagem via APIs, definem que recursos têm e os disponibilizam por meio de serviços web, de modo que outras equipes possam acessá-los independentemente e reutilizá-los para apoiar resultados de negócios. A Amazon havia criado uma economia API interna própria e um negócio que pensa tudo de uma maneira que prioriza os serviços, além disso criou a plataforma sobre a qual poderia construir uma vantagem praticamente inatacável.

Essa abordagem SOA foi levada a um nível totalmente novo pela sucessiva externalização da capacidade, estabelecendo eficazmente partes separadas da companhia como plataformas individuais, abrindo-as à competição externa e assegurando que evitassem as ineficácias que podem advir de monopólios internos ou de negócios integrados verticalmente (ou seja, evitando o perigo de se tornar inchada e complacente por ter um cliente interno cativo sem concorrência externa).

Essa abordagem significa que a Amazon ganha maior alavancagem e aprendizagem por meio de escala, que os serviços têm que competir no mercado aberto assegurando maior eficiência, e que com efeito a Amazon se torna o maior cliente da Amazon. O Amazon Web Services (AWS) é talvez o exemplo mais óbvio de como eles direcionaram a própria infraestrutura de tecnologia para torná-la um produto externalizado imensamente valioso. Em 2018, o AWS trouxe rendimento de 25,7 bilhões de dólares, o que representou um aumento de 47% em relação ao ano anterior, e é mais do que o McDonald's faturou naquele ano todo.[56] O AWS ensinou à Amazon o verdadeiro valor de criar plataformas voltadas externamente, movidas por serviços a partir de serviços internos, e desse modo preparando para o futuro sua capacidade operacional para enfrentar ineficiência, complacência e estagnação. Uma sucessão de serviços, como estrutura de atendimento, centros de contato e até mesmo preço foram transformados em plataformas geradoras de receita, que existem por seus próprios méritos no mercado aberto. Sua abordagem aberta ao desenvolvimento da plataforma Alexa, por exemplo, permitiu que desenvolvedores criassem um ecossistema de "talentos", aumentando incomensuravelmente seu valor aos clientes (em dados de dezembro de 2018, há mais de 70 mil talentos na plataforma[57]). A abertura para integrar Alexa em dispositivos de terceiros significa que ela está agora sendo incorporada em tudo, de TVs a iluminação, a relógios, a automóveis. Está agora se tornando um Sistema Operacional Amazon e, no processo, a caminho de se posicionar como o Sistema Operacional de voz padrão para a casa inteligente e o carro inteligente.

No entanto, foram a economia API interna e a SOA que permitiram a eles manter agilidade conforme escalavam. Nesse cenário, equipes se tornam parceiras umas das outras, com acoplamento fraco, mas capazes de extrair copiosos recursos à vontade. São capazes de colaborar horizontalmente em alta velocidade, capitalizando em cima do acesso livremente fluente a dados e recursos. Estão abertas à inovação a partir de qualquer ponto, e não limitadas a sistemas essenciais que estejam fechados.

A ORGANIZAÇÃO PÓS-DIGITAL

O conceito "ir além do digital" foi primeiramente sugerido ainda em 1998 por Nicholas Negroponte em um ensaio na *Wired* que falava de como o "digital" acabaria se tornando muito banal. Ele escreveu: "Sua forma literal, a tecnologia, já começa a ser vista como o normal, e sua conotação se tornará amanhã adubo comercial e cultural para novas ideias. Como o ar e a água potável, ser digital só será notado pela sua ausência, não por sua presença".

Avançamos então vinte anos e vemos que ainda restam desafios organizacionais em relação a adaptar mentalidades, culturas e abordagens para que se tornem mais nativas àquilo que é agora um mundo de fato digital.[58] No entanto, a aspiração das organizações tem que ser a de se tornarem capazes de ir além das instâncias em que "digital" é de algum modo algo separado. Em que projetos e propostas começam perguntando-se se a coisa em que estamos trabalhando é algo digital ou analógico. Devemos simplesmente fazer a coisa certa, seja ela digital ou não.

A prática do digital ainda pode requerer uma expertise definida, especializada, mas toda organização deve almejar um lugar no qual pensamento e avaliação sejam neutros em relação à plataforma ou ao canal. Onde o digital esteja verdadeiramente integrado. E onde a cultura e a prática reflitam isso. O digital deve ser vivido, respirado, conhecido, compreendido, chegar a um ponto em que se torne um comportamento habitual fazer as coisas de maneiras que sejam nativas ao ambiente digitalmente empoderado. Para citar o estrategista e blogueiro Russell Davies:

> A única maneira de um negócio ser pós-digital é ser digital de uma maneira completa, profunda, massiva. Ser digital na cultura, e não apenas nas capacidades. Saber como iterar publicamente, fazer experimentos em vez de pesquisa, admitir que é mais rápido e melhor codificar algo do que descrevê-lo em reuniões. Você precisa ser parte da cultura digital mais ampla, ter bons hábitos de compartilhamento, dar os créditos quando for o caso.[59]

De fato, é uma boa aspiração de se ter.

REFERÊNCIAS

[1] BRINKER, Scott. The 4 Forces of Marketing Operations and Technology. *ChiefMartec*, 28 ago. 2018. Disponível em: https://perma.cc/5K63-2GYZ. Acesso em: 2 ago. 2022.

[2] BRINKER, Scott. The 4 Forces of Marketing Operations and Technology. *ChiefMartec*, 28 ago. 2018. Disponível em: https://perma.cc/5K63-2GYZ. Acesso em: 2 ago. 2022.

³ HACKMAN, Richard. Leading Teams: Setting the stage for great performances – the five keys to successful teams. *HBS*, jul. 2002. Disponível em: https://perma.cc/6Q2P-NT6F. Acesso em: 2 ago. 2022.

⁴ WU, Lingfei; WANG, Dashun; EVANS, James A. Large Teams Develop and Small Teams Disrupt Science and Technology. *Nature*, fev. 2019. Disponível em: https://perma.cc/7JZA-UMLP. Acesso em: 2 ago. 2022.

⁵ BIGGER Teams Aren't Always Better in Science and Tech. *Science Daily*, fev. 2019. Disponível em: https://perma.cc/S4W9-W2R4. Acesso em: 2 ago. 2022.

⁶ HACKMAN, Richard. Leading Teams: Setting the stage for great performances – the five keys to successful teams, *HBS*, jul. 2002. Disponível em: https://perma.cc/6Q2P-NT6F. Acesso em: 2 ago. 2022.

⁷ GREER, Lindred Leura; DE JONG, Bart; SCHOUTEN, Maartje; DANNALS, Jennifer. Why and When Hierarchy Impacts Team Effectiveness: A meta-analytic examination. *Journal of Applied Psychology*, 2018, v. 103, p. 591-613. Disponível em: https://perma.cc/H7EU-MW7Z. Acesso em: 2 ago. 2022.

⁸ HOLACRACY. [Site] Disponível em: https://www.holacracy.org/. Acesso em: 2 ago. 2022.

⁹ Holacracy and Self-Organization. *Zappos Insights*, [S.d.]. Disponível em: https://www.zapposinsights.com/about/holacracy. Acesso em: 2 ago. 2022.

¹⁰ MAHAJAN, Neelima. Haier is Disrupting Itself – Before Someone Else Does. *CKGSB Knowledge*, out. 2015. Disponível em: https://perma.cc/ XV8P-8M3J. Acesso em: 2 ago. 2022.

¹¹ FISCHER, Bill. How CEO Zhang Ruimin Re-Invented Haier. *CKGSB Knowledge*, set. 2014. Disponível em: https://perma.cc/RZ6Z-PXMN. Acesso em: 2 ago. 2022.

¹² HAMEL, Gary; ZANINI, Michele. The End of Bureaucracy. *Harvard Business Review*, nov./dez. 2018. Disponível em: https://hbr.org/2018/11/the-end-of-bureaucracy. Acesso em: 2 ago. 2022.

¹³ HAMEL, Gary; ZANINI, Michele. The End of Bureaucracy. *Harvard Business Review*, nov./dez. 2018. Disponível em: https://hbr.org/2018/11/the-end-of-bureaucracy. Acesso em: 2 ago. 2022.

¹⁴ COLEY, Steve. Enduring Ideas: Three horizons of growth. *McKinsey & Company*, dez. 2009. Disponível em: https://perma.cc/QAB4-5PP7. Acesso em: 2 ago. 2022.

¹⁵ BAGHAI, Mehrdad; COLEY, Steve; WHITE, David. *The Alchemy of Growth*. Nova York: Basic Books, 2000. Disponível em: https://perma.cc/Y9UE-2FBW. Acesso em: 2 ago. 2022.

¹⁶ BLANK, Steve. McKinsey's Three Horizons Model. *Harvard Business Review*, 1 fev. 2019. Disponível em: https://perma.cc/EC27-C22E. Acesso em: 2 ago. 2022.

¹⁷ BLANK, Steve. McKinsey's Three Horizons Model. *Harvard Business Review*, 1 fev. 2019. Disponível em: https://perma.cc/EC27-C22E. Acesso em: 2 ago. 2022.

¹⁸ DISTILL Ventures. [Site]. Disponível em: https://www.distillventures.com/. Acesso em: 2 ago. 2022.

¹⁹ DARPA. Prize Challenges. [S.d.]. Disponível em: https://perma.cc/U5XS8YVP. Acesso em: 2 ago. 2022.

²⁰ HYPERLOOP Pod Competition. *SpaceX*. 2019. Disponível em: https://perma.cc/338G-CTDY. Acesso em: 2 ago. 2022.

²¹ KURZWEIL, Ray. Kurzweil's Rules of Invention. *MIT Technology Review*, 1 maio 2014. Disponível em: https://perma.cc/WMD7-623K. Acesso em: 2 ago. 2022.

²² HANDY, Charles. *The Empty Raincoat*: Making sense of the future. Londres: Random House, 1995.

²³ FULLER'S Plan 1919 – First Edition; May 24, 1918. Alternatewars. Disponível em: https://perma.cc/R2K7-NRGC. Acesso em: 3 ago. 2022.

²⁴ PECK, Michael. 5,000 Tanks: The Allies' World War I Plan 1919 Might Have Been the First Blitzkrieg in History. *The National Interest*, 1 out. 2016. Disponível em: https://perma.cc/K2ZC-9B7N. Acesso em: 3 ago. 2022.

²⁵ REID, Brian Holden. *JFC Fuller*: Military Thinker, Studies in Military and Strategic History. Londres: Palgrave Macmillan, 1990.

²⁶ HARFORD, Tim. Why Big Companies Squander Good Ideas. *FT Magazine*, set. 2018. Disponível em: https://perma.cc/USE6-G7UT. Acesso em: 3 ago. 2022.

²⁷ KELLY, Kevin. The Shirky Principle. *The Technium*, 2 abr. 2010. Disponível em: https://perma.cc/92QB-3UZV. Acesso em: 3 ago. 2022.

²⁸ HENDERSON, Rebecca; CLARK, Kim. Architectural Innovation: The reconfiguration of existing product technologies and the failure of established firms. *Administrative Science Quarterly*, mar. 1990. Disponível em: https://perma.cc/H5JE-6K97. Acesso em: 3 ago. 2022.

²⁹ HENDERSON, Rebecca; Clark, Kim. Architectural Innovation: The reconfiguration of existing product technologies and the failure of established firms. *Administrative Science Quarterly*, mar. 1990. Disponível em: https://perma.cc/H5JE-6K97. Acesso em: 3 ago. 2022.

³⁰ CONWAY, Melvin E. How do Committees Invent? *Datamation*, v. 14, n. 5, p. 28-31, abr. 1968. Disponível em: https://perma.cc/892C-85RK. Acesso em: 3 ago. 2022.

³¹ CONWAY, Melvin E. How do Committees Invent? *Datamation*, v. 14, n. 5, p. 28-31, abr. 1968. Disponível em: https://perma.cc/892C-85RK. Acesso em: 3 ago. 2022.

³² BROOKS JR., Frederick P. *The Mythical ManMonth*: Essays on software engineering. Boston: Addison Wesley, 1995.

³³ BRIER, Noah. Conway's Law. *Noah Brier*, out. 2018. Disponível em: https://perma.cc/KG5D-7PYA. Acesso em: 3 ago. 2022.

³⁴ BALDWIN, Carliss; COLFER, Lyra. The Mirroring Hypothesis: Theory, evidence and exceptions. *Harvard Business School Finance*, n. 16-124, 27 abr. 2016. Disponível em: https://perma.cc/4UNH-U5GU. Acesso em: 3 ago. 2022.

³⁵ BRIER, Noah.Conway's Law. *Noah Brier*, out. 2018. Disponível em: https://perma.cc/KG5D-7PYA. Acesso em: 3 ago. 2022.

³⁶ HOROWITZ, Andreessen. Tech and Entertainment in the "Era of Mass Customization". [Entrevista cedida a Reed Hastings e Marc Andreessen]. *a16z Podcast*, fev. 2015. Disponível em: https://perma.cc/RYF8-TMHS. Acesso em: 3 ago. 2022.

³⁷ NETFLIX Investors. Long-Term View. [S.d.]. Disponível em: https://perma.cc/ZXU4-ZJRW. Acesso em: 3 ago. 2022.

³⁸ O'REILLY, Charles; TUSHMAN, Michael. The Ambidextrous Organization. *Harvard Business Review*, abr. 2004. Disponível em: https://perma.cc/M67J-AULQ. Acesso em: 3 ago. 2022.

³⁹ PEPPERS, Don. How 3M Lost (and Found) its Innovation Mojo. *Inc.*, 9 maio 2016. Disponível em: https://perma.cc/D2XN-5Z2A. Acesso em: 3 ago. 2022.

⁴⁰ REEVES, Martin; STALK, George; SCOGNAMIGLIO, Filippo. BCG Classics Revisited: The experience curve. *BCG*, 28 maio 2013. Disponível em: https://perma.cc/PLX6-4GRR. Acesso em: 3 ago. 2022.

[41] FELDMAN, Dana. Netflix's Content Budget is Updated to $13B for 2018. *Forbes*, 9 jul. 2018. Disponível em: https://perma.cc/E3SH-YSD3. Acesso em: 3 ago. 2022.

[42] DAVIES, Russell. A Unit of Delivery. *Russell Davies*, abr. 2013. Disponível em: https://perma.cc/C8KS-NSL7. Acesso em: 3 ago. 2022.

[43] EDMONDSON, Amy C. *Teaming*: How organizations learn, innovate, and compete in the knowledge economy. São Francisco, CA: Jossey-Bass, 2010.

[44] EDMONDSON, Amy C. *Teaming*: How organizations learn, innovate, and compete in the knowledge economy. São Francisco, CA: Jossey-Bass, 2010.

[45] EDMONDSON, Amy C. *Teaming*: How organizations learn, innovate, and compete in the knowledge economy. São Francisco, CA: Jossey-Bass, 2010.

[46] HAGEL, John; BROWN, John S. Institutional Innovation. *Deloitte Insights*, 12 mar. 2013. Disponível em: https://perma.cc/U2HJ-WURZ. Acesso em: 3 ago. 2022.

[47] COASE, Ronald H. The Nature of the Firm. *Wiley*, nov. 1937. Disponível em: https://perma.cc/5LZ4-YJXX. Acesso em: 3 ago. 2022.

[48] HAGEL, John; BROWN, John S. Institutional Innovation. *Deloitte Insights*, 12 mar. 2013. Disponível em: https://perma.cc/U2HJ-WURZ. Acesso em: 3 ago. 2022.

[49] AMAZON Services Europe. *Fulfilment by Amazon*. 2019. Disponível em: https://perma.cc/P33X-YGEE. Acesso em: 3 ago. 2022.

[50] CLEMENT, J. Percentage of Paid Units Sold by Thirdparty Sellers on Amazon Platform as of 4th Quarter 2018. *Statista*, 29 abr. 2019. Disponível em: https://perma.cc/J388-YTLD. Acesso em: 3 ago. 2022.

[51] INVENTION Innovation Diffusion Trilogy. Proven Models. [S.d.]. Disponível em: https://perma.cc/L74J-W5VX. Acesso em: 3 ago. 2022.

[52] WARDLEY, Simon. On Pioneers, Settlers, Town Planners and Theft. *Gardeviance*, mar. 2015. Disponível em: https://perma.cc/T47J-TQJJ. Acesso em: 3 ago. 2022.

[53] KOTTER, John P. *Accelerate*: Building strategic agility for a fastermoving world. Boston: Harvard Business Review, 2014.

[54] CASTELLANI, Stephane. What are the different types of APIs? *APIfriends*, 20 set. 2017. Disponível em: https://perma.cc/4XZU-U5N6. Acesso em: 3 ago. 2022.

[55] MASON, Ross. Have You Had Your Bezos Moment?: What You Can Learn from Amazon. *CIO*, 25 ago. 2017. Disponível em: https://perma.cc/57FG-WBQ6. Acesso em: 3 ago. 2022.

[56] GRISWOLD, Alison. Amazon Web Services Brought in More Money Than McDonald's in 2018. *Quartz*, 1 fev. 2019. Disponível em: https://perma.cc/5FAJ-WEWF. Acesso em: 3 ago. 2022.

[57] KINSELLA, Bret. There Are Now More Than 70,000 Skills on Alexa. *VoicebotAI*, 14 dez. 2018. Disponível em: https://perma.cc/NRE8-WP7Q. Acesso em: 3 ago. 2022.

[58] NEGROPONTE. *Wired*, 1 dez. 1998. Disponível em: https://www.wired.com/1998/12/negroponte-55/. Acesso em: 3 ago. 2022.

[59] DAVIES, Russell. Post Digital – An Apology. *Russell Davies*, 14 nov. 2010. Disponível em: https://perma.cc/845H-TBAK. Acesso em: 3 ago. 2022.

Mudar a gestão da mudança

A CONFUSA PARTE INTERMEDIÁRIA DA TRANSFORMAÇÃO

A metamorfose de uma lagarta em borboleta é muitas vezes usada como metáfora de negócios e transformação digital. Faz sentido. Ela reflete bem o grau de desafio e mudança com que se deparam as organizações em seus programas de transformação. Num dos feitos mais impressionantes da natureza, vemos a larva se tornar uma crisálida e depois surgir um animal adulto, completamente diferente.

No entanto, esse processo também é uma metáfora excelente por outra razão. A crisálida representa o "estágio intermediário confuso" entre a larva e o adulto, no qual a lagarta transforma radicalmente seu corpo. Para se tornar borboleta, a lagarta dissolve todos os seus tecidos e cria uma espécie de "sopa" de células, mas certos grupos de células sobrevivem a esse processo – um grupo para cada parte do corpo adulto que a borboleta precisará como inseto maduro. Esses grupos de células então usam essa sopa rica em proteínas em volta deles para alimentar a rápida divisão celular que forma asas, antenas, pernas e olhos. O estágio crisálida do ciclo de vida de uma borboleta é uma metáfora do "estágio intermediário confuso" da transformação. Em vez de seguir uma mudança ordenada, incremental, o meio confuso envolve uma dose significativa de incerteza, complexidade e mudança.

AFASTAR-SE DA GESTÃO DA MUDANÇA LINEAR, TIPO BIG-BANG

Sem querer levar a metáfora longe demais, também vale a pena notar que existem tipos de metamorfose de insetos – a completa e a incompleta. A metamorfose completa (ou holometabolia) faz o inseto passar por quatro estágio de vida diferentes (ovo, larva, pupa, adulto), que produzem um adulto muito diferente da larva. É o caso da lagarta que vira borboleta. Com a metamorfose incompleta (ou hemimetabolia) o inseto não sofre uma transformação total, mas realiza transições de ninfa a adulto ao derreter seu exoesqueleto várias vezes conforme cresce. Portanto, o adulto ainda tem semelhança com sua forma mais jovem.

Assim como há dois tipos de metamorfose, há dois tipos de transformação organizacional. Há o tipo de transformação genuína, na qual a organização pode manter atributos fundacionais que ainda a distinguem como a organização que ela sempre foi, mas compromete-se a mudar efetivamente a maneira pela qual trabalha, a maneira em que está estruturada, a maneira em que realiza sua estratégia, e o tipo de cultura e comportamento que apoia e recompensa. Temos a transformação parcial ou incompleta, quando a organização não se compromete plenamente com o grau e a escala de mudança que são de fato exigidos, atuando pelas beiradas da mudança, sendo dispersada por objetos cintilantes, escorregando de volta ao que ela já conhece e que sente como confortável, ficando então parecida com uma versão mais madura da mesma companhia que era antes.

O ponto é o seguinte: a não ser que você realmente se comprometa a fazer acontecer uma mudança real, ela não acontecerá. Uma parte bem conhecida de uma análise feita pela Boston Consulting Group descobriu que apenas 25% dos programas de transformação tiveram bom desempenho em longo prazo e que 75% dos programas falharam.[1] A pesquisa mostrou que tais programas tipicamente seguiam uma trajetória caracterizada por estágios tipo "capítulo um" e "capítulo dois". O primeiro estágio envolvia um processo de enxugamento inicial destinado a produzir eficiências, mas o segundo estágio era caracterizado ou por um crescimento e revigoramento do negócio em longo prazo, ou por um declínio em longo prazo. A minoria das companhias que haviam sido bem-sucedidas no "capítulo dois" tinha compromisso real de promover uma mudança duradoura, visão motivadora, clara mudança de estratégia, refocalização no crescimento e na inovação, apetite para desafiar normas e reinventar modelos de negócios e compromisso com uma visão, ao mesmo tempo que se permitia flexibilidade e adaptação na maneira como isso era entregue. A BCG publicou "sete armadilhas" que com maior frequência podem fazer os esforços de transformação fracassar. São eles: focar demais em ganhos de eficiência; não levar suficientemente a sério a escala da reação; desistir cedo demais; subestimar os inputs ou o tempo necessário; não superar suposições e maneiras de trabalhar legadas; não criar suficiente espaço entre o legado e o novo negócio; e prender-se de maneira rígida demais a um plano fixo de transformação, em vez de ir fazendo adaptações reagindo a novos conhecimentos ou a contextos modificados.

A verdadeira transformação envolve inevitavelmente um "estágio intermediário confuso" e uma significativa complexidade. A única maneira de navegar por essa complexidade é aprender qual é seu caminho para conseguir superá-la. Cada companhia terá contextos operacionais muito diferentes, que influenciarão o processo, e esses contextos, obviamente, mudarão bastante ao longo do tempo. Por isso, programas de transformação lineares e rígidos em ambientes adaptativos complexos inevitavelmente irão fracassar.

As abordagens tradicionais para mudar a gestão têm uma natureza marcadamente em cascata, o chamado tipo *Waterfall*. Todos os programas de mudança têm como marca principal grandes investimentos iniciais em tecnologia, consultoria e inputs, e depois um processo *stage-gate* [com pontos de decisão] relativamente fixo, para implantar uma progressão linear da mudança. Quando os contextos mudam, e é isso que eles inevitavelmente fazem, o programa batalha para se adaptar e acaba até se tornando cada vez mais irrelevante, ou então volta-se para as velhas maneiras de pensar. Em ambientes adaptativos, de alta incerteza, é muito melhor adotar uma abordagem adaptativa à mudança.

Em outras palavras, precisamos SER ágeis em relação a como nos TORNAR ágeis.

A GESTÃO ÁGIL DA MUDANÇA

Como temos visto, a moderna transformação digital e dos negócios está longe de ser um processo linear com começo, meio e fim, como muitos pensam. A trajetória, pelo contrário, deve estar voltada à criação de um novo tipo de organização que seja ela mesma projetada em torno de contínua mudança e da capacidade de reagir rapidamente a contextos em mudança. Nesse sentido, o processo de gestão da mudança nunca termina. Mais do que nunca estamos no negócio de gerir continuamente a transformação.

Como esses processos de gestão precisam ser mais adaptativos e reativos aos contextos em mudança, há algumas alterações cruciais que são necessárias na nossa maneira de abordar programas de mudança:

- **Equilíbrio entre visão e iteração:** alcançar um novo nível de agilidade organizacional requer iteração e adaptação, mas também precisamos ter uma visão motivadora e que a direção da organização seja bem compreendida. Isso significa que uma das questões-chave que temos de responder diz respeito ao que é fixo e ao que é flexível. Precisamos estabelecer parâmetros para saber o que precisa mudar rapidamente, e o que pode mudar bem mais devagar. Além disso, é necessário entender de que modo o feedback da iteração mais rápida pode moldar a estratégia da mudança mais lenta.

- **Obstáculos à mudança organizacional:** remover bloqueios e barreiras à mudança tem sido há algum tempo visto como uma parte de um processo de vários passos. Agora, contextos que mudam continuamente implicam que os obstáculos, para se mover rápido, estão também mudando e emergindo; portanto precisamos trabalhar de modo consistente e incessante para superá-los.

- **Paralelo, não linear:** um dos modelos mais famosos para a gestão da mudança é o de oito passos, proposto por John Kotter:

  – Estabelecer um senso de urgência.

  – Formar uma coalizão poderosa.

  – Criar uma visão.

  – Comunicar essa visão.

  – Empoderar outras pessoas para que ajam segundo essa visão.

  – Planejar e criar conquistas em curto prazo.

– Consolidar melhorias e construir em cima da mudança.

– Institucionalizar novas abordagens.[2]

Essa abordagem linear funciona bem em ambientes estáveis, de lenta movimentação, como os que existiam no fim da década de 1990, quando Kotter pela primeira vez a apresentou. O pensamento posterior de Kotter reconheceu a necessidade de acelerar o próprio processo de mudança, e de passar da abordagem estritamente linear para uma na qual se permite que a mudança ocorra em múltiplas frentes e na qual estejamos conduzindo os estágios de maneira concorrente e contínua.

- **Fluente, não fixo:** assim como o planejamento precisa ser constantemente adaptativo, também o próprio processo de gestão da mudança deve estar sujeito a uma revisão contínua e à aplicação de aprendizagem enquanto o processo se desenvolve. Muitas companhias podem achar que estão fazendo isso, mas na realidade poucas aproveitam a oportunidade para promover retrospectivas e reflexões regularmente, e permitir suficiente fluidez para que o próprio processo seja adaptativo.

- **Aberto, não fechado:** os esforços tradicionais de gestão da mudança tendem a ser voltados para dentro, focados nas estruturas internas, em poupar custos e nos motores da eficiência. Tudo isso pode muito bem ser relevante. Mas poupar custos e incentivar eficiências por si só não cria uma nova organização. Grandes companhias tornam-se muito voltadas para dentro ao longo do tempo e, no entanto, o mundo digital exige exatamente o oposto. Um foco em moldar uma organização verdadeiramente em rede (por meio de tecnologia, dados e pessoas) cria maiores oportunidades. Precisamos entender todos os lados do ecossistema (clientes, parceiros, fornecedores) nos quais a companhia existe e as conexões mais benéficas que podemos criar. Precisamos ser transparentes em relação ao processo de transformação. Por exemplo, a equipe digital da Co-op, um negócio de varejo e banking, adotou uma abordagem muito aberta ao seu programa de mudança, postando atualizações, aprendizagens e sugestões de melhores práticas em seu blog e nas contas das mídias sociais.[3]

Ou, então, publicando padrões de código e de design no GitHub ou em entidades similares para permitir que outras equipes reutilizassem o trabalho e para reduzir duplicações. A transparência é uma maneira inclusiva de trazer audiências-chave (funcionários, clientes, fornecedores) para dentro da jornada, com você, mas também para ajudar a apoiar o recrutamento de talento digital.

- **Experiência, mais que eficiência:** experiência do cliente e experiência do funcionário são dois dos pilares mais poderosos para apoiar a transformação. Reorientar a organização em torno do cliente significa uma mudança fundamental para muitos negócios. No entanto, ao lado da experiência do cliente precisamos focar em reorientar a experiência do funcionário: o lado humano da transformação digital. Funcionários que estejam intrinsecamente motivados para alcançar uma nova visão são poderosos propiciadores da mudança.

- **Mais liderança, menos gestão:** como vou comentar mais adiante neste livro, a gestão é uma invenção brilhante, mas no contexto de um processo fluente de mudança precisamos aceitar que nem tudo pode ser gerido firmemente, e que há um valor real na liderança em todos os níveis da organização. Isto é, naquelas pessoas que se dispõem a liderar a mudança, modelar comportamentos, definir o curso, criar exemplos, indicar o caminho.

Acima de tudo, programas modernos de transformação precisam ser adaptativos, reativos e construir a partir de aprendizagem contínua. Precisamos pensar grande. Precisamos começar pequeno. Precisamos escalar rápido.

TRANSFORMAÇÃO ÁGIL: ADOTAR A ABORDAGEM À MUDANÇA "PENSAR GRANDE, COMEÇAR PEQUENO, ESCALAR RÁPIDO"

A expressão "pensar grande, começar pequeno, escalar rápido" descreve com perfeição uma abordagem definitiva à transformação ágil. Eric Ries, autor de *The Lean Startup*, usou essa expressão para capturar alguns dos elementos-chave de uma abordagem *Lean* ao desenvolvimento de produto,[4] e ela também surgiu no contexto da inovação[5] (especificamente nos McDonald's Ventures em 2006[6]). Essa expressão capta muito bem as mudanças-chave no processo de transformação, na mentalidade organizacional e nas abordagens de trabalho, inerentes a uma agilidade maior nos negócios. Traduz bem a necessidade de definir uma direção motivadora para a mudança, para começar a definir os facilitadores fundacionais que podem apoiar novas maneiras de operar, de pensar com ousadia. No entanto, fala também da necessidade de sermos flexíveis e adaptativos em nossa abordagem, a fim de apoiar mais a estratégia iterativa e de mudar mentalidades, em vez de ficar empacado no pensamento linear tradicional. Ela capta a necessidade de contínua aprendizagem, foco, motivação e crescimento rápido.

No restante deste livro, vou explicar o que isso significa exatamente. Trata-se de um guia não apenas para a transformação ágil, mas também para um tipo totalmente novo de organização.

REFERÊNCIAS

[1] WALTER, Gideon; SHANAHAN, Michael; REEVES, Martin; GOULET, Kaelin. Why Transformation Needs a Second Chapter. *BCG*, 21 out. 2013. Disponível em: https://perma.cc/KSK7-GJB9. Acesso em: 3 ago. 2022.

[2] KOTTER Inc. 8-Step Process. Disponível em: https://perma.cc/HYZ9-MZSH. Acesso em: 3 ago. 2022.

[3] HOW contextual research helped us redesign the replenishing process in our Food stores. *Coop Digital Team Blog*, 1 jul. 2019. Disponível em: https://perma.cc/4FYG-KNPT. Acesso em: 3 ago. 2022.

[4] HOROWITZ, Andreessen. Tech and Entertainment in the "Era of Mass Customization". [Entrevista cedida a Reed Hastings e Marc Andreessen]. *a16z Podcast*, fev. 2015. Disponível em: https://perma.cc/RYF8-TMHS. Acesso em: 3 ago. 2022.

[5] CARROLL, Jim. Innovation: Think Big, Start Small, Scale Fast! *Jim Carroll*, 5 maio 2010. Disponível em: https://perma.cc/SAY6-4HMC. Acesso em: 3 ago. 2022.

[6] GUBMAN, Ed; RUSSELL, Steve. "Think Big, Start Small, Scale Fast": Growing customer innovation at McDonald's. *Questia [Human Resource Planning]*, v. 29, n. 3, set. 2006. Disponível em: https://perma.cc/3XLU-NKNQ. Acesso em: 3 ago. 2022.

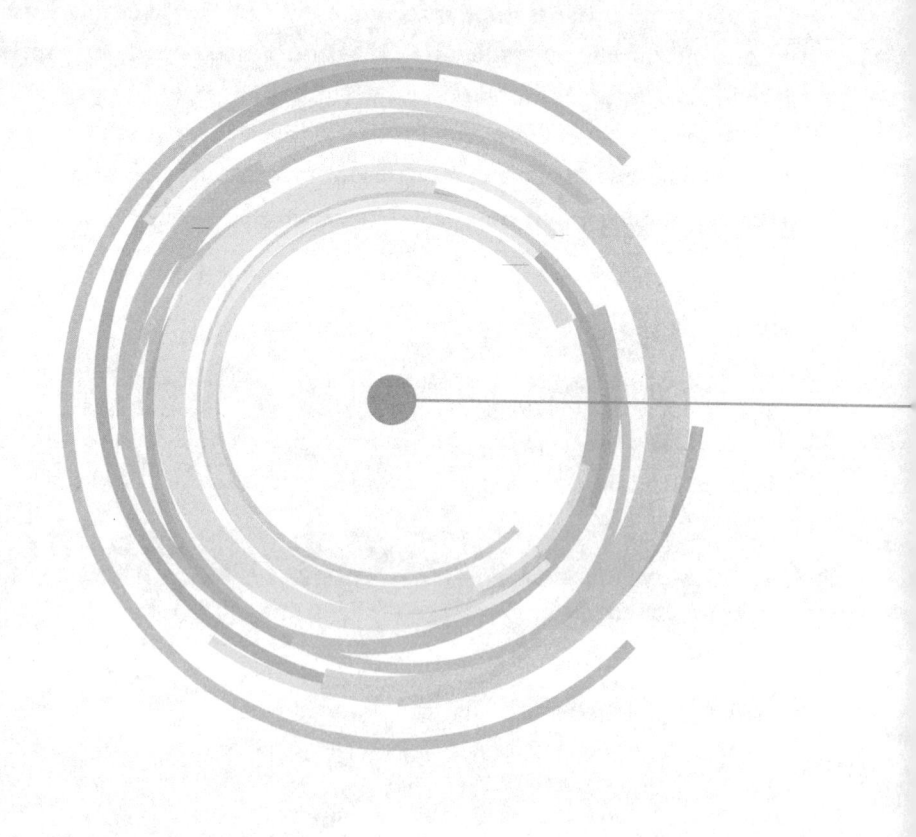

"Uma **visão transformadora** precisa pintar um cenário de uma condição futura **positiva** para o negócio. Precisa se **conectar** com os **funcionários, parceiros** e **clientes** de maneiras que sejam **emocionais**, assim como **racionais**. Tem que ser uma coisa na qual eles possam **acreditar**."

CAPÍTULO 5

Pensar grande

OS ELEMENTOS-CHAVE DE "PENSAR GRANDE"

Pensar grande tem a ver com posição, direção, contexto e fundamentos.

Visão: captar por que razões o mundo mudou, quais os novos contextos que moldam um novo ambiente, em que pé seu negócio está atualmente; desenvolver um ponto de vista sobre como o futuro se afigura; criar uma visão motivadora; comunicar essa visão repetidamente; gerar uma urgência positiva para a mudança.

Pensamento ousado, disruptivo: desaprender para reaprender; pensar além das mudanças incrementais; não olhar para o novo pelas lentes do velho; perguntar o que é possível conseguir. Em vez de sempre perguntar "por quê?", talvez seja melhor perguntar mais vezes "por que não?".

Facilitadores fundamentais: tecnologia e dados – uma infraestrutura de sistemas essenciais que seja escalável, mas flexível; uma arquitetura e estrutura de tecnologia e dados que empodere uma capacidade e agilidade excepcionais, maior ritmo e mudança por saltos na experimentação; adequada aplicação da automação para promover eficiência e velocidade; adequada aplicação de talento humano em inputs de valor mais elevado.

Facilitadores fundamentais: cultura e pessoas – empoderar uma cultura e uma mentalidade de liderança para apoiar abordagens ágeis; tomada de decisões de alta velocidade; equilíbrio entre alinhamento e autonomia para se mover rápido; governança da mudança; criar espaço para experimentação e para a novidade.

Mapear contexto: exploração eficaz de problemas; desenvolver uma compreensão dos diferentes contextos do negócio, e definir quando FAZER o *Agile*, e quando SER ágil.

VISÃO – DEFINIR UMA DIREÇÃO MOTIVADORA PARA A MUDANÇA

■ Gerar uma linguagem comum em torno do "ágil" e do "digital"

Termos como "ágil" e "digital" logo passaram a ser excessivamente usados nos negócios, e mesmo assim raramente há uma visão comum sobre o que essas coisas de fato significam. Se você tem vinte líderes numa sala e faz essa pergunta, é provável que obtenha vinte respostas diferentes (e definições que muitas vezes estão cheias de jargões). Portanto, é essencial que todo negócio não só desenvolva a própria compreensão do que significa ágil e digital, como também que essas interpretações sejam amplamente compreendidas.

Em relação ao ágil, uma empresa pode desenvolver a própria versão do processo *Agile*, adotando os aspectos mais adequados de diferentes metodologias. Esse processo precisa ser bem compreendido e socializado ao longo do negócio, mesmo entre as equipes que não estejam "fazendo" o *Agile*. Além disso, "fazer" o *Agile* precisa ter o suporte de uma abordagem comum ao desenvolvimento de uma cultura e mentalidade ágil ao longo de todo o negócio.

Em relação ao digital, é útil ter um quadro de referência comum sobre aquilo que isso significa para o negócio. Como exemplo, a equipe que originalmente liderou a transformação digital nos serviços oferecidos pelo Governo do Reino Unido (Government Digital Service, ou GDS) descreveu que o digital: "não é uma nova função. Não é sequer uma nova maneira de conduzir as funções existentes de uma organização... É uma nova maneira de gerir organizações".[1]

Quando os membros principais dessa equipe foram até o Co-op para implementar a transformação no grupo, criaram uma definição que refletia uma boa combinação de pessoas e tecnologia, além da necessidade de mudar o modo de trabalhar: "Aplicar a cultura, as práticas, os processos e as tecnologias da era da internet para atender às expectativas mais elevadas das pessoas" (BRACKEN, 2016).[2]

Essa linguagem comum ajuda a dar clareza e alinhamento, além de minimizar os mal-entendidos.

■ Criar uma visão motivadora para a mudança

As visões ou missões da empresa são muitas vezes apenas vagas banalidades, que poderiam muito bem ser aplicadas a qualquer negócio de qualquer categoria. Dizer que você entregará valor excepcional aos seus acionistas pode soar bonito num relatório anual, mas contribui pouco para inspirar funcionários a se esforçarem um pouco mais. Dizer que você terá melhor desempenho que seus concorrentes não se tornará realidade se seus funcionários não compreenderem de que modo isso acontecerá. Dizer que você será o negócio mais centrado no cliente de seu ramo, quando tudo o que os seus clientes e funcionários experimentam é exatamente o oposto, acaba servindo apenas para minar o propósito de ter uma visão.

Vamos ser claros. Uma visão motivadora precisa ser suficientemente:

- inspiradora, para gerar energia e excitação;

- característica, para ser sentida como única;

- simples, para motivar de maneira clara;

- desafiadora, para ser sentida como estimulante;

- direcionada, para expressar um ponto de vista a respeito do mundo/do futuro;

- tangível, para ser um chamado à ação amplamente compreendido.

O CEO da Netflix, Reed Hastings, tem falado sobre quanto visão e foco são importantes ao lidar com os desafios econômicos, emocionais e de recursos do seu negócio, que se reinventou várias vezes (de enviar DVDs a oferecer conteúdo por streaming e produzir conteúdo original).[3] Em vez de gastar tempo demais pensando no que a concorrência está fazendo, a Netflix tem um ponto de vista de longo prazo a respeito de como o futuro se desenhará, e coloca foco em prestar serviço aos seus clientes da melhor maneira possível na jornada rumo à realização dessa visão. Segundo Reed, seguir a famosa máxima de Andy Grove de que "apenas os paranoicos sobrevivem"[4] pode facilmente desviá-lo de seu caminho. A Netflix é conhecida por tornar pública sua visão de longo prazo a respeito de como ela vê o mercado e aonde irá colocar foco.[5] O ponto no qual você escolhe focar sua atenção é uma determinante crucial da orientação organizacional. Muitas organizações estabelecidas olham para os concorrentes e para os novos participantes do jeito que eles são agora, em vez de visualizar o que eles poderão se tornar à medida que a tecnologia inevitavelmente for sendo aprimorada.

Hastings descreve de que maneira o foco pode conduzir um negócio por meio de uma transição desafiadora, como a que a Netflix viveu ao passar de um negócio de DVDs para o de streaming. Desenvolver uma musculatura inteiramente nova como negócio significa que a transformação precisa ser posicionada como essencial à sobrevivência. Não se pode brincar com isso. Como mencionei, quando a parte de streaming da Netflix começou a ganhar forma, Hastings deliberadamente criou espaço entre os dois negócios (concorrentes) e chegou ao extremo de fazer reuniões separadas da gestão principal, a fim de garantir que o negócio de streaming pudesse ser construído e ficasse em pé por seus próprios méritos.

■ Determinados na visão, flexíveis nos detalhes

Se uma visão precisa ser não apenas motivadora, desafiadora e característica, mas também simples, tangível e direcional, a maneira de dar vida a essa visão é igualmente crucial para capitalizar o poder que ela tem de ser todas essas coisas. As histórias que se acumulam ao longo da vida de um negócio, referentes a épocas de sucesso e de luta, podem ter forte influência nas normas culturais e comportamentos internos dessa empresa. As histórias que uma organização cria em torno de sua visão podem ser igualmente poderosas em moldar mudanças na cultura e na prática.

Uma visão transformadora precisa pintar um cenário de uma condição futura positiva para o negócio. Precisa se conectar com os funcionários, parceiros e clientes de maneiras que sejam emocionais, assim como racionais. Tem que ser uma coisa na qual eles possam acreditar. Mas um CEO não vai transformar um negócio meramente fazendo uma apresentação de PowerPoint. A visão precisa ser comunicada repetidamente por meio de palavras e ações da equipe de liderança. O psicólogo alemão Hermann Ebbinghaus foi pioneiro no estudo da memória e criou a curva do esquecimento como uma maneira de expressar o declínio na retenção de memórias ao longo do tempo. Em termos simples, a informação se perde ao longo do tempo a não ser que seja frequentemente reforçada. Se não houver apoios para que se possa reter o conhecimento aprendido, sua durabilidade declina rapidamente. Um exemplo da curva do esquecimento poderia ter o aspecto da Fig. 5.1.

Figura 5.1 – A curva do esquecimento

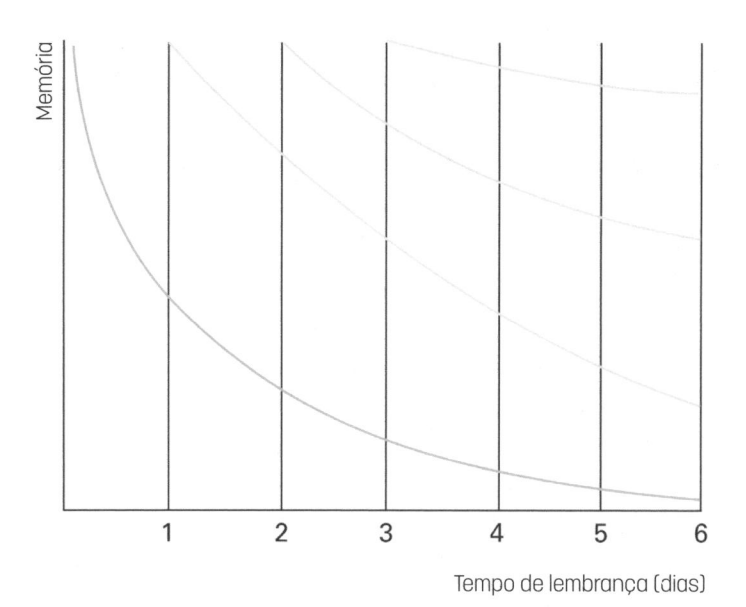

Fonte: Adaptado de Icez (2007). Disponível em: https://commons.wikimedia.org/w/ index.php?curid=2214107. Acesso em: 3 ago. 2022.

O ponto é que uma visão deve ser fortemente direcional, mas também deve ser repetida muitas vezes, articulada, referida e modelada em todas as oportunidades pelos líderes da organização, como uma maneira de ser reforçada, incorporada, incentivada.

Anteriormente, neste livro, falei sobre como as organizações se tornam altamente proficientes em explorar a vantagem existente e os raciocínios indutivos e dedutivos que decorrem disso, mas são tipicamente pobres no pensamento abdutivo, ou em imaginar qual seria o aspecto da vantagem futura. O pensamento abdutivo muitas vezes impõe trabalhar a partir de informação incompleta, mas pode apoiar-se em criatividade e intuição, e resultar em significativos saltos adiante (os já mencionados saltos voltados a "moldar a demanda"). O pensamento abdutivo, no entanto, não está divorciado de métodos científicos ou de dados. Se pensarmos, por exemplo, na trajetória de Einstein, grande parte dela foi influenciada por saltos criativos da imaginação e por experimentos de pensamento, tanto quanto por dedução.

É muito comum os negócios olharem para o novo pelas lentes do velho. Eles usam analogias e atalhos que às vezes levam a reformular propósitos em vez de reimaginá-los. Pergunte a si mesmo qual seria o aspecto da nova proposição se você fosse construí-la a partir do zero: é uma boa pergunta a ser feita. Imaginar como seria seu negócio se você o lançasse hoje é uma boa maneira de desafiar seus pressupostos ocultos ou tóxicos. Pensar nos princípios iniciais é um ótimo método de destilar um desafio até chegar a suas verdades fundamentais ou seus componentes atômicos, para depois raciocinar a partir disso e redefinir qual é a solução. Isso significa que seu ponto de partida lhe dá a ótima oportunidade de criar algo fundamentalmente diferente; e que as soluções e visões terão probabilidade muito maior de serem inovadoras e motivadoras em vez de versões incrementais do que havia antes.

Embora a visão organizacional e/ou de transformação tenha de fornecer uma direção clara, que é provável que mude apenas lentamente, ela não deve ser um empecilho à capacidade de adaptar *como* alcançaremos essa visão. Ser ágil e fazer o *Agile* não são desculpa para não ter um plano.

A otimização é importante, mas, assim como você nunca reinventará seu negócio por meio de testagem A/B, a iteração sem direção tampouco faz sentido. Portanto, precisamos equilibrar direção e adaptação, convicção e flexibilidade. Parafraseando Jeff Bezos, precisamos ser determinados na visão, mas flexíveis nos detalhes.[6]

■ Explorar e definir problemas

Ser capaz de explorar e definir problemas e contextos com confiança e proficiência é uma competência organizacional crucial em ambientes adaptativos complexos. Algumas estruturas para definição de problemas, como os cinco porquês (técnica extraída do Sistema de Produção da Toyota que envolve fazer cinco vezes seguidas a pergunta "por que" para chegar à verdadeira raiz do problema), são boas para a solução de problemas e para a melhoria da qualidade, mas talvez se mostrem mais adequadas a problemas relativamente simples ou menos complicados.

Para problemas e desafios realmente complexos, precisamos explorar de maneiras divergentes, a fim de compreender situações a partir de diferentes ângulos e imaginar uma gama maior de soluções potenciais antes de convergir para a solução que acreditamos ser a melhor.

A "Lista de Verificação Phoenix"[7] da CIA é uma abordagem útil para a definição de problemas, usada pela agência para possibilitar que seus agentes compreendam os desafios de uma maneira exaustiva, completa, flexível e livre do contexto. O processo envolve isolar o problema a respeito do qual você quer pensar, comprometendo-se a encontrar uma resposta até uma data limite e usando a lista de verificação para dissecar o desafio. Essa lista define uma série de perguntas para ajudar a compreender o problema, e é seguida por outra série de questões para ajudar a moldar o plano.

▷ O PROBLEMA

⊙ Por que é necessário resolver o problema?

⊙ Que benefícios você terá ao resolver o problema?

- O que você desconhece?

- O que ainda não compreende?

- Quais são as informações que você tem?

- O que não é o problema?

- A informação é suficiente? Ou é insuficiente? Ou redundante? Ou contraditória?

- Será que você deveria desenhar um diagrama do problema? Uma figura?

- Onde estão os limites do problema?

- Você consegue separar as diversas partes do problema? Consegue anotá-las? Quais são as relações entre as partes do problema? Quais as constantes do problema?

- Você já viu esse problema antes?

- Já viu esse problema em uma forma um pouco diferente? Conhece algum problema relacionado?

- Tente pensar em um problema mais familiar que tenha os mesmos pontos desconhecidos ou similares.

- Suponha que encontrou um problema relacionado com o seu, que já tenha sido resolvido. Você consegue usá-lo como modelo? Pode usar seu método?

- Consegue reformular seu problema? De quantas maneiras diferentes consegue enunciá-lo? Em termos mais gerais? Mais específicos? As regras podem ser mudadas?

- Quais os melhores cenários, os piores e os mais prováveis que você consegue imaginar?

O PLANO

- Você consegue resolver o problema todo? Parte do problema?

- Como gostaria que fosse a solução? É capaz de descrevê-la?

- O quanto do que é desconhecido você consegue determinar?

- Pode extrair algo de útil das informações que tem?

- Chegou a utilizar toda a informação?

- Levou em conta todas as noções essenciais do problema?

- Consegue separar diversos passos no processo de solução do problema? Consegue determinar quanto cada passo está correto?

- Que técnicas de pensamento criativo você pode usar para gerar novas ideias? Quantas técnicas diferentes?

- Consegue ver o resultado? Quantos tipos diferentes de resultado consegue ver?

- De quantas maneiras diferentes você tem tentado resolver o problema?

- O que os outros têm feito?

- Consegue intuir a solução? Tem como verificar o resultado?

- O que deveria ser feito? Como deveria ser feito?

- Onde deveria ser feito?

- Quando deveria ser feito?

- Quem deveria fazer isso?

- O que você precisa fazer nesse momento?

- Quem será responsável pelo quê?

- Você pode usar esse problema para resolver algum outro?

- Qual é o conjunto de qualidades que faz esse problema ser específico?

- Que tipos de marcador pode indicar melhor seu progresso?

- Como você poderia saber quando está tendo sucesso?

■ O desafio de vislumbrar o futuro

Ser capaz de prever como será o futuro pode melhorar nossa vantagem competitiva, minimizar riscos e identificar oportunidades. Ter um ponto de vista a respeito do futuro pode também moldar nossa visão daquilo que precisamos que a nossa organização seja capaz de fazer no futuro, e da estratégia para alcançar isso. No entanto, prever o futuro com precisão é sabidamente difícil. Em 1987, o psicólogo Philip Tetlock pesquisava de que modo as ciências sociais poderiam contribuir para evitar um apocalipse nuclear, e foi ficando cada vez mais frustrado com as muitas posições contraditórias assumidas pelos chamados especialistas, com a teimosia com que esses especialistas sustentavam seus pontos de vista diante de evidências que os contradiziam, e com a facilidade com que justificavam até mesmo previsões falhas. Assim, Tetlock decidiu recolher previsões de centenas de especialistas (chegou a reunir 27.500), definiu algumas questões bem formuladas que lhe permitiriam dizer claramente se eles estavam certos ou errados, e então aguardou dezoito anos.

Os resultados, publicados em seu livro *Expert Political Judgment*,[8] mostraram que a maioria desses especialistas era futurólogos sofríveis. Mas, recusando aceitar que o mundo simplesmente é complexo demais para admitir previsões, Tetlock mais recentemente montou um novo programa de pesquisa, acrescentando milhares de previsões quantificáveis para verificar o potencial de previsões feitas com colaborações coletivas. Em 2011, a IARPA (Intelligence Advanced Research Projects Activity, a comunidade de inteligência americana equivalente à [britânica] DARPA) deu início a um desafio competitivo para encontrar métodos de ponta para prever eventos geopolíticos. Após quatro anos, por meio de quinhentas questões e apoiado em mais de um milhão de previsões, o Good Judgement Projetct de Tetlock venceu o desafio com previsões que se revelaram precisas, a ponto de superar analistas de inteligência que tinham acesso a dados confidenciais.[9]

O Good Judgement Project[10] apoia-se em uma ampla variedade de prognosticadores para produzir melhores resultados, colocando-os muitas vezes em equipes para aprimorar ainda mais os resultados.

Os experimentos deles têm demonstrado que mesmo um treinamento breve sobre como estabelecer uma probabilidade em uma previsão e corrigir tendenciosidades bastante conhecidas também melhora os resultados. O projeto mostra que as previsões podem funcionar e que alguns "superprognosticadores" são capazes de predizer eventos com um grau de precisão que vai muito além do acaso. Descobriram que os prognosticadores mais bem-sucedidos eram aqueles que exibiam "pensamento ativamente aberto", ou, em outras palavras, aqueles que não tinham receio de mudar suas mentes diante de novas evidências, e se dispunham de bom grado a buscar visões contrastantes.

Uma das maneiras mais fáceis de melhorar a precisão das previsões é usar o Método Delphi, que se baseia nessas ideias, mas de maneira bem simplificada. Originalmente desenvolvido como uma técnica sistemática de previsão, e com base no princípio de que previsões feitas por um grupo estruturado de indivíduos são mais precisas que as de grupos não estruturados, o método envolve reunir especialistas relevantes e realizar um processo de estimar–conversar–estimar. Os especialistas respondem rodadas de questionários; após cada rodada, um facilitador faz um resumo anônimo dos resultados e das razões dadas para as previsões. Os especialistas são então encorajados a revisar seus julgamentos à luz dos resultados dos outros especialistas. Passar por esse processo em mais de uma rodada ajuda a reduzir as divergências nas previsões e a convergir em torno de um cenário provável. Pontuações médias na rodada final podem ser usadas para se chegar a um resultado final.

O Método Delphi tem mostrado vantagens sobre outras técnicas estruturadas de previsão como os mercados preditivos,[11] mas em seu nível mais simples o método indica o valor que a discussão e o debate saudável entre especialistas dentro e fora do seu negócio pode ter para determinar os cenários futuros mais prováveis. Tampouco podemos esquecer a importância de evitar tendenciosidades e inflexibilidade, de manter um pensamento ativamente aberto, procurando visões contrastantes, sem medo de mudar de opinião quando surgem novas evidências.

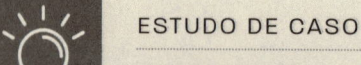

O DBS Bank e a importância do foco

A história de transformação do banco asiático DBS é um excelente exemplo de como uma visão singular, direcionada, articulada e bem comunicada, quando executada de modo adequado, pode ser um verdadeiro catalisador de mudança positiva. Quando Paul Cobban entrou no DBS, em 2009, como COO (chief operating officer), a organização era um banco asiático de porte médio, com quase 22 mil funcionários, que apresentava desempenho fraco. Suas avaliações de satisfação do cliente eram as mais baixas entre todos os bancos de Singapura. Cobban conta que, ao pegar um taxi para comparecer ao seu primeiro dia no emprego, revelou ao motorista que trabalhava no DBS, e a resposta do homem foi que a sigla DBS queria dizer "Damn Bloody Slow" [algo como, "maldito banco lento"].[12] O novo CEO, Piyush Gupta, introduziu então uma visão essencial e renovada para o banco, orientada para o conceito de "Serviço asiático". A primeira etapa do processo de transformação digital foi definir exatamente o que isso significava em termos que fossem tangíveis e que todos pudessem entender facilmente. Expressaram isso por meio da sigla RED [*Respectful, Easy to deal with and Dependable*, ou "atencioso, fácil de lidar e confiável"], e isso logo se tornou parte do vocabulário da companhia. Cobban então concentrou-se na entrega inicial dessa visão focando em eliminar o desperdício e em reduzir o tempo para o cliente, e definiu uma métrica singular para o sucesso – a hora-cliente. O trabalho multidisciplinar realizado sobre as jornadas do cliente, e para aprimorar processos, conseguiu eliminar 250 milhões de horas-cliente desperdiçadas anualmente: em apenas um ano, o banco passou do pior em avaliações de satisfação do cliente para o melhor. Em 2016, o DBS foi considerado pela *Euromoney* como o melhor banco digital do mundo.[13]

Ainda não satisfeito com esse sucesso, o banco empreendeu uma mudança mais ampla no design centrado no cliente e criou uma mudança fundamental, passando a trabalhar retroativamente a partir do cliente. Tal abordagem levou à percepção de que um banco digital eficaz deveria permitir que o cliente fizesse transações da maneira mais fluente possível. Em outras palavras, os serviços bancários e a tecnologia envolvida deveriam ser em grande medida invisíveis. Mantendo uma abordagem iterativa à transformação, Cobban identificou uma série de entraves à mudança e então conduziu experimentos para removê-los. Um desses entraves, por exemplo, envolvia melhorar a velocidade da tomada de decisões internas, eliminando a prática de os funcionários buscarem permissão de seus gerentes para tomar decisões por e-mail, substituindo isso por reuniões semanais de tomada de decisões nas quais os funcionários podiam obter respostas imediatas ou aprovação para a maioria das questões.

Isso foi apoiado por uma reinicialização fundamental da tecnologia, buscando estabelecer um alicerce sólido, comum, dos sistemas essenciais, sobre o qual fosse possível levar as coisas adiante. David Gledhill, CIO do Banco DBS (Chief Information Officer, ou diretor-geral de Informação) descreve como definiu uma missão para a equipe de tecnologia, para que ela se tornasse o "D" em GANDALF. Juntando as iniciais de Google, Amazon, Netflix, Apple, LinkedIn e Facebook, obtemos GANALF, e essa missão de se tornar o "D" faltante virou uma das coisas de maior impacto dentro da organização:

> Isso teve maior impacto em nosso pessoal de tecnologia e em muitas outras pessoas na organização do que qualquer outra coisa que fizemos, pois começou a fazê-los pensar naquilo que era possível. Levou-os a refletir, "Não estamos agindo como os outros bancos, e com isso começamos a nos transformar em uma empresa de tecnologia".[14]

Com a compreensão do papel crucial da cultura e da mentalidade para catalisar a inovação contínua, as equipes da liderança trabalharam com startups em *hackathons* [maratonas de programação] e a tarefa da equipe de inovação passou a ser ensinar a organização como um todo a inovar. Um resultado dessa abordagem foi o lançamento do Digibank, o banco do DBS na Índia operado exclusivamente por dispositivo móvel, que emprega IA e automação para entregar de modo eficiente serviços bancários fluentes. O Digibank conseguiu mais de um milhão de clientes em seu primeiro ano de operação, sem que nenhum deles precisasse ir a uma agência. Em 2021, a expectativa era contar com 5 milhões de clientes.[15]

Entre 2006 e 2017, o banco DBS mais que dobrou de tamanho e receita, quase duplicou seu lucro e ainda triplicou sua capitalização de mercado.

■ Aplicar pensamento ousado, disruptivo

A fim de pensar grande e gerar continuamente valor novo e excepcional, as equipes sênior precisam reconhecer que, para obter uma grande vitória, é preciso mudar a taxa entre risco e recompensa que talvez no passado tenha funcionado bem para a companhia. Até mesmo as companhias mais inovadoras falham – basta pensar no Google e seus repetidos fracassos em tentar ocupar espaço nas redes sociais, ou na Amazon, com seu Fire Phone, que custou à companhia mais de 170 milhões de dólares. Até mesmo na Webstore, que foi uma espécie de serviço concorrente do Shopify. É possível pensar grande sobre nossa visão e nossa direção, definir um curso baseado em nossa crença a respeito de como o futuro se afigura, e então mitigar quanto possível os riscos, desde que você comece pequeno, experimentando, testando e validando. Mas temos de aceitar que se estamos originando ideias diferentes e potencialmente disruptivas. Na realidade, estamos fazendo uma série de apostas e planejando dentro de um perfil de risco que nos permite fazer isso. Como Jeff Bezos tem dito: "Você ainda vai errar em nove de cada dez vezes. Nos negócios, uma vez ou outra, quando consegue acertar, você marca mil gols de uma vez. Essa distribuição de cauda longa dos retornos indica quanto é importante ousar. Grandes vencedores são compensados pelos muitos experimentos anteriores".[16]

O ponto é que, a fim de grandes vitórias, precisamos às vezes perder, mas o que não podemos fazer é nos intimidar. Precisamos, é claro, aprender com nossos fracassos – o Google, por exemplo, fez adaptações na tecnologia desenvolvida para o Google Glass em seus veículos autônomos.

Uma boa maneira de desafiar as equipes para que pensem grande é orientar o design de modo que desafie as necessidades do cliente, do fornecedor ou do parceiro, e usar a contínua mudança de expectativa como razão para romper com os pressupostos, cronogramas e metas existentes, definindo metas ainda mais ambiciosas.

ESTUDO DE CASO

A Lemonade Insurance

É claro que o digital pode ser disruptivo ao trazer o benefício de eficiências bem maiores ao cliente, de maneiras que sejam difíceis de adotar pelos negócios estabelecidos, às voltas com seu legado de sistemas, processos e pensamento. Mas uma pergunta que vale a pena se fazer é: qual seria o aspecto de um serviço ou jornada do cliente na sua categoria, se você pudesse começar tudo do zero, com uma folha de papel em branco? Responder a essa pergunta, aceitar o desafio de elevar a expectativa do cliente e trabalhar retroativamente a partir da necessidade do cliente pode revelar uma vantagem desproporcional.

Um bom exemplo disso é a Lemonade Insurance, um serviço de seguro para aluguéis e para residências, centrado na promessa de um bem social e do compromisso com "tudo instantâneo", que vem usando tecnologia e pensamento centrado no cliente para reinventar a jornada do cliente nos seguros. Lançado em 2015, sua missão é simplificar drasticamente o processo de seguro e prover uma experiência do cliente baseada prioritariamente em dispositivos móveis que seja excepcional e intuitiva. Sua promessa é que você vai gastar noventa segundos para ser assegurado e três minutos para ser reembolsado. Os robôs de chat, empoderados por IA, ajudam os clientes a navegar por processos como inscrever-se, cancelar apólices e fazer uma reclamação. Todo dinheiro não reclamado é doado a boas causas. Em 2016, eles alcançaram um recorde ao registrar uma ocorrência em três segundos; no ano seguinte, introduziram a primeira apólice de seguro "*live*" do mundo, que permite que os clientes façam mudanças em sua cobertura em tempo real por celular. Em 2017, a empresa tinha 10 milhões de dólares em apólices em 19 estados americanos; um ano mais tarde eram mais de 250 mil clientes, e havia planos de expansão para a Europa.[17]

A Lemonade é um exemplo excelente de pensamento novo, ousado e de reinventar totalmente aquilo que é visto como bom em um setor.

■ Mapear seus contextos operacionais de negócios desconhecidos

Dentro de uma visão simplista, a transformação é encarada como uma mera transição linear, que vai do ponto A ao B, com soluções e maneiras de trabalhar do tipo "um tamanho único serve para todos" e com muita tecnologia introduzida para facilitar a jornada. Uma visão inteligente da transformação adota uma visão mais matizada da posição do negócio e dos diferentes contextos nos quais as várias áreas do negócio operam, a fim de uma compreensão mais sofisticada da necessidade de mudança e de como podemos empregar maneiras diferentes para enfrentar esses desafios.

Um método-chave para compreender melhor os contextos em transformação é considerar o nível de conhecimento que temos das situações e ambientes, bem como o nível de incerteza, risco e imprevisibilidade envolvido. O *framework* "desconhecidos desconhecidos" é uma diferenciação simples, a qual reconhece que alguns riscos são inerentemente impossíveis de conhecer, e outros dependem de fatores como o tempo, a evolução e a reação. Esse conceito foi popularizado em 2002 pelo então secretário de Defesa americano Donald Rumsfeld, que, ao responder a uma pergunta sobre as armas de destruição em massa do Iraque em um briefing do Departamento de Defesa, disse: "Acho interessantes os relatórios que dizem que algo não aconteceu, porque, como sabemos, existem conhecidos que são conhecidos; isto é, há coisas que nós sabemos que sabemos. E também levamos em conta que há desconhecidos conhecidos; isto é, que há algumas coisas que não conhecemos".[18]

Figura 5.2 – Desconhecidos desconhecidos

Certeza / Identificação	Certo (conhecido)	Certeza (desconhecido)
Identificado (conhecido)	*Conhecido conhecido (conhecimento identificado)*	*Desconhecido conhecido (risco identificado)*
Não identificado (desconhecido)	*Desconhecido conhecido (conhecimento inexplorado)*	*Desconhecido desconhecido (risco não identificado)*

Uma maneira útil de representar essa ideia é montar um quadro de conhecimento com base em níveis de identificação e certeza (Fig. 5.2).[19]

Compreender esse equilíbrio entre nível de certeza e identificação é crucial para promover uma compreensão mais sofisticada do tipo de reação e solução de problemas exigido dentro do negócio e nos diversos contextos. Domínios e situações que são estáveis e bem conhecidos, por exemplo, podem ser chamados de conhecidos conhecidos, e são adequados a processos e abordagens voltados a explorar melhor de modo incremental os conhecimentos e experiências existentes. Áreas e ambientes mais complexos, emergentes, são mais caracterizados como desconhecidos desconhecidos. É mais provável que se movam com maior rapidez, sejam território novo e, portanto, exijam abordagens que permitam testar e aprender rápido – você precisará sentir como será seu caminho por essas áreas e ambientes.

■ Mapear posição e movimentação

Em *A arte da guerra*,[20] Sun Tzu elencou cinco fatores que definem o mundo competitivo e que são necessários para vencer qualquer guerra:

- **Propósito ou missão**: visão, ideias e expectativas compartilhadas;

- **Cenário**: a compreensão que temos do terreno, da nossa situação, das oportunidades e riscos;

- **Clima**: o ambiente, as mudanças nas condições climáticas;

- **Método**: a doutrina, a logística, recompensas, disciplina, medidas;

- **Liderança**: credibilidade, coragem, inteligência.

Embora várias dessas constantes (como missão, liderança e método) sejam mais evidentes e óbvias em programas de transformação, o foco no cenário talvez seja menos. A necessidade de compreender a posição a partir da qual nos movemos e que o terreno e o clima podem mudar costuma ser subestimada. O pesquisador Simon Wardley (que também desenvolveu o já mencionado conceito de pioneiros, colonizadores e planejadores urbanos) escreveu de modo extenso a respeito da importância de compreender posição e movimento a fim de apoiar estratégia e mudança.[21] Segundo ele, há centenas de anos, os vikings navegavam contando histórias, e o equivalente moderno disso são as histórias que contamos dentro das organizações, ou os "segredos do sucesso" que permitem a falácia da estratégia sem posicionamento. Podemos estar decididos a ganhar uma partida de xadrez, mas é a movimentação durante o jogo que nos dá conhecimento conforme o jogo evolui, e é a boa compreensão de nosso contexto e da posição atual que nos permitirá aplicar esse conhecimento com eficácia.

Portanto, é importante é que haja um plano de jogo específico para o contexto e se tenha o conhecimento da situação. Qualquer estratégia militar decente tem um bom alicerce formado a partir da observação, uma compreensão de seu contexto e sua posição (sua âncora) e, portanto, do movimento e da aprendizagem que decorre desse movimento. A maioria dos mapas de sistemas, mapas de processos de negócios, "mapas digitais" e mapas mentais não são absolutamente mapas, pois embora possam ser visuais, não contêm uma representação de posição ou movimento. Deve-se buscar a combinação da estratégia com a execução, e não cada um deles isoladamente.

O gráfico da curva S, que apresentamos no Capítulo 3, deste livro mostra a progressão de produtos e serviços desde sua gênese, passando pelas soluções customizadas até se tornarem utilidades comoditizadas (Fig. 5.3). Da mesma maneira que é possível mapear produtos e serviços, podemos mapear componentes de serviços, como práticas, dados e conhecimento (Quadro 5.1).

Uma organização é complexa, mas pode ser dividida em cadeias de valor. Cadeias de valor podem ser mapeadas em relação a essa evolução para mostrar posição e movimento. A fim de representar isso adequadamente, precisamos mostrar posição e movimento em relação a uma âncora de algum tipo – se trabalharmos retroativamente a partir do cliente, então o cliente é a âncora. No eixo "y", temos o grau de visibilidade e proximidade com o cliente – isso nos dá a posição em relação ao cliente. O eixo "x" é plotado segundo a evolução de produtos e serviços, com base nas fases da curva S, e, portanto, nos dá o movimento. Alguns elementos da cadeia de valor estão naturalmente mais próximos do cliente que outros, alguns estão nos primeiros estágios de evolução e outros já estão altamente comoditizados. Tanto as necessidades do cliente quanto os elementos da cadeia de valor podem mudar de posição à medida, por exemplo, que evoluem para se tornar mais maduros, mas a cadeia de valor pode ser associada ao gráfico para formar um mapa de posição e movimento (Fig. 5.4).

Figura 5.3 – Evolução da proposta

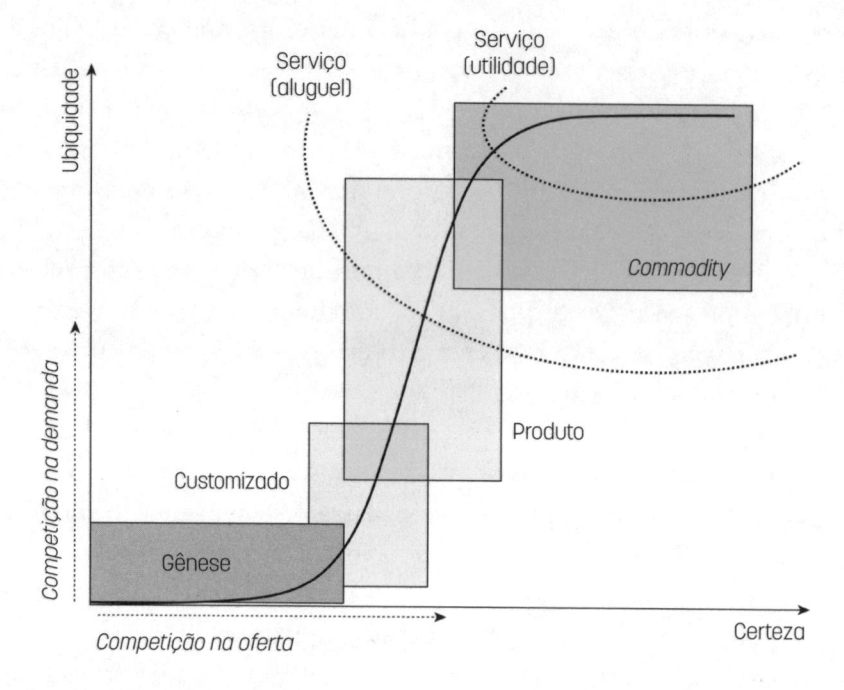

Fonte: Adaptado Wardley (2016). Disponível em: https://medium.com/wardleymaps/anticipation-89692e9b0ced. Acesso em: 6 ago. 2022.

Quadro 5.1 – Componentes da evolução do serviço

Produto/Serviço	Gênese	Customizado	Produto	Commodity
Práticas	Novas	Emergentes	Boas	Melhores
Dados	Não modelados	Divergentes	Convergentes	Modelados
Conhecimento	Conceito	Hipótese	Teoria	Aceito

Mapear dessa maneira permite que você crie um mapa do cenário, ou seja, você pode descobrir padrões econômicos que influenciam resultados (em outras palavras, o clima, ou as regras que têm influência no jogo). Conforme progredimos da gênese para o customizado, para o comoditizado e para o industrializado, as características mudam de maneiras cruciais (Fig. 5.5).

Figura 5.4 – Mapear a cadeia de valor

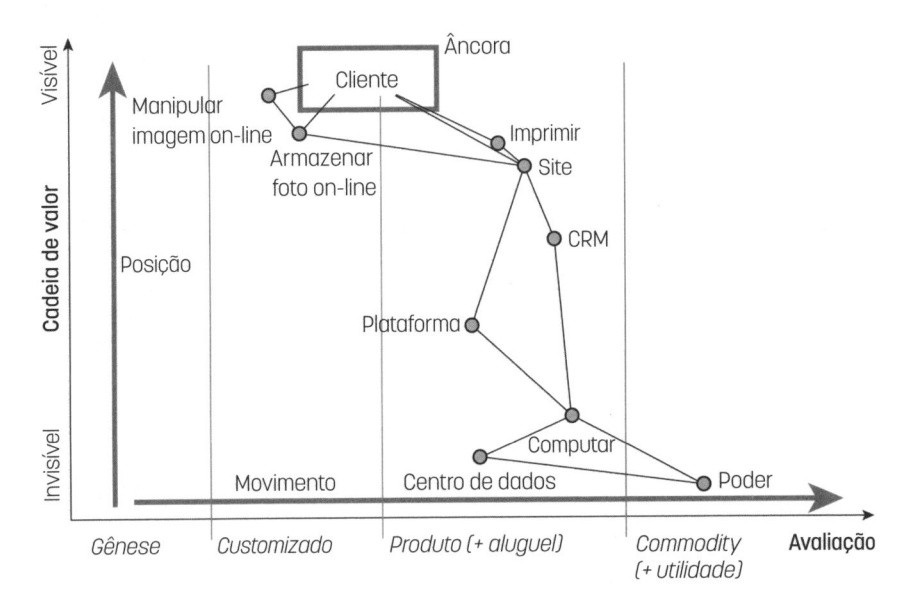

Fonte: Adaptado Wardley (2016). Disponível em: https://medium.com/wardleymaps/anticipation-89692e9b0ced. Acesso em: 6 ago. 2022.

Os estágios iniciais de maturidade caracterizam-se por níveis relativamente baixos de compreensão e altos níveis de imprevisibilidade. Estágios posteriores são mais ordenados, estáveis e maduros, uma vez que temos maior experiência e o mercado está maduro. Assim, considerados esses diferentes contextos, não há um processo do tipo "tamanho único para todos" – o *Agile* e o *in-house* têm maior probabilidade de serem usados em ambientes de incerteza nos primeiros estágios de maturidade; processos como a *Lean*, que têm foco em aprender e em serviços *off-the-shelf* [da prateleira] podem ser mais utilizados na fase intermediária; e processos voltados a aprimorar eficiência, como o Six Sigma e o *outsourcing*, podem ser usados em contextos altamente comoditizados.

Depois de mapear o cenário e levar em conta o clima (padrões econômicos), é possível criar alguma doutrina ou abordagens que sejam universais (como um foco nas necessidades do usuário, usar metodologias apropriadas aos diferentes contextos, eliminar duplicação, entender o que fazer *in-house* e o que terceirizar), e também prever e até

Figura 5.5 – Condições climáticas variáveis

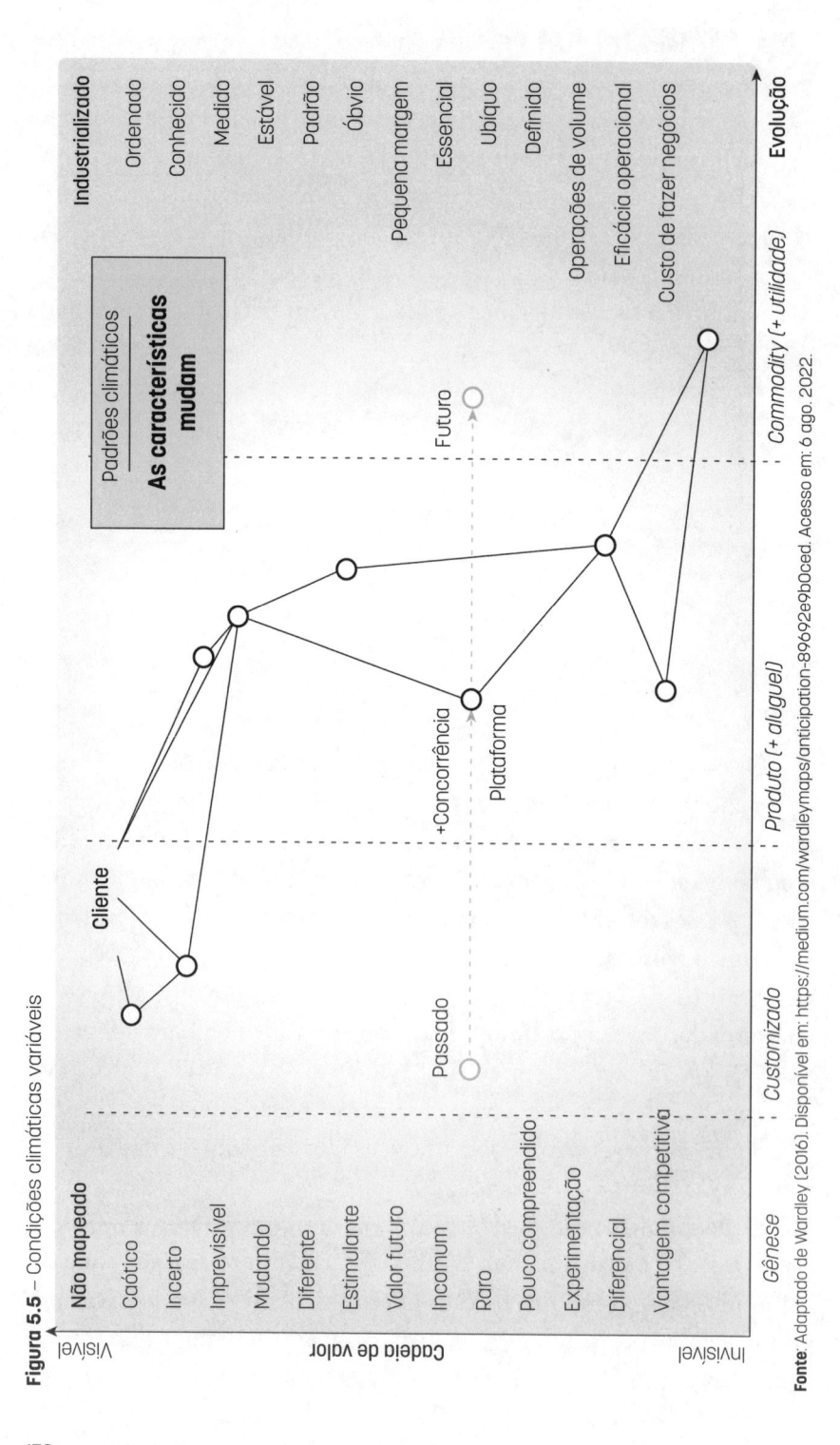

Fonte: Adaptado de Wardley (2016). Disponível em: https://medium.com/wardleymaps/anticipation-89692e9b0ced. Acesso em: 6 ago. 2022.

manipular. Para fazer isso, podemos usar padrões simples; por exemplo, o padrão segundo o qual o aumento de eficiência e estabilidade pode propiciar inovação, já que a competição aumenta ao longo do tempo e pioneiros podem construir a partir de serviços ou usar componentes que se tornaram comoditizados para criar novo valor. Ou usar o padrão de que o sucesso cria inércia. Sistemas de ordem mais elevada criam novas fontes de valor.

A doutrina leva à liderança ou a decidir, ou então a formas de jogo específicas para o contexto, do tipo onde investir, o que tornar de fonte aberta, e assim por diante. E então agimos. "Atravessar o rio sentindo as pedras" (uma frase cunhada por Deng Xiaoping) significa que precisamos estar bem apoiados enquanto avançamos pela incerteza, além de ir sentindo nosso caminho de maneira incremental e sempre conscientes de nossa posição e de onde temos os pés.

■ Os três tipos de problema

Outra maneira similar e útil de categorizar os diferentes tipos de desafio e contexto com os quais um negócio precisa lidar é considerar os três tipos de problema no mundo. Originalmente articulado num artigo de Brenda Zimmerman, da Universidade de York, e Sholom Glouberman, da Universidade de Toronto,[22] sobre reforma do setor de assistência médica, o *framework* diferencia entre:

1 **Problemas simples**: como fazer um bolo. Há uma receita.

2 **Problemas complicados**: como mandar um foguete à Lua. Podem ser divididos numa série de problemas simples, mas não há uma receita pronta. O sucesso frequentemente exige várias pessoas, ou mesmo várias equipes, e expertise especializada. Dificuldades inesperadas costumam surgir. Preocupações importantes são o tempo e a coordenação.

3 **Problemas complexos**: como criar um filho. Depois que você aprende a mandar um foguete à Lua, pode repetir o processo com outros foguetes e ir aprimorando. Um foguete é como o outro. Mas não é assim quando se trata de criar um filho, apontam os professores. Cada criança é única. Embora criar

um filho permita acumular experiência, não garante o sucesso com o próximo filho. A expertise é valiosa, mas certamente não será suficiente. Na realidade, o próximo filho pode exigir uma abordagem totalmente diferente da anterior. Isso destaca outro aspecto dos problemas complexos: seus resultados permanecem altamente incertos. Mesmo assim, todos sabemos que é possível criar bem um filho. É complexo, só isso.

Zimmerman e Glouberman seguem adiante e argumentam que os problemas complexos são às vezes descritos como se fossem complicados, o que leva as pessoas a empregarem soluções ligadas a abordagens de planejamento racionais. Tais soluções só servem para deixar de ver aspectos da complexidade e, portanto, não funcionam. A sofisticação de nossa linguagem, as teorias e os modelos, tudo isso pode dar a ilusão de clareza e levar-nos a ignorar a verdadeira complexidade da situação.

Mas existem ainda diferentes nuances de complexidade: problemas adaptativos complexos são desafios para os quais a boa compreensão dos componentes ou das partes individuais de um sistema nem sempre tornam o sistema todo também compreensível. Talvez porque se trate de redes dinâmicas de interações, nas quais o comportamento do todo não pode ser previsto a partir do comportamento dos componentes, e os componentes individual e coletivo podem se adaptar para reagir aos eventos. Às vezes emprega-se o termo "problemas perversos" [*wicked problems*] para denotar desafios particularmente complexos, muito difíceis de resolver em razão de requisitos contraditórios, informação incompleta e/ou requisitos em mudança, que podem ser enganosos quando tentamos identificá-los.

De novo, a chave é compreender os diferentes tipos de desafio que compõem o mapa de seu negócio e os tipos de resposta e de processo exigidos para resolvê-los bem. Ambientes mais maduros, bem compreendidos, de movimento mais lento, costumam ser caracterizados por problemas relativamente simples, que podem ser resolvidos com processos e listas de verificação das melhores práticas. Contextos mais complicados, menos conhecidos, requerem expertise e aplicação hábil de experiência, aprendizagem e conhecimento. Desafios e ambientes adaptativos complexos ou "perversos", como aqueles que podem surgir nas áreas novas ou em rápido desenvolvimento e mudança, requerem respostas emergentes caracterizadas por experimentação e abordagens prototípicas. Considerando quanto é crucial desenvolver uma compreensão mais sofisticada de como seus contextos são mapeados ao longo de seu negócio e das reações mais adequadas que estão sendo exigidas, vamos examinar como essas características se distribuem no modelo "explorar, executar, estender e aproveitar".

■ Mapear seus contextos

Já vimos que a transformação ágil envolve uma apreciação dos diferentes tipos de abordagem que podemos usar ao longo do negócio nos seus diferentes contextos. Vale a pena repetir a esse respeito que, ao contrário do que muitas recomendações de consultoria sugerem, um tamanho único não serve para tudo. Praticamente todo grande negócio precisa de uma apreciação mais ampla do pensamento ágil e das maneiras de operar, mas o *Agile* não deve ser o processo default no negócio. As questões a respeito da escalabilidade dos processos ágeis correm lado a lado com as de onde devemos aplicá-los e, igualmente importante, onde não devemos. No intuito de obter as respostas a essas questões, precisamos levar em conta os diferentes contextos e ambientes nos quais as proposições, funções, tarefas e áreas do negócio operam e aplicar as adequadas metodologias, tipos de capacidade, papéis e maneiras de trabalhar. Contexto é tudo.

As diferenças entre os domínios caracterizados por explorar, executar, estender e aproveitar definem a reação organizacional (Quadro 5.2):

Explorar: em áreas e domínios caracterizados por exploração, é provável que haja muitos "desconhecidos desconhecidos", rápida mudança e alta incerteza. Os problemas que o negócio está tentando resolver são complexos, o contexto é bem novo, e a reação é emergente pela necessidade. Trabalho iterativo e ágil é a única maneira de navegar por essa complexidade e criar valor nesse ambiente ambíguo. Isso envolve novas capacidades, ideias voltadas para o futuro, exploração de propostas inteiramente novas, isto é, os tipos de ideia que podem causar rupturas no negócio existente ou levá-lo em outra direção. Esse é o domínio dos pioneiros – pensadores laterais, criativos ou visionários, que podem visualizar um futuro diferente.

Executar: a execução é caracterizada por mais certeza do que a exploração. O negócio pode em boa medida identificar o que ele não sabe (os desconhecidos conhecidos) e buscar preencher as lacunas ou aprender. Os problemas são complicados e têm mais variáveis do que nas áreas relacionadas com a exploração, e portanto a resposta precisa estar fundamentada em desenvolver e utilizar experiência e expertise. O foco é mais em testar e aprender, e em trabalho iterativo para adaptar a capacidade existente, inovar em adjacências, comercializar e fazer evoluir ideias de modo que possam ser escaladas; mas o ritmo não é necessariamente tão rápido quanto no domínio três. O domínio executar é adequado a pessoas competentes em desenvolver modelos que funcionem no mundo real, que possam definir o modelo operacional ou a oportunidade de receita.

Estender e aproveitar: são domínios caracterizados por saber aproveitar, estender e otimizar a vantagem existente; os contextos são tipicamente definidos por ambientes estáveis e de movimentação mais lenta, com graus maiores de certeza e propostas maduras e estabelecidas. Os desafios estão presentes, mas são caracterizados mais por "conhecidos conhecidos". A necessidade é de maneiras comuns de fazer as coisas, escalabilidade e melhores práticas. Há valor na inovação, mas esta é focada em inovar em capacidades essenciais para obter ganhos incrementais ou para incentivar eficiências e melhores maneiras de fazer o que você está fazendo agora. Esse domínio é adequado àquelas pessoas excepcionais em operacionalizar, otimizar e institucionalizar.

Quadro 5.2 – Explorar, executar, estender e aproveitar – contexto e reação organizacional

	Explorar	Executar	Estender e aproveitar
Ambiente	Incerto, rápida mudança	Em evolução	Certo, estável
Características	Desconhecidos desconhecidos	Desconhecidos conhecidos	Conhecidos conhecidos
Foco da Inovação	Horizonte 3 – Totalmente novo	Horizonte 2 – Adjacências	Horizonte 1 – Essencial

	Explorar	Executar	Estender e aproveitar
Tipo de problema	Complexo	Complicado	Simples
Reação	Emergente	Expertise	Melhor prática
Abordagem à mudança	Acolher a mudança, reduzir custo da mudança	Aprendizagem, reduzir desperdício	Reduzir mudança
Tipo de capacidade	Pioneiros	Colonizadores	Planejadores urbanos
Orientação	Invenção	Comercializar e escalar rápido	Operacionalizar
Foco	Experimentar/iterativo	Testar e aprender	Eficiência, otimização
Trabalho	*Agile/Lean*/Rápida prototipagem	*Agile/Lean/* Adaptação de processo e modelo	Six Sigma, *Waterfall*, Otimização

O negócio ágil precisa ser bom nos três domínios. Precisa alocar recursos suficientes a cada um, bem como aplicar processos e pensamentos adequados. Novas proposições no negócio podem amadurecer a cada nova exploração, mas, conforme progridem, mudam os tipos de pessoa que precisamos que trabalhem nelas, e as abordagens e maneiras de trabalhar que devem ser aplicadas também provavelmente irão evoluir. No entanto, as diferentes maneiras de operar precisam coexistir no mesmo negócio. Uma maneira de trabalhar não deve sufocar a outra. O *Agile* não é apenas um processo; é uma cultura. Enquanto partes-chave do negócio precisam FAZER o *Agile*, todas as demais partes necessitam SER ágeis.

FACILITADORES FUNDAMENTAIS DA MUDANÇA

■ Uma palavra sobre tecnologia e cultura

Como veremos mais adiante nesta seção, a transformação ágil deve colocar as pessoas em primeiro lugar, e a tecnologia depois. Isso, porém, não deve diminuir a importância de dados e tecnologia como facilitadores e catalisadores de agilidade e mudança. Muitas organizações investem agora pesado em sistemas de tecnologia que podem elevar a capacidade a um nível totalmente novo, mas isso permanece uma obra em progresso para a maioria delas. Os negócios têm que pensar em seu estoque de tecnologia e em sua estratégia não só em termos das capacidades que precisam ter agora, mas também em relação àquelas que precisarão ter no futuro. A arquitetura de tecnologia e processos de compras [*procurement*] precisa levar mais em conta flexibilidade, escalabilidade e simplificação a fim de reduzir a complexidade e colocar sua infraestrutura em condições de resistir à prova do futuro. As organizações também precisam desenvolver estratégias de dados com um pensamento à frente, com seu investimento em sistemas e recursos. É fácil ficar animado com as possibilidades oferecidas por big data, algoritmos, automação e aprendizagem de máquina, mas se nossos dados não forem estruturados, disponibilizados ou interpretados corretamente, nunca faremos brotar seu pleno potencial. Além de dados e tecnologia, temos de encarar a cultura como um facilitador crucial. A cultura errada pode matar a transformação ágil antes mesmo que tenha se iniciado. Mas os comportamentos certos podem catalisar uma mudança duradoura

Este livro não foi elaborado para apresentar modelos de arquiteturas de tecnologia ou de estratégias de dados, mas, mesmo reconhecendo a importância desses facilitadores fundamentais, é crucial entender o papel elementar que as pessoas e a cultura têm em criar de fato a oportunidade para que uma real mudança aconteça.

■ Por que rejeitamos novas tecnologias?

A capacidade de adaptação e de capitalizar os benefícios potenciais das novas tecnologias é evidentemente central para o moderno processo de transformação, e, no entanto, muitas vezes há tendências que criam obstáculos a uma adoção bem-sucedida de tecnologia e mudança. Isso pode ser verdadeiro até para tecnologias que têm o poder de tornar suas tarefas mais fáceis, em razão da aversão a perdas (nossa tendência de preferir evitar perdas do que adquirir ganhos equivalentes) e de considerarmos os custos da mudança (o dispêndio de tempo, esforço ou recursos, necessário para passar para algo novo).

John Gourville, da Harvard Business School, mostrou que barreiras desse tipo podem explicar problemas na adoção de inovações.[23] Seu estudo de novos produtos que sejam revolucionários em relação a uma categoria de produto existente, ou que definam um produto inteiramente novo, concluiu que esse fracasso no mercado tem dois lados: num deles estão os consumidores, sistematicamente subvalorizando a inovação; no outro, os negócios, sistematicamente supervalorizando a inovação em relação ao que uma análise objetiva mostraria (eles chamaram isso de "maldição da inovação"). Do lado do consumidor, novos produtos inovadores poderão envolver *trade-offs* [um jogo de compensações] em relação às soluções existentes e exigir uma mudança na maneira pela qual os consumidores estão fazendo as coisas. Do lado da companhia, o grau de investimento em tempo, energia e recursos já feito na inovação significa que as companhias tendem a supervalorizar seu apelo. A dependência da referência, um dos princípios fundamentais da economia comportamental, descreve a tendência que as pessoas têm de avaliar os resultados a partir de um ponto de referência, para então classificar os ganhos e perdas em relação a essa posição, a Prospect Theory (KAHNEMAN; TVERSKY, 1979[24]). A dependência da referência se aplica a qualquer decisão envolvendo risco e incerteza, mas Gourville defende que a "maldição da inovação" surge porque consumidores e desenvolvedores de uma inovação têm pontos de referência fundamentalmente diferentes. Considerando que os consumidores usam o produto existente e arraigado como ponto de referência, a aversão à perda leva-os a supervalorizar a solução existente em detrimento da nova. No entanto, a empresa que apresenta o novo produto inovador usa a própria inovação como seu ponto de referência e, com isso, sistematicamente tende a supervalorizá-lo em relação à alternativa arraigada:

> Pelo investimento de tempo, dinheiro e energia feito no desenvolvimento desses produtos, tais inovações não são mais vistas como possibilidades, mas sim como realidades. Para os desenvolvedores, a ausência daqueles aspectos nos quais a inovação deles vai melhor é sentida como uma deficiência, ou perda, e a presença dos aspectos nos quais a alternativa arraigada vai melhor pode até ser vista como algo bom, mas não como algo essencial.[25]

Essa "maldição da inovação" significa, portanto, que os consumidores muitas vezes rejeitam as inovações que poderiam muito bem melhorar sua vida objetivamente, e que os desenvolvedores da inovação falham em prever essa rejeição. Portanto, a inovação fracassa.

Além de aplicar esses conceitos a novos produtos inovadores, podemos aplicá-los de maneira mais ampla à adoção de novas tecnologias, novas maneiras de trabalhar e mesmo ao modo como abordamos o risco na inovação e na própria transformação organizacional. A "maldição da transformação", como poderíamos chamá-la, pode significar que os funcionários sistematicamente irão superenfatizar o valor daquilo de que terão de abrir mão na velha maneira de fazer as coisas, e subvalorizar os benefícios das novas soluções. Seu ponto de referência é o status quo arraigado, e a aversão à perda significa que estão mais conscientes daquilo que perderão no processo de mudança. De modo similar, os executivos que comandam a implementação de tecnologia ou da transformação têm como ponto de referência a nova tecnologia ou visão, e, portanto, podem sistematicamente falhar em prever os desafios que terão de enfrentar para conseguir incorporar uma real mudança de comportamento.

Na realidade, ambos as lados aqui estão sujeitos a uma espécie de "efeito de doação" (KAHNEMAN; KNETSCH; THALER, 1991[26]), a predisposição a supervalorizar algo que temos independentemente de seu real valor de mercado (o que significa, por exemplo, que podemos relutar muito em nos separar de algo em troca de seu valor equivalente em dinheiro). Assim como damos maior valor ao que possuímos (particularmente coisas que têm para nós um significado emocional, experiencial ou simbólico), tendemos a dar maior valor também às maneiras de trabalhar que fomos moldando até torná-las nossas, ou às quais demos maior contribuição em tempo e energia para dotá-las de sentido, e sentimos mais como nossas pelo investimento que fizemos.

Um exemplo disso é a história dos primeiros termômetros de mercúrio. No final do século XVI, Galileu Galilei inventou o primeiro dispositivo capaz de medir variações de temperatura – um termômetro de água rudimentar. Cerca de 120 anos mais tarde Gabriel Fahrenheit apresentou o primeiro termômetro de mercúrio moderno. O médico holandês Herman Boerhaave percebeu que o dispositivo tinha grande potencial e propôs usar as medições feitas com termômetro no diagnóstico e para melhorar tratamentos.

No entanto, apesar de sua evidente utilidade, ainda demorou cem anos para ocorrer a difusão do uso do termômetro e da disciplina da termometria. Antes do termômetro de mercúrio, os médicos costumavam usar o tato para determinar se a temperatura do paciente havia aumentado e se ele tinha febre. Essa abordagem qualitativa era vista como suficiente para capturar uma riqueza de informações maior do que qualquer ferramenta poderia gerar, e por muitos anos foi julgada uma abordagem superior à do uso da termometria.

Apesar dessa inércia predominante em adotar a nova tecnologia, um grupo de pesquisadores persistiu na tentativa de transformar as opiniões e descrições relativamente idiossincráticas dos médicos em leis reproduzíveis, mas foi apenas em 1871 que houve a ruptura. Em um trabalho transformador (publicado como *On the Temperature in Diseases: A manual of medical thermometry*[27]), Carl Reinhold Wunderlich registrou temperaturas em 100 mil pacientes, e estabeleceu não só que a temperatura média do corpo humano era de 37 ºC, mas também que uma variação de um grau acima disso constituía febre, implicando que o curso de uma doença podia ser mais bem previsto do que usando apenas o tato.

A termometria foi um salto gigantesco em direção à prática médica moderna, mas só a partir do conhecimento mais amplo e bem compreendido desse estudo é que as atitudes e expectativas dos pacientes começaram de fato a mudar. Por volta da década de 1880, já se considerava incompetência médica *não* usar um termômetro, mas até então o método muito mais subjetivo do tato continuou predominando.

Os termômetros originais podem ter sido dispositivos grandes, desajeitados, e a ferramenta se desenvolveu à custa de muitas iterações. Mas o lento avanço da tecnologia devia-se mais ao desafio de mudar comportamentos e expectativas arraigados. É fácil rejeitar tecnologia que não compreendemos, ou tecnologia cujo sucesso não tenha a ver conosco, ou que seja sentida como algo que vai em detrimento da nossa própria utilidade. Andy Grove (da Intel) chama o que descrevo nesta seção de pensamento "10×", isto é, que um produto precisa ser pelo menos dez vezes melhor para superar as barreiras à sua adoção e os custos da troca, pois as pessoas tendem a subestimar as vantagens de uma nova tecnologia por um fator 3, e superestimar as desvantagens de abrir mão das soluções existentes por um fator 3. Gina Siddiqui, médica de Yale, descreveu na *Scientific American* que as sutilezas na adoção de tecnologia estão na nossa maneira de combinar o melhor do velho com o melhor do novo. Ela cita o caso de um hospital infantil da Filadélfia, que usou algoritmos quantitativos para identificar febres particularmente perigosas. Os algoritmos se mostraram superiores à avaliação de um médico experiente em detectar infecções sérias. Mas a combinação de ambos superou em desempenho qualquer um dos dois isoladamente: "É verdade que as mãos e os olhos de um médico são mais lentos, menos precisos e mais afetados por tendenciosidades do que as máquinas e os algoritmos modernos. Mas essas tecnologias revelam apenas o que elas foram programadas a revelar: a percepção humana não tem essa limitação".[28]

Similarmente, no Simpósio Internacional de Imagem Biomédica de 2016, em Praga, uma equipe de Harvard criou uma IA que detecta células cancerígenas entre as células de tecidos do seio com 92% de precisão, ou seja, quase tão bem quanto patologistas treinados que identificaram 96% das amostras de biópsia com células cancerígenas. Mas, quando a inteligência artificial e a humana foram combinadas, tornou-se possível identificar 99,5% das biópsias cancerosas.

Líderes de transformação subestimam, por sua conta e risco, o poder da aversão à perda e dos custos da troca. Uma mudança tecnológica e organizacional raramente implica ter de esquecer tudo o que sabemos. Com maior frequência, ela é útil para enquadrar-se no pensamento de combinar o melhor do velho com o melhor do novo, pois isso ajuda as pessoas a entender o quadro de referência que pode ajudar a mitigar a resistência à mudança.

■ Transformação: pessoas primeiro, tecnologia depois

Um problema comum na transformação digital está no próprio fato de ser chamada de transformação digital, quando na realidade ela é uma transformação do negócio. A palavra "digital" às vezes leva na prática sair em busca de tecnologias atraentes, à custa do lado das pessoas na mudança. Um de meus estudos favoritos, que fala sobre a necessidade de investir tanto no lado da tecnologia *quanto* no lado das pessoas, é o da MIT Sloan e CapGemini.[29] Eles pesquisaram mais de quatrocentas grandes companhias ao longo de dois anos, para ver de que modo elas combinavam o investimento em iniciativas propiciadas por tecnologia com iniciativas relacionadas a aptidões de liderança, cultura e processo em apoio à transformação.

O estudo concluiu que empresas que investiam tanto em tecnologia quanto em pessoas eram não só mais maduras digitalmente, mas também em média 26% mais lucrativas – uma vantagem que se repetiu em diferentes setores. Mas a pesquisa também mostrou que os negócios que iam atrás de novas tecnologias atraentes sem estratégias, processos, estruturas e culturas de equipe subjacentes, para poder explorá-las com eficácia, prejudicavam o desempenho de seus negócios e eram em média 11% menos lucrativos. A especialista em transformação Lucia Adams descreveu o desequilíbrio que muitas vezes caracteriza a maneira de perceber o digital nos negócios: "O digital é 10% tech e 90% humano. As organizações veem o digital como 90% tech e 10% humano".[30]

Com tanto foco em novas tecnologias e na experiência do cliente, a experiência do funcionário costuma receber menor atenção. Isso fica ainda mais nítido quando consideramos o imenso problema já existente ao redor do mundo em relação ao envolvimento dos funcionários. A Gallup, que há muito tempo faz pesquisa abrangente na área, realizou uma metanálise de dados procurando a relação entre desempenho de equipes e envolvimento dos funcionários.[31] A análise cobriu 82 mil equipes e 1,8 milhão de funcionários em 230 organizações de 73 países e 49 setores. A Gallup defende que embora os estudos tenham há muito tempo sugerido uma inteligência coletiva das equipes, que vai além da soma das aptidões dos seus membros individuais, sempre foi difícil encontrar quaisquer preditores confiáveis para o desempenho de uma equipe. A metanálise, no entanto, revela que, mesmo com a ampla variação em setores, mercado e ambiente econômico, a relação entre o envolvimento dos funcionários e o desempenho é consistente dentro de um conjunto de fatores que abrangem clareza da expectativa, senso de pertinência, autonomia, dedicar-se a trabalho que faça sentido, aprendizagem e evolução.

Quando os pesquisadores compararam as métricas de desempenho das equipes que estavam envolvidas com aquelas que não estavam ativamente envolvidas, descobriram que as equipes do topo tinham quatro vezes mais chances de sucesso que as da parte de baixo. Mais do que nunca, em programas de transformação o envolvimento dos funcionários e o desempenho das equipes são absolutamente cruciais: isto é, 10% tech e 90% humano.

■ Mapear a cultura organizacional ágil

Um dos aspectos cruciais da transformação (em geral, pouco reconhecido) é a necessidade de promover e dar condições a uma cultura organizacional que apoie maior agilidade. Equipes que trabalham de maneiras ágeis, mas estão rodeadas por uma cultura equivocada, vão deparar com o tipo de atrito potencialmente desastroso para o progresso. Tentar alcançar maior agilidade organizacional num ambiente que não dá suporte a uma mentalidade e a abordagens ágeis, ou que não é capaz pelo menos de reconhecer quanto são importantes, é algo fadado ao fracasso.

Uma das melhores maneiras de pensar a cultura organizacional vem de Edgar Schein (autor de *Organizational Culture and Leadership*[32] e ex-professor da Sloan School of Management do MIT). Para ele, a cultura da companhia pode ser definida em termos do padrão de crenças e comportamentos que cresce em torno de como o negócio tem superado desafios e prosperado. Schein descreve isso como:

> [...] um padrão de suposições básicas compartilhadas que o grupo aprendeu conforme foi resolvendo seus problemas de adaptação externa e integração interna, e que funcionou bem o suficiente para ser considerado válido e, portanto, para ser ensinado aos novos membros como a maneira correta de perceber, pensar e sentir em relação a esses problemas.[33]

O autor também define três modos-chave pelos quais a cultura se manifesta nas organizações e que são os artefatos observáveis, os valores endossados e os pressupostos subjacentes básicos:

- **Artefatos e comportamentos:** são comportamentos e elementos visíveis em uma organização que podem revelar o que a companhia considera importante, mas que podem também ser reconhecidos por pessoas que não fazem parte da cultura. Isso inclui instalações físicas e tecnologias, mas também linguagem, jargão, histórias, mitos e práticas. Pode ser pensado como os elementos de superfície.

- **Valores endossados:** são qualidades e regras de comportamento defendidas pela liderança e pela gestão de uma companhia, e que mostram como a organização representa a si mesma. Abrange às vezes coisas publicadas, como um código de conduta, declarações públicas ou eventos e material específicos.

- **Pressupostos básicos:** são menos tangíveis, mas poderosos como determinantes subjacentes de atitudes, processos de pensamento e ações de uma organização. Podem incluir valores e pressupostos arraigados, inquestionados, vistos como normais, em grande parte invisíveis e, portanto, difíceis de identificar por quem está dentro.

É importante lidar com as três áreas quando se tenta compreender e fazer evoluir uma cultura organizacional.

Uma das minhas maneiras favoritas de mapear a cultura organizacional vem de William E. Schneider.[34] Ele escreveu que todas as organizações são como organismos sociais vivos e, portanto, as intervenções e ideias que consideram as companhias como sistemas humanos encaram a mudança como um processo de adaptação e aprendizagem, e aqueles que estão ligados à estratégia de negócios têm maior probabilidade de sucesso. Intervenções centradas em componentes, que têm foco estreito em um ou em poucos elementos do sistema e que não estão ligadas à estratégia do negócio, têm maior probabilidade de fracassar.

Schneider descreve uma pesquisa que indica como cada organização tem uma cultura essencial e uma maneira dominante, e que elas descrevem como a liderança acredita que as coisas devem ser feitas, além de como a organização alcança sucesso. Essa cultura essencial pode ser descrita por um dos quatro arquétipos principais a seguir:

1 **Controle:** o sucesso é alcançado basicamente ao ganhar e manter controle. As características-chave das culturas de controle são estabilidade, ordem, monitoramento rigoroso do trabalho, natureza conservadora, mais previsível, mas também alto nível de clareza em relação a expectativas, sem ambiguidades, decisiva quando necessário, com foco no que funciona. Em excesso, essa cultura essencial pode levar a aversão ao risco, falta de colaboração, inflexibilidade e rigidez, a sufocar possibilidades e inovação e a ressaltar a política interna.

2 **Colaboração:** a motivação dominante é a filiação, com o sucesso vindo de trabalhar junto. Os benefícios dessa cultura essencial são a comunicação aberta, o foco forte em pessoas, boa coesão, alto nível de confiança, boa sinergia com equipes e com as necessidades do cliente, capacidade de utilizar talento e aptidões, trabalho integrado. As desvantagens potenciais são que ela pode se tornar leniente em excesso à custa do desempenho ou da *accountability* [responsabilização], ou dificultar a implementação de decisões difíceis, ou se tornar excessivamente de curto prazo e sem direção, ou então supercomprometida além da conta.

3 **Competência:** essa cultura essencial é a respeito do sucesso em cultivar a capacidade na organização e o foco na conquista. O lado positivo potencial vem de altos padrões de desempenho e expertise técnica, altos níveis de criatividade e inovação, ênfase em demonstrar desempenho e produtividade, exaustiva tomada de decisões. O lado negativo potencial está na ausência de pragmatismo, em subvalorizar o generalismo, na tendência a planejar demais, em expectativas pouco realistas da equipe e em funcionários estressados.

4 **Cultivo:** a chave para essa cultura essencial é crescimento e potencial. Ela valoriza pessoas, criatividade, confiança, talento individual, adaptação, inspiração, autoexpressão, autoatualização, responsabilidade social, empoderamento. Os riscos potenciais aqui são falta de coordenação, ignorar os reais problemas, idealismo, não atentar a detalhes, falha em se desconectar da vantagem existente quando necessário.

Michael Sahota, praticante de *Agile*, tem descrito de maneira útil os arquétipos de Schneider como uma matriz dois por dois, que posiciona no eixo horizontal pessoas *versus* negócios orientados à companhia, e no eixo vertical realidade *versus* companhias orientadas à possibilidade (Fig. 5.6).[35]

Figura 5.6 – Mapear a cultura organizacional

Fonte: Adaptado de Schneider (1994).

A chave para utilizar a compreensão desses arquétipos, diz Schneider, é estar consciente de onde sua cultura essencial se enraíza e usar os pontos fortes disso para alcançar o sucesso. No entanto, também é útil para identificar as potenciais áreas de conflito e tensão que provavelmente surgirão na tentativa de se tornar mais ágil. E também para identificar aqueles atributos que podem ser construídos em cima disso.

Em culturas controladoras, altos níveis de clareza, expectativa e decisão podem contribuir para a agilidade. O que pode atrapalhar muito é o conservadorismo, a microgestão, a rigidez, a inflexibilidade, a aversão ao risco. Em culturas colaborativas, para conseguir ser e fazer ágil é crucial contar com comunicação aberta, confiança, trabalho horizontal, foco no cliente, bom uso do talento. A falta de *accountability* [responsabilização], de direção, o comprometimento excessivo ou a ênfase no curto prazo pode matar a agilidade. Nas culturas de competência, cabe sintonizar-se com o foco em inovação, criatividade, boa expertise técnica, desempenho demonstrado e padrões de alto desempenho. Pode ser útil eliminar a sintonia com expectativas não realistas, o foco excessivo em expertise de especialista, e o potencial de sobrecarregar equipes ou funcionários. Nas de cultivo, foco em pessoas, confiança, adaptação, autoexpressão e empoderamento são úteis e devem ser amplificados. Falta de atenção aos detalhes, falta de coordenação, escassa definição de problemas são sempre barreiras. Podemos resumir esses aspectos como atributos culturais e comportamentais a serem amplificados ou que convém adaptar (Quadro 5.3).

Quadro 5.3 – Amplificação e adaptação de comportamentos

	Controle	Colaboração	Competência	Cultivo
Amplificar	Foco em pontos fortes, planejamento eficaz, clareza nas expectativas, poder de decisão, boa organização.	Comunicação aberta, confiança, versatilidade, conflito saudável, trabalho horizontal coeso, foco no cliente, bom uso do talento.	Padrões de alto desempenho, foco em inovação, ideias, criatividade, foco no futuro, boa expertise técnica, desempenho demonstrado	Foco em pessoas, diversidade, confiança, otimismo, adaptação, determinação, autoexpressão e empoderamento.
Adaptar	Conservadorismo, microgestão, burocracia, conformidade, rigidez, inflexibilidade, aversão ao risco.	Falta de *accountability* [responsabilização], falta de direção, comprometimento em excesso ou ênfase no curto prazo, subvalorizar o comprometimento individual.	Expectativas não realistas, excesso de planejamento, subvalorização, generalismo, equipes ou funcionários sobrecarregados.	Ineficiência, má definição de problemas, falta de atenção aos detalhes, falta de coordenação.

Desenvolver alto nível de consciência em relação ao lugar em que sua cultura organizacional está assentada é crucial para entender o que você precisa mudar, e o que não precisa, para apoiar a transformação ágil. A cultura é muito mais que seus sinais visíveis (pôsteres, palavras nas paredes, almofadas coloridas e mesas de pingue-pongue), como alguns parecem acreditar. Embora artefatos e comportamentos possam ser vistos como aspectos óbvios, eles são os pressupostos básicos profundamente arraigados, muitas vezes pouco reconhecidos, que constituem as poderosas motivações do comportamento. Precisamos identificar quais são, focar em como podemos desaprender esses comportamentos existentes a fim de aprender comportamentos novos, além de romper com os hábitos, costumes e rotinas existentes, a fim de colocar novos no lugar. Pressupostos e comportamentos podem tanto bloquear a mudança e impedir que aconteça como podem ser poderosos facilitadores da transformação.

Faça a si mesmo as seguintes perguntas – onde sua cultura essencial está enraizada? Quais são, então, os comportamentos que você gostaria de amplificar e incentivar, e quais você quer adaptar ou mitigar?

▶ DEFINIR CULTURA DIGITAL E ÁGIL

A cultura organizacional é claramente crucial para permitir maior agilidade, embora seja muitas vezes ignorada em programas de transformação ou se limite a ser tratada apenas da boca para fora e, portanto, contribua para sufocar em vez de catalisar uma mudança efetiva. Pesquisa realizada pela McKinsey, com base numa enquete global com altos executivos, mostra bem quanto os desafios culturais e comportamentais podem ser poderosos em bloquear o progresso digital.[36] Quando se perguntou quais eram os desafios mais significativos em atender às prioridades digitais, aqueles relacionados a cultura e comportamento foram citados por um terço dos entrevistados, e foram mais mencionados que a falta de compreensão das tendências digitais, ou a falta de talento, de infraestrutura de TI, de alinhamento com a estrutura organizacional e a falta de apoio dos superiores hierárquicos.

Selecionar adjetivos para descrever as características-chave da cultura digital é talvez a parte mais fácil, mas como a cultura e os comportamentos são tão fundamentais para permear, moldar e influenciar práticas de trabalho, estratégias, orientação, ações e valores, vale a pena resumir os adjetivos mais importantes para definir o que queremos dizer quando falamos em cultura de uma organização ágil:

Flexível, reativa e adaptativa: disponibilidade para mudar, pivotar e flexibilizar, ter adaptabilidade do tipo que confere resiliência e motivação (oposto da fragilidade), ambiente que apoia maior fluidez, um bom equilíbrio entre visão e iteração, não empacar no processo ou gerir por prepostos e perder de vista as reais necessidades do cliente, maior manejabilidade e reatividade, orientação para maior experimentação, teste e aprendizagem, ousadia e uma cultura menos avessa ao risco, capacidade de se mover rapidamente quando necessário.

Centrada no cliente: a centralidade no cliente é ao mesmo tempo ampla e profunda, e deve se refletir nas estratégias, processos e estruturas, mas acima de tudo precisa estar enraizada na cultura. Ela molda o perfil e permeia todas as decisões. É algo que desenvolve ciclos rápidos de feedback e caracteriza-se por tomada de decisões impulsionada por dados, mas, como vimos, também precisamos ser informados por dados. Esse último aspecto pode ser bom para obter melhorias incrementais e contínuas, mas também temos que contar com visão, empatia e intuição. Precisamos de espaço para criar um equilíbrio novo e saudável entre visão, criatividade e feedback, e otimização. Os dados são cruciais, mas não devemos ser escravos deles.

Focada comercialmente: a cultura digital é orientada a resultados, rápida para explorar, determinar e avaliar oportunidades, disposta a se desvincular da vantagem existente.

Visionária: caracterizada por um propósito comum convincente que é bem compreendido.

Versada em tecnologia: uma cultura que se fundamenta num domínio abrangente de tecnologia, mas ao mesmo tempo dá apoio a um equilíbrio ótimo entre expertise generalista e especialista, tecnologia como facilitadora, maior confiança e flexibilidade em tecnologia.

Em rede: fluxo de pontos de vista renovados na organização, fluxo de dados por meio de APIs, abertura a utilizar recursos externos e fomentar capacidades externas, disposição e capacidade de capitalizar em economias de negócios em plataforma.

Exploradora e curiosa: a cultura ágil é voltada ao exterior, inquisitiva, de pensamento lateral, rápida para explorar tecnologia e tendências de comportamento do cliente.

Empreendedora e inovadora: tende à ação, irrequieta, com inovação contínua e sistemática em vez de episódica.

Aberta e transparente: um ambiente de trabalho caracterizado por altos níveis de confiança, mentalidade de crescimento, informalidade produtiva, segurança psicológica e abertura.

Colaboração e aprendizagem: uma cultura que apoia o fluxo de conhecimento e a facilidade de colaboração multidisciplinar e horizontal, com reflexão e retrospectiva incorporadas, aprendizagem contínua e rápida a partir dos sucessos e dos fracassos.

Autonomia e empoderamento: hierarquia menos rígida, equipes empoderadas que podem se transformar rapidamente, uma cultura que leva a pessoa agir como se fosse o dono do negócio, um bom equilíbrio entre alinhamento e autonomia.

A pesquisa da McKinsey vai além de simplesmente demonstrar quanto uma potencial barreira de cultura e comportamento pode ser significativa para impedir o progresso digital. Ela mostrou claramente que os fatores culturais, como a aversão a risco, a mentalidade e os comportamentos de silo têm clara correlação com um desempenho econômico negativo.

Esperar que a cultura mude organicamente é simplesmente lento demais. As equipes da liderança precisam se envolver ativamente na transformação da cultura, em desafiar proativamente, promover, recompensar, atuar como mentoras, *coaches*, demonstrar e reconhecer os atributos que podem apoiar essa transformação.

A cultura na Stripe

A Stripe é o imensamente bem-sucedido sistema de infraestrutura de pagamentos on-line que, em janeiro de 2019, conseguiu um empréstimo de 100 milhões de dólares que levou a companhia a ser valorizada em mais de 22 bilhões.[37] O cofundador Patrick Collison resumiu os atributos-chave que eles ativamente procuram nas pessoas que contratam: "Penso que os três atributos que realmente se destacam a meu ver são esse rigor e clareza de pensamento, essa fome, vontade, obstinação, determinação, e esse… Ânimo e desejo de que as pessoas à sua volta tenham uma vida melhor".[38]

Ele descreve como eles procuram ter clareza de pensamento e disposição para pensar o impensável e aceitar ser incompreendido. Com frequência, diz ele, as companhias procuram o caminho mais fácil, que dê "fluidez" às transações e reduza atritos. No entanto, há valor em ficar com algumas penas eriçadas.

A tomada de decisões baseada em consenso, ou a necessidade de que todas as pessoas interessadas estejam alinhadas antes que você possa avançar, costuma ser um problema nos negócios que se tornaram grandes e burocráticos. Faz tudo desacelerar. Enquanto algumas decisões podem ser o que Richard Branson tem chamado de decisão irreversível do tipo "uma porta que só abre num sentido", muitas outras são escolhas mais peso-leve, nas quais é melhor se mover rápido e no curso certo do que deliberar ou diluir a proposta original. Enquanto ficar aprimorando demais cada decisão pode ser um problema real quando se tenta criar um negócio verdadeiramente ágil, uma cultura capaz de se mover rápido é a que combina altos níveis de confiança, segurança psicológica e conforto com discordância.

Na Stripe, eles procuram pessoas que combinem uma determinação de ir contra o status quo e uma disposição de "ir contra a trajetória esperada de não existência", com qualidades que na realidade as tornam ótimas para trabalhar junto ("relações pessoais calorosas, um desejo de tornar as pessoas à sua volta melhores, e um grau apenas relativo de se importar com os outros"[39]). Elas propositalmente priorizam a capacidade de avançar por ideias disruptivas, grandes, capazes de proteger o futuro do negócio, sem serem sociopatas em relação à maneira de fazer isso.

A confiança é um daqueles atributos subvalorizados na cultura organizacional, mas isso vale também para a aptidão das pessoas de serem ousadas, determinadas e de sentir que podem dizer o que realmente pensam naquele ambiente. Com frequência são esses tipos de qualidade que podem permitir a uma companhia ter o tipo de cultura que dá apoio efetivo para que possa se tornar audaz, mas também ágil.

■ O papel da confiança e da transparência

Ter altos níveis de confiança dentro de um ambiente operacional é decisivo para se mover rápido. A falta de confiança age como um catalisador na política interna e instaura um modo de progredir bastante hierárquico. Quando toda decisão precisa subir pela hierarquia, passar por funções ou equipes, e de novo descer pela hierarquia a fim de que algo possa ser feito, o negócio inteiro desacelera. A capacidade de trabalhar mais horizontalmente exige maior confiança. A capacidade de tomar decisões rapidamente, e não apenas em situações de crise, mas também no trabalho do dia a dia, depende de confiança.

É fácil colocar palavras como "inovação", "criatividade" e "colaboração" em letras grandes nas paredes do escritório, mas elas serão palavras vazias se a cultura e os comportamentos que definem o ambiente de trabalho não refletirem esses atributos como prioridades reais. Já que é difícil mover-se rápido e ser adaptativo em climas que não dão suporte à confiança, precisamos ativamente apoiar e incentivar os aspectos comportamentais que podem propiciá-la. Uma equipe capaz de dar espaço a conversas abertas e francas e que se sente confortável com um conflito saudável terá ideias melhores e chegará a soluções mais rapidamente. Uma equipe que varre metaforicamente os fracassos para debaixo do tapete em vez de usá-los como uma oportunidade de aprender progredirá mais e também mais rápido. Uma equipe que ignore o feedback e fique distribuindo culpas em vez de evoluir e seguir em frente irá desacelerar e ficar empacada.

A doutora e teórica de redes Karen Stephenson desenvolveu o que ela chama de "Teoria Quântica da Confiança", uma forma de expressar o vínculo cognitivo direto que há entre o quantum de confiança em uma organização e a capacidade que a equipe tem de aplicar conhecimento tácito.[40] Se temos uma conversa com alguém em quem confiamos, é mais provável que lembremos de detalhes importantes a respeito da conversa e possamos mais prontamente retomar de onde paramos e passar a aproveitar desde já esse intercâmbio. Quando falta confiança, o mais provável é conseguir lembrar apenas de detalhes vagos. Esse disparo de ressurgimentos na memória mútua em ambientes de alto nível de confiança abre imediatamente o potencial para novas aprendizagens e, portanto, as redes de confiança podem empoderar uma significativa capacidade cognitiva. Similarmente, cientistas sociais defendem que grupos com alto capital social – bons relacionamentos interpessoais caracterizados pelo compartilhamento de compreensão, identidade, valores e normas, com altos níveis de confiança, reciprocidade e coo-peração – têm significativa vantagem sobre aqueles desprovidos disso, pois os custos transacionais são menores.

No entanto, em muitos ambientes corporativos falta confiança. Um estudo global de 2016 realizado pela EY, que pesquisou quase 10 mil funcionários e mais de 3 mil que em breve passariam a ser funcionários, descobriu que menos da metade dos profissionais globais têm "boa dose de confiança" em seus atuais empregadores, chefes ou equipes/colegas.[41] É interessante notar que os cinco principais fatores que contribuíam para essa falta de confiança nos empregadores eram: remuneração injusta oferecida pelo empregador; oportunidades desiguais em termos de salário e promoção; falta de liderança; alta rotatividade dos funcionários; e um ambiente de trabalho não propício à colaboração. Quando perguntaram aos entrevistados que fatores eram mais importantes para determinar o nível de confiança em seus empregadores, o mais citado foi cumprir promessas, seguido por segurança no emprego, remuneração justa, comunicação aberta e transparente, e iguais oportunidades.

Ao lado de todos os padrões cruciais de políticas a respeito de diversidade, de oportunidades iguais e remuneração justa, a transparência em particular pode desempenhar um papel-chave em promover maior confiança, já que comunicação aberta gera mais comunicação aberta, e isso apoia um melhor fluxo de informação e relacionamentos mais produtivos. É um ciclo positivo que se realimenta. No entanto, o excesso de auto-orientação ou o sentimento de que outra pessoa ou outra equipe lhe são vedados ou ocultados, ou ficar preocupado achando que algumas pessoas ou equipes não são suficientemente confiáveis em cumprir o que prometem, tudo isso não dá apoio a um efetivo trabalho multidisciplinar ou entre equipes.

Vários negócios em rápido crescimento têm reconhecido a importância da transparência e colocado esse aspecto no centro de seus valores culturais. Por exemplo, o negócio Buffer, de tecnologia social e conteúdo de marketing, tem a transparência como um de seus nove valores-chave nos quais baseia sua cultura[42]:

○ Opte sempre por positividade e felicidade.

○ Tenha a transparência como padrão.

○ Tenha foco no autoaprimoramento.

○ Seja um fazedor "sem ego".

○ Primeiro ouça, e depois... Ouça mais.

○ Procure ter a clareza como tendência.

○ Reserve tempo para refletir.

○ Viva de maneira mais inteligente, e não mais difícil.

○ Demonstre gratidão.

Mais uma vez, é muito fácil listar uma série de valores, mas o que faz com que realmente funcionem é a maneira pela qual o negócio vive e respira esses valores. Os valores culturais devem estar refletidos em alguns aspectos-chave como:

1. Os comportamentos visíveis da equipe de liderança e funcionários.

2. Aquilo que os líderes elegem para prestar atenção, e aquilo que escolhem medir.

3. A reação da liderança a desafios importantes.

4. As prioridades e escolhas do negócio, e como os recursos são alocados.

5. Como o pessoal é recompensado, incentivado e reconhecido.

6. Os comportamentos que dão sustentação ao status dentro da organização.

7. As rotinas, expectativas, hábitos e rituais do negócio.

8. As histórias que têm crescido com o negócio.

9. Declarações formais, comunicados e documentação.

10. O design e a sensação transmitida pelo ambiente físico de trabalho.

A Buffer, por exemplo, decidiu abrir completamente suas receitas, número de usuários e desempenho, a fim de apoiar seu mantra de "transparência como padrão". Ela publica no seu blog a atualização ao investidor e os relatórios mensais de desempenho. Também fez esforços para incentivar a transparência nas comunicações por e-mail (todo e-mail enviado pode ser visto pelos colegas da equipe) e no desenvolvimento pessoal. De maneira mais controversa, também implantou um conceito de "salário aberto", baseado numa fórmula que tornou a remuneração aos funcionários completamente transparente.[43] A Buffer chegou a criar um "painel de transparência", reunindo informações sobre a fórmula de patrimônio, detalhes de arrecadação de fundos, salários, receitas em tempo real, preços e como o dinheiro está sendo gasto; informações sobre diversidade, código-fonte aberto e plano de produto aberto, planos de conteúdo e até os livros que a equipe está lendo.[44]

O cofundador Joel Gascoigne tem escrito a respeito de como a adesão a uma transparência radical se mostra não apenas uma das coisas mais assustadoras, mas também mais estimulantes que a companhia tem feito. Isso porque evidenciou um potencial único de empoderar e inspirar a equipe, de romper drasticamente barreiras, já que cada ideia ou novo rumo é compartilhado desde o início, mesmo antes de estar completamente formulado. Como ele descreve, a transparência tem esse valor tão poderoso para a Buffer por uma razão particular: "Transparência gera confiança, e confiança é a base de um grande trabalho de equipe".[45]

Esse tipo de abordagem à transparência é algo extremamente seguro de fazer. E não há nada como a confiança para inspirar a crença. Mas ela também melhora drasticamente a capacidade da organização de se mover e se desenvolver rápido, de se adaptar e aprender em escala.

O Monzo e a transparência

De maneira muito similar à Buffer, a instigante marca de banco Monzo colocou a transparência no cerne de seus valores culturais e estratégicos. O fato de o Monzo ser uma instituição financeira que opera num ambiente altamente regulamentado torna isso ainda mais desafiador, mas ao mesmo tempo inspirador. A abordagem do Monzo é similar à de outros negócios de tecnologia financeira [fintech] de rápido crescimento, como a Lemonade Insurance, mencionada antes aqui no livro, e cujas "crônicas da transparência" descrevem abertamente os altos e baixos envolvidos em seu rápido crescimento.[46]

Como a Buffer, o banco Monzo declara que seu foco está na "transparência como padrão", e afirma que isso significa que a companhia implanta políticas e práticas que colocam a informação às claras com a maior frequência possível:

Ao longo do tempo, a transparência se torna a norma, e criamos um "fardo no segredo': é preciso discutir por que razões algo tem que ser mantido secreto, em vez de ser aberto – uma abordagem muito diferente da que a maioria das organizações adota.[47]

O banco demonstra como a transparência aumenta a confiança, e como a falta de confiança pode criar equipes infelizes, improdutivas e pouca retenção de funcionários. A transparência também ajuda a promover a confiança externamente com os clientes, o que é crucial para assegurar que o Monzo seja visto como um local confiável e seguro para operações bancárias: "Ser internamente transparente força nossa transparência externa a ser também genuína".

A transparência, diz o Monzo, também ajuda as equipes a tomarem decisões de modo independente e, portanto, empodera a autonomia. O sucesso vem de contratar pessoas que sejam mais inteligentes que você e então deixar que desempenhem suas tarefas e tomem decisões com independência, ao mesmo tempo que mantêm adesão às metas e políticas da companhia, e isso só acontece quando as equipes têm toda a gama de informações à mão.

Adotar o padrão transparente ajuda trabalhadores remotos a acompanhar a velocidade, e também facilita o embarque de novos membros da equipe de maneira efetiva e rápida, pois eles dispõem de toda a documentação relevante aberta e acessível à leitura. Também oferece suporte ao desenvolvimento pessoal ao permitir que todos tenham uma visão não filtrada, tanto das histórias boas quanto das ruins envolvidas em construir um negócio de rápido crescimento.

O Monzo apoia esse padrão de transparência de várias maneiras fundamentais. As reuniões são abertas à participação de qualquer pessoa da companhia e todos podem colocar o que acharem na agenda para a reunião semanal geral. Toda equipe atualiza o resto do negócio semanalmente a respeito de seu progresso e desafios. Como na Buffer, todo e-mail enviado pode como norma ser lido por qualquer pessoa da companhia. Isso vale também para respostas redigidas às pressas ou quando se esqueceu de anexar documentos ao e-mail, o que evita que os funcionários sintam necessidade de apresentar à companhia uma versão esterilizada de si ou corporativa (fenômeno conhecido como "Efeito Chilling", isto é, a tendência em redes sociais de restringir a imagem mostrada on-line em razão da supervisão que ocorre entre pares[48]). Os funcionários são também incentivados a usar, sempre que possível, canais de Slack abertos para se comunicar. Embora informações criticamente sensíveis, como detalhes específicos de clientes ou funcionários, não sejam totalmente abertas, o padrão é ser transparente sempre.

Como a Buffer, o Monzo criou um painel de transparência que reúne abertamente informações sobre ética de investimento, financiamento, sugestões da comunidade de usuários, desempenho financeiro e um plano de produto aberto. Em setembro de 2018, o Monzo alcançou um milhão de clientes, pouco mais de três anos após seu lançamento.[49]

Durante anos, as companhias acreditaram obter vantagem por meio de segredos e de firewalls fechados, mas companhias como o banco Monzo adotaram uma abordagem muito diferente e bastante radical com seus clientes em relação a abertura e inclusão. Embora a confidencialidade continue sendo importante em áreas críticas selecionadas, o padrão de transparência ostentado por companhias como Monzo, Buffer e Stripe ajuda a apoiar um nível de confiança sem precedentes nos negócios que escolhem adotá-lo, e permite que sejam verdadeiramente ágeis e ganhem uma vantagem de cultura, e não apenas uma vantagem competitiva.

■ Tomada de decisões de alta velocidade

A maneira como uma companhia toma decisões é potencialmente uma barreira poderosa, mas pouco considerada, que impede de obter agilidade no dia a dia. Muitos negócios se caracterizam por uma tomada de decisões do tipo "um tamanho único para todos", e também por uma extensa documentação de casos de negócios ou por apresentações de PowerPoint demoradas, sem que haja base suficiente para justificá-las. Executivos gastam muitas horas preparando apresentações de PowerPoint para reuniões internas ou para fazê-las circular por e-mail. As aprovações exigem várias reuniões para garantir a concordância de todos antes que alguém possa avançar. São discussões para lá e para cá; as decisões são proteladas; o progresso é lento. É um processo sofrido, truncado.

Muitos líderes tomam decisões de maneiras quase sempre iguais, não importa o contexto do qual a decisão faz parte. Richard Branson ressaltou que nem todas as decisões são iguais e descreveu a diferença entre o que ele chama de decisões de "porta de sentido único" e decisões de "porta de dois sentidos". Decisões de porta de sentido único são do tipo irreversível, e às vezes exigem uma avaliação detalhada e várias consultas e discussões. Depois que você passa por uma porta de sentido único, já está comprometido, então precisa ter certeza de que se trata da coisa certa a fazer. Mas esse tipo de escolha é mais raro, ocorre apenas de vez em quando. Muitas outras decisões são do tipo porta de dois sentidos, e nesse caso é melhor tomar a decisão logo, a fim de progredir mais rapidamente: "Mesmo que pareçam definitivas, tais decisões são reversíveis. Você pode atravessar a porta, avaliar qual é a sensação, e caminhar de volta por ela se a coisa não funcionar".[50]

Para que um negócio seja inovador e ágil, diz Branson, a equipe de liderança terá que tomar muitas decisões de porta de dois sentidos. Jeff Bezos, em sua carta anual de 2016 aos acionistas da Amazon descreveu essa diferença referindo-se a decisões 70% e decisões 90%. Também observou que várias empresas grandes, estabelecidas, tomam decisões de alta qualidade, mas fazem isso com lentidão, adotando uma abordagem de tomada de decisões do tipo "tamanho único para todos", caracterizada por você ter de esperar até ter 90% da informação que precisa para fazer sua escolha. Em muitos casos, diz ele, várias decisões menos complexas ou facilmente adaptáveis podem ser tomadas com cerca de 70% da informação que você gostaria de ter. Mas é mais vantajoso tomar a decisão e fazer correções ao longo do curso se necessário, do que desacelerar tudo.

Similarmente, uma cultura de tomada de decisões movida por consenso, na qual todos os interessados precisem estar alinhados antes que seja possível dar um passo adiante, pode também desacelerar a companhia. A Amazon usa o bordão "discorde e comprometa-se" como uma maneira útil de reconhecer a discordância e ao mesmo tempo permitir que o projeto progrida rápido. Bezos dá o exemplo de quando discordou de um investimento da Amazon Studios num projeto de produção de conteúdo original que ele acreditava ser complicado demais e não muito interessante. Mas a equipe estava toda alinhada e queria avançar com o projeto, e então Bezos escreveu de volta imediatamente dizendo: "Eu discordo e me comprometo, e espero que se torne a coisa mais assistida que já fizemos". O seu ponto é que se a equipe tivesse tido que convencê-lo em vez de simplesmente obter sua aceitação o processo de tomada de decisão teria sido bem mais lento.

A abordagem da Amazon à geração e aprovação de casos de negócios também é instrutiva. Bezos ficou famoso por proibir o PowerPoint (isso já em 2004) como recurso para apresentar um caso, dizendo:

> O tipo tradicional de reunião corporativa começa com uma apresentação. Alguém fica em pé na frente da sala e mostra por meio de uma apresentação de PowerPoint algum tipo de show de slides. No nosso entender, você obtém muito pouca informação com isso, tem apenas tópicos. Fica mais fácil para quem faz a apresentação, mas mais difícil para o público.[51]

Em vez disso, as reuniões da Amazon são estruturadas em torno de uma "narrativa" explanatória de seis páginas (que é abreviada em decisões de menor profundidade). Os primeiros vinte minutos de uma reunião de equipe são gastos com todos em silêncio, lendo o texto, e em seguida o apresentador faz algumas perguntas e toma-se uma decisão. Segundo Bezos:

> A razão pela qual escrever um memo de quatro páginas é mais difícil do que 'escrever' um PowerPoint de vinte páginas é porque a estrutura narrativa de um bom memorando obriga a ter um pensamento

melhor e uma compreensão melhor daquilo que é mais importante e de como as coisas estão relacionadas.[52]

Esses documentos que implicam "trabalhar retroativamente" (como discutimos antes no livro) são sempre estruturados da mesma maneira, fornecendo o contexto ou questão, as abordagens para responder à questão (por quem, por qual método e com suas conclusões), por que essa tentativa de responder à questão difere das abordagens anteriores, e o que há nela para o cliente e para a companhia. Essa abordagem permite pensamento mais profundo, melhor tomada de decisões, uso mais eficiente do tempo, e reduz o papel e a influência da política no processo.

Muitos grandes negócios ficam empacados em apresentações de PowerPoint. A abordagem "narrativa" é uma maneira simples de tomar decisões melhores mais rapidamente. Mas, além disso, esse tipo de tomada de decisão de alta velocidade permite que companhias maiores ajam e se comportem como as bem menores.

■ O papel da autonomia, do domínio, do propósito

Quando nossa tarefa é empoderar a mudança e trazer as pessoas conosco nessa jornada, é crucial reconhecer o poder dos motivadores intrínsecos na criação do tipo de ambiente capaz de apoiar funcionários que estejam envolvidos, motivados, que deem seu melhor no trabalho. Em seu livro *Drive: The surprising truth about what motivates us*,[53] Dan Pink apresenta uma argumentação convincente (apoiada por muitos estudos acadêmicos) sobre o papel limitado do dinheiro como fator de motivação no local de trabalho e, no lugar dele, o poder de três motivadores intrínsecos principais:

Autonomia: a capacidade de tomar decisões em áreas pelas quais somos responsáveis e que podem fazer diferença.

Domínio: a capacidade de aprender, melhorar continuamente, de ver e ser recompensado por progressos.

Propósito: fazer trabalho que tenha sentido, que seja importante de utilizar, avançando em direção a uma visão ou propósito no qual você acredita.

Isso intuitivamente faz muito sentido, e é impressionante observar quantas organizações de alta performance, ágeis, com as quais tenho trabalhado, têm esses três atributos correndo em seu DNA. Elas se destacam por ter culturas caracterizadas por elevados níveis de empoderamento e senso de propriedade. Possuem processos e expectativas que apoiam aprendizagem contínua, e maneiras de conectar funcionários com o impacto de seu trabalho e o progresso que está sendo feito. A organização tem uma missão clara, bem compreendida, na qual seu pessoal realmente acredita. Equipes de liderança costumam pôr foco em motivadores extrínsecos e recompensas para que funcionem como motores da mudança, mas esses poderosos motivadores intrínsecos devem ser primordiais e centrais em qualquer programa de mudança cultural e ágil.

■ Criar trabalho que faça sentido

Há um grande potencial a ser liberado quando se consegue tornar o trabalho das pessoas significativo, assim como há grande prejuízo quando os funcionários sentem que o que estão fazendo todos os dias tem pouco ou nenhum propósito. Quando o pessoal está conectado com o impacto daquilo que vem fazendo, quando as pessoas podem sentir que estão gerando valor real e tangível naquilo que fazem, e conseguem ver progresso evidente em sua aprendizagem e resultados, elas se sentem mais motivadas, são mais produtivas e mais felizes em seu trabalho.

No entanto, há um número surpreendentemente grande de pessoas que acreditam que o trabalho que desempenham não tem nenhum valor como contribuição. Uma enquete de 2015 da YouGov, no Reino Unido, por exemplo, concluiu que 37% dos trabalhadores britânicos acham que seu trabalho não dá nenhuma contribuição significativa ao mundo.[54] Outra, a cargo da empresa holandesa Schouten & Nelissen, concluiu que, dos 1.900 trabalhadores pesquisados, 40% não acreditavam que seu trabalho tivesse alguma utilidade.[55]

Papéis desse tipo, nos quais as pessoas que os desempenham sentem que não estão sendo muito úteis, e que não parecem, pelo menos a quem vê fora, estar realizando muita coisa ou fazendo alguma diferença discernível no mundo, são próprios daquilo que o autor David Graeber chamou de "bullsh*t jobs". ["trabalhos à toa", sem importância, ou, como o uso do asterisco sugere, "trabalhinhos de merda"].[56] A definição de Graeber de "bullsh*t job" é:

> uma forma de emprego pago que é tão completamente sem sentido, desnecessário ou pernicioso, que até o próprio empregado não consegue justificar sua existência, embora, como parte das condições do emprego, sinta-se obrigado a fingir que não é bem assim.[57]

Segundo o autor, trata-se de algo trágico. Uma situação geradora de ressentimento e até de uma raiva sufocada em notável número de pessoas (ele acredita que sejam cerca de dois quintos das tarefas no mundo desenvolvido), trabalhando mais arduamente do que deveriam em empregos que no fundo elas acreditam que não deveriam existir.

> Imensas levas de pessoas, na Europa e na América do Norte em particular, passam sua vida profissional inteira desempenhando tarefas que na realidade não precisariam ser desempenhadas. O dano moral e espiritual que decorre dessa situação é profundo. É uma cicatriz em nossa alma coletiva. No entanto, praticamente ninguém toca no assunto.[58]

A afirmação de Graeber de que parece haver uma regra geral em nossa sociedade de que quanto mais obviamente o trabalho de alguém beneficia outras pessoas, menos provável é que seja bem pago parece ter algum peso (basta pensar em professores, enfermeiras e policiais, para começar). Embora haja pouca pesquisa mostrando exatamente quantas pessoas em outras sociedades também baseadas em trabalho de escritório e fábrica se encontram nessa situação, com certeza podemos intuir que há grandes levas de trabalhadores que se sentem relativamente desconectados, sem inspiração ou, pior, frustrados em seus trabalhos.

Uma conhecida pesquisa global da Gallup, realizada em 2013 com mais de 230 mil trabalhadores, concluiu que apenas 13% se sentiam conectados em seu trabalho (isso foi descrito como sentir-se psicologicamente comprometido com a tarefa e achar que está dando uma contribuição positiva). Outros 63% disseram-se "não conectados" (caracterizado por falta de motivação e em colocar menor esforço, especialmente quando se trata de esforço adicional voltado a metas organizacionais). E 24% estavam "ativamente desconectados" (ou seja, insatisfeitos, improdutivos e responsáveis por difundir negatividade). A Gallup acredita que ao redor do mundo isso equivale a cerca de 900 milhões de não conectados e 340 milhões de trabalhadores ativamente desconectados.

Apesar desse quadro trágico, os negócios permitem ser significativamente prejudicados por empregados com pouco envolvimento e por desempenho abaixo do esperado, que não veem sentido no trabalho empreendido pela direção nem conseguem se sentir conectados, isto é, não veem resultados palpáveis na contribuição que estão dando, em termos de melhorar o desempenho da companhia ou propiciar algum progresso ou aprendizagem. Os negócios capazes de envolver plenamente seu pessoal e promover essa conexão podem se beneficiar de um tipo de entusiasmo e motivação que cria vantagem genuína, gerando melhores ideias e mais resultados criativos e produtivos.

O entusiasmo é certamente um dos atributos mais subestimados nos empregados. Ele é o que os incentiva a se aplicar mais à busca de soluções de problemas, a pensar com mais foco nos desafios, a trabalhar melhor com seus pares. A diferença entre uma equipe de desempenho médio e uma de alto desempenho em termos de produtividade e resultados costuma estar no esforço adicional feito pelos membros da equipe. Isto é, no trabalho a mais que as pessoas podem entregar, acima e além do mínimo requerido, na diferença entre o que as pessoas se dispõem a fazer quando acreditam no valor daquilo que estão fazendo, e o que fazem quando não acreditam. Você não pode esperar obter um esforço maior de pessoas desconectadas de suas tarefas e que sentem que o trabalho que fazem contribui muito pouco.

Esses princípios simples que se assentam na essência do trabalho ágil, quando bem aplicados podem ajudar a aliviar essa desconexão. Ter um senso claro de direção e uma visão que faça sentido. Ser capaz de tomar decisões em áreas pelas quais você é responsável e sentir que sua opinião é importante. Ser parte de uma equipe pequena que se comunica bem e promove uma entrega de valor regular. Encontrar maneiras tangíveis de possibilitar que os membros da equipe enxerguem esse valor e o progresso que estão criando e dar reforço positivo ao trabalho bem executado. Evitar sobrecarregar a equipe, reduzindo de modo razoável o nível de priorização. Ser capaz de dar um passo atrás e refletir sobre o que funciona e o que não funciona, e de criar a sensação de que você está continuamente aprendendo. Talvez pareçam ser procedimentos de trabalho de menor importância, mas são fundamentais para conectar as pessoas com um trabalho que tenha sentido e seja altamente produtivo.

■ O poder do trabalho movido por propósito

Tenho falado sobre a importância para os funcionários de criar sentido no trabalho que realizam, e que uma direção organizacional e um propósito organizacional mais elevado podem desempenhar papel-chave em obter o tipo de envolvimento que leva não apenas a papéis gratificantes para o pessoal, mas também a um desempenho excepcional, a um esforço adicional e ao impulso para avançar.

Um propósito organizacional mais elevado é diferente da missão ou visão de uma companhia. Um ótimo exemplo disso é o negócio de energia diversificada DTE Energy e como eles se recuperaram de uma situação de crise financeira em 2008 para triplicar o preço de suas ações em menos de dez anos, o que lhes permitiu não só sobreviver, como também alcançar alguns resultados realmente espetaculares. Robert Quinn e Anjan Thakor (autores de *The Economics of Higher* Purpose,[59] ligados respectivamente à Universidade de Michigan e à Universidade de Washington) têm definido esse propósito mais elevado como ir além dos intercâmbios econômicos: "Ele reflete uma aspiração maior. Explica de que modo pessoas envolvidas com uma organização estão fazendo diferença, dá a elas um sentido, e atrai seu apoio".[60]

Quando a DTE foi fortemente impactada pela recessão de 2008, o novo CEO Gerry Anderson sabia que precisava obter mais apoio de seus funcionários para que a companhia pudesse sobreviver. Levantamentos anteriores haviam mostrado que o pessoal tinha pouco envolvimento. Estavam apegados a velhos comportamentos e não aplicavam todo o potencial de sua criatividade, intuição e compreensão. Iniciativas anteriores relacionadas a incentivos, supervisão e treinamento haviam fracassado em superar de modo efetivo o desafio.

Inspirado por uma visita que havia feito a uma central de atendimento da USAA [United Services Automobile Association], na qual observou funcionários verdadeiramente comprometidos trabalhando com entusiasmo e positividade, Anderson quis aplicar as lições aprendidas. O pessoal da USAA havia passado por um intensivo programa de orientação, que visava conectá-los de fato com o propósito da organização e com o propósito pessoal. Isso foi então continuamente reforçado por meio de reuniões gerais e de outros fóruns do pessoal, onde todos podiam fazer perguntas e compartilhar ideias. Anderson estruturou um novo propósito para a DTE Energy com base na contribuição e valor que a companhia oferecia a seus clientes finais e no bem-estar da comunidade mais ampla: "Nós prestamos serviço com nossa energia, e ela é o sangue vital das comunidades e o motor do progresso".[61] Anderson fez com que essa noção ganhasse vida com um vídeo mostrando clientes da DTE, entre eles professores e médicos, e o impacto que o trabalho do pessoal da DTE vinha tendo. Essa contribuição nunca havia sido reconhecida antes e teve profundo impacto emocional na equipe. Anderson equacionou de forma honesta o desafio que a companhia vinha enfrentando e fez isso de maneiras que demonstravam sua crença não só no potencial da energia especificamente, mas também na capacidade de seus funcionários de entregar esses benefícios:

> Fomos até nossos funcionários e dissemos a eles que o que estávamos enfrentando era de grandes proporções. Não podíamos prometer qual seria o desfecho, mas uma coisa podíamos prometer, ou seja, que a última alavanca que iríamos acionar para proteger a integridade da companhia seria a demissão. Que iríamos fazer tudo o que estivesse ao nosso alcance para evitar isso. Em contrapartida, dissemos que havia algo que precisávamos pedir a todos. Que batalhassem como nunca pela companhia com um nível de energia e uma intensidade e um nível de criatividade inéditos.[62]

O ponto defendido por Anderson é que só colocamos nossa energia adicional em coisas com as quais realmente nos importamos e nas quais acreditamos. Essa energia adicional só pôde ser empoderada a partir do momento em que a energia das pessoas foi exteriorizada e gerou aspiração significativa em relação ao propósito que a empresa cumpria na comunidade como um todo. Os autores Robert Quinn e Anjan

Thakor descrevem que cada decisão da empresa deve ser implementada segundo as lentes desse propósito, para dar-lhe de fato autenticidade, e que as metas precisam ser definidas como metas contributivas, e não como metas movidas pelo ego, fazendo o pessoal saber exatamente qual é a contribuição dada pelo trabalho que realizam.

O autor Dan Pink descreveu isso como pensar no propósito não só em termos de algo grandioso, visionário, que o negócio definiu para estabelecer uma direção motivadora (Propósito com "P" maiúsculo), mas também pensar na importância do propósito (com "p" minúsculo) no sentido de fazer os funcionários terem consciência e sentirem que estão dando uma contribuição diária valiosa.[63] Em outras palavras: personalizar o propósito. Uma das maneiras de conseguir isso é por meio de um feedback oportuno e proeminente sobre o que eles estão fazendo no contexto desse propósito. Uma das maneiras mais simples é colocar seu pessoal diante dos próprios clientes, para que conversem com eles em vez de ler a respeito em relatórios de pesquisa ou de observá-los de longe, por trás de uma tela, em um laboratório de grupo focal [focus grupo lab]. Essa oportunidade de ouvir diretamente algo a respeito do impacto (bom ou ruim) daquilo que você está fazendo cria uma espécie de conexão única com o trabalho, algo que não pode vir de nenhum outro modo.

Cabe observar que para cada positivo há um negativo, e que isso vale também para o propósito. A Nokia é um exemplo de como um sentido de urgência negativo, movido pelo medo, pode levar diretamente a um declínio da companhia. Pesquisa realizada por Quy Huy, professor de gestão estratégica do INSEAD [Instituto Europeu de Administração de Empresas], e Timo Vuori, professor assistente da Universidade Aalto na Finlândia,[64] revela que durante o declínio da companhia a instalação de um clima de medo dentro da organização dificultou aos gestores transmitir notícias ruins de volta e congelou a coordenação entre a alta gestão e a gestão intermediária. Em vez de catalisar a motivação, as metas que pressionam geraram inércia, pois a comunicação entre os níveis da administração havia se rompido, com os executivos não querendo ser acusados de não terem ambição suficiente ou de apresentarem desempenho falho, ao mesmo tempo que a competição por recursos aumentava. Os pesquisadores concluíram que os líderes de uma transformação precisam desenvolver uma "aptidão emocional" coletiva em suas companhias e ser sensíveis ao impacto que a emoção pode ter na cultura e no desempenho.

Metas contributivas. Distância do ego e de uma urgência calcada no medo. É isso o que catalisa energia e esforço adicionais e leva a uma real mudança e desempenho. As pessoas querem acreditar. Querem fazer um trabalho que tenha sentido: um trabalho que faça diferença. É por isso que, quando feito da maneira certa, ele é propriamente transformador.

■ Criar espaço

Um dos desafios cruciais ao fazer a transição para uma organização ambidestra, bimodal, é criar espaço para testar novas coisas, para ser mais experimental e desenvolver continuamente o novo, ao mesmo tempo que se continua gerindo o atual. Como mencionamos, é como tentar trocar o pneu com o carro em movimento. Mas se não for criado espaço para o novo emergir, nada vai mudar de fato.

Precisamos que isso aconteça tanto no nível estratégico, organizacional quanto no nível operacional cotidiano. O primeiro requer apoio do alto escalão, e uma clara facilitação por meio de estruturas e processos. O último requer gestão e empoderamento dos empregados, e uma cultura que dê apoio a isso.

Existem três maneiras claras para começar a liberar espaço dentro da organização e permitir maior captação de recursos, foco e tempo para sermos colocados na direção que gera modelos e maneiras de trabalhar emergentes:

1 **Despriorizar de modo implacável e sistemático:** a maior parte das companhias é muito ruim em despriorizar. É bem mais fácil ser consistentemente aditivo – isto é, esperar que os funcionários façam o que já vinham fazendo e ao mesmo tempo assumam novos projetos e iniciativas. É bem mais difícil perguntar o que devemos parar de fazer a fim de liberar tempo e espaço para assumir novas tarefas. Mas não há como escapar do fato de que sem algum nível de despriorização será muito difícil criar de modo consistente o tipo de espaço que uma organização ágil e bimodal precisa ter. Liberar espaço é um processo contínuo – é preciso incorporar maneiras sistemáticas de desvincular e despriorizar o que fazemos para originar e desenvolver novas propostas.

Um dos princípios do trabalho em *sprint* do *Agile* é não sobrecarregar a equipe. Quando aparecem tarefas de curto prazo, a equipe sempre que possível dá prioridade a elas no *backlog* da *sprint* seguinte. Se for preciso incorporá-las à *sprint*, então algo terá que ser despriorizado. Esse é um princípio fundamental, razoável, que tem um potencial de aplicação muito mais amplo. Prioridades de curto prazo são inevitáveis, mas não são desculpa para sobrecarregar os empregados. As sobrecargas de trabalho não são boas para o bem-estar dos funcionários e tampouco contribuem para que as pessoas façam o trabalho da melhor maneira, sejam mais produtivas, mantenham seu foco ou minimizem o tempo gasto em comunicações supérfluas.

No nível organizacional, é preciso melhorar a aptidão de desvincular-se de propostas existentes que estejam declinando em vantagem e criar estruturas que permitam um foco desimpedido em experimentação e em gerar novo valor. Portanto, faz sentido criar um sistema de revisões regulares para identificar as propostas que precisam ser abandonadas e poder então iniciar um processo de gerir o que tem de ser desativado.

A duplicação de iniciativas ou de trabalho é um desperdício de esforço e tempo, sendo surpreendentemente comum em grandes organizações, com múltiplos projetos iniciados em áreas separadas e sobrepondo-se de modo parcial ou total. Líderes da alta gestão costumam desconhecer isso inteiramente. Portanto, é útil fazer uma auditoria periódica dos projetos em andamento no negócio, eliminar duplicações e priorizar tendo em conta o alinhamento com o propósito e a visão organizacional, o impacto potencial, o tempo, o custo e a urgência. Por ironia, é comum as equipes sênior, que mostram maior aversão a risco, terem o maior número de projetos em curso – elas querem proteger suas apostas. Mas com isso abrem um potencial para maior diluição e duplicação de esforços e recursos. O melhor é ter clareza do foco nas áreas onde as oportunidades não só são maiores, mas também mais amplas, e então alinhar recursos em torno da experimentação e da rápida aprendizagem nessas áreas.

2 **Desafiar o padrão estabelecido:** no nível operacional, uma das maneiras mais importantes de liberar tempo e recursos é desafiar os pressupostos arraigados a respeito de como as coisas devem funcionar no dia a dia. Um dos meus exemplos favoritos disso é uma poderosa maneira de desafiar os esquemas estabelecidos no que se refere a reuniões, que teve origem na Percolate, um destacado negócio de conteúdo de tecnologia de marketing. A companhia criou "seis regras para reuniões", a fim de maximizar a utilidade de todos os encontros nos negócios. Os funcionários têm que questionar se de fato precisam de uma reunião, certificar-se de que não haverá participação de pessoas desnecessárias ou meros espectadores, declarar o propósito da reunião de antemão, atribuir tarefas e evitar trazer computadores e celulares.[65] Uma das regras é que as reuniões devem durar 15 minutos, como norma. A maioria das reuniões nos negócios é programada em blocos de uma hora (é o que Paul Graham, mentor de startups do Vale do Silício, chamou de "cronograma dos gestores"[66]) e de algum modo sempre se acaba esticando a reunião para preencher esse tempo, necessário ou não. A lei de Parkinson é o famoso adágio segundo o qual: "o trabalho se expande com intuito de preencher o tempo disponível para a sua conclusão".[67] Conforme as organizações ficam maiores e mais complexas, parece que isso de algum modo vai ficando mais verdadeiro. As agendas dos executivos são preenchidas por reuniões de uma hora ou duas, e então eles acabam indo de uma reunião a outra e a seguinte; no fim do dia, perguntam-se quando é que vão poder começar a fazer o trabalho de verdade. Imagine o poder de definir que toda reunião no negócio terá como norma 15 minutos de duração. Se ela precisar ser mais longa, tudo bem, mas o simples fato de mudar o estabelecido assegura que as reuniões sejam conduzidas de um jeito mais eficiente e libera muitas horas do tempo dos executivos e funcionários.

Outro padrão que com frequência vale a pena desafiar é o de se reportar. É outra área comum de duplicação e de trabalho desnecessário ou de pouco valor. O pessoal costuma passar muitas horas preenchendo relatórios detalhados para enviar aos executivos, sendo que um resumo bem mais focado já seria suficiente. Nossa tendência ao nos reportarmos à hierarquia superior é exagerar um pouco em nosso entusiasmo, a fim de causar boa impressão ou garantir que tudo foi coberto. Os gestores não se incomodam com essa entrega exagerada, pois há certo conforto na informação abrangente, por segurança. Uma companhia para a qual prestei consultoria tinha um problema concreto de precisar liberar tempo dos empregados, e quando fizemos uma auditoria sobre como era a ação de se reportar dentro do negócio, descobrimos que havia uma equipe que gastava dois de cada cinco dias produzindo um relatório semanal que poucos executivos liam, se é que o faziam. Portanto, desafie o padrão estabelecido. Se você suspeita que há um nível exagerado de detalhamento em reportar, faça um acordo para reduzir isso. Se suspeita que ninguém está lendo as informações que você fornece, então pare de fornecê-las. Se elas ainda forem necessárias, os colegas com certeza vão reclamar, mas isso lhe dará uma oportunidade de rever quanto a informação é de fato necessária. Prefira pedir desculpas por não ter feito do que pedir permissão para fazer as coisas.

3. **Começar pequeno:** há vários exemplos amplamente citados de negócios que dão aos seus empregados um tempo específico para explorar e desenvolver novas propostas. Todos já ouvimos falar dos 20% de tempo do Google, ou do "Tempo para Pensar" da 3M ou das sessões regulares de 24 horas de *hackathons* [maratonas de programação] do Facebook. Essas abordagens são muito úteis no sentido de abrir espaço para criar ideias no estágio inicial, embora relativamente raras. Mas na ausência de programas estruturados, é possível conseguir muita coisa a partir de uma abordagem que cada um possa adotar por sua conta – começar pequeno e ir criando mais espaço no dia a dia operacional. Assim como grandes coisas podem surgir de equipes pequenas empoderadas, também podem vir resultados impressionantes de pequenos segmentos de tempo incorporados à trama da semana de trabalho.

Um exemplo. Os cientistas Andre Geim e Kostya Novoselov foram os ganhadores do Prêmio Nobel de Física em 2010 por sua criação do grafeno, o que tem sido descrito como o achado científico do século.[68] O grafeno é o "material maravilhoso" formado por uma única camada de átomos de carbono, e trata-se da substância mais fina e mais resistente conhecida pela ciência. É cerca de 200 vezes mais resistente que o aço mais resistente e já conta com um número praticamente ilimitado de aplicações. Mas a criação do grafeno não resultou de um programa de pesquisa estruturado de longo prazo. Veio de especulações informais no laboratório. Geim e Novoselov faziam uns "experimentos de sexta-feira à noite", reservando algumas horas de tempo livre no final do expediente da sexta, quando a equipe do laboratório podia trabalhar em questões científicas não relacionadas com suas tarefas cotidianas. Em uma dessas sessões, estavam experimentando com fita adesiva Scotch, usando-a para remover camadas de flocos de grafite, até que restaram umas poucas camadas de átomos. Eles perceberam então que podiam usar esse método para chegar à camada mais fina possível, que tivesse apenas um átomo de espessura, e foi assim que criaram um material com propriedades absolutamente únicas.

Este é meu desafio: se Andre Geim e Kostya Novoselov ganharam o Prêmio Nobel aproveitando uma pequena janela de tempo no final da sexta-feira, com certeza cada equipe pode reservar uma hora por semana para experimentar e aprender. Quando ganharam o Prêmio Nobel, o comitê de premiação destacou a maneira pela qual alguns cientistas usam esse espírito brincalhão trabalhando juntos. É preciso haver mais espaço para brincar nos negócios. Sem isso, talvez nunca cheguemos a ideias e conceitos pioneiros que nos permitam não só avançar fazendo saltos de criatividade, mas também que nos capacitem a, quem sabe, salvar nosso negócio.

■ Mentalidades na liderança — fixas e de crescimento

O conceito da psicóloga de Stanford Carol Dweck de mentalidades fixas e mentalidades de crescimento é uma excelente maneira de expressar alguns dos atributos-chave mais essenciais nos modernos negócios ágeis. Segundo Carol (em *Mindset: a nova psicologia do sucesso*[69]), existem diferenças importantes em como encaramos a própria personalidade.

Uma mentalidade "fixa" se assenta numa visão de que sua inteligência, caráter e aptidão criativa são estáticos e, portanto, não podem mudar de maneira significativa. O sucesso, então, será uma afirmação desses atributos inerentes, que se mostram melhores na comparação com outros padrões fixos. Evitar o fracasso e esforçar-se para alcançar o sucesso tornam-se maneiras cruciais de preservar a sensação de ter capacidade, de ser inteligente ou talentoso, e, portanto, isso é perseguido a todo custo. Em contraste, uma mentalidade de "crescimento" deleita-se com os desafios e encara-os como uma oportunidade de aprender, considerando o fracasso uma oportunidade de crescer e melhorar.

O contexto da pesquisa de Dweck tem foco principalmente em crianças, estudantes e em como eles aprendem, mas há fortes paralelos com a definição de como devem ser as culturas e lideranças organizacionais bem-sucedidas no mundo moderno. Na pesquisa dela, crianças com mentalidades fixas e de crescimento mostraram abordagens e metas muito diferentes. As de abordagem de crescimento reconheceram a necessidade de esforço, trabalho e prática a fim de melhorar. Sua meta era aprender a todo momento e a qualquer custo. Ao contrário, estudantes com mentalidade fixa tinham medo de tentar coisas novas, pois se falhassem isso daria a impressão de que eram burros. A meta deles era parecer inteligente a todo custo e evitar tarefas que pudessem evidenciar deficiências.

Além disso, havia uma dinâmica-chave na relação entre aptidão e esforço. Os de mentalidade fixa acreditam que se você tem uma aptidão inerente, então não precisa fazer realmente esforço. Veem quaisquer contratempos como algo que serve apenas para evidenciar suas limitações, portanto evitam a todo custo mostrar deficiências ou fracassos e não têm uma maneira efetiva de lidar com uma dificuldade concreta. Já as crianças com mentalidade de crescimento acreditam na melhoria por meio de esforço e prática, e se comprazem com desafios difíceis, encarando-os como oportunidades para aprender.

Dweck diz que essa diferença é uma das razões fundamentais que impede muitos alunos de alcançar seu pleno potencial. Com a necessidade universal de melhoria contínua e, mais do que nunca, de aprendizagem rápida e constante, essas diferentes mentalidades são também uma razão fundamental da falha de muitas organizações em alcançar seu pleno potencial. Uma mentalidade organizacional que recompense líderes pelo fato de parecerem inteligentes e por nunca admitirem quando não sabem a resposta ou quando cometem um erro é uma cultura que não apoia a aprendizagem. Um negócio focado demais em resultados em detrimento de como esses resultados são alcançados precisará batalhar para encontrar alternativas novas com potencial de serem excepcionais.

Dweck tem demonstrado que essas mentalidades podem ser transmitidas por palavras e ações. Assim, para firmar uma cultura de aprendizagem contínua numa organização, os líderes precisam estar muito sintonizados com os comportamentos que apoiam e com os que desencorajam. Com crianças, Dweck mostrou que elogiar a inteligência mais do que o esforço incentiva uma mentalidade fixa desde uma idade bem precoce. Pode afastar os alunos da aprendizagem. Ao contrário, elogiar as estratégias ou o esforço leva a um desejo de persistir, de experimentar e de aprender o tempo todo. Precisamos adotar as mesmas abordagens em nossas equipes.

A partir desses temas, podemos classificar os atributos-chave da liderança fixa e da liderança de crescimento (Quadro 5.4).

Como Guy Kawasaki expressou:

> Há dois tipos de pessoas e organizações no mundo: os que comem e os que põem mais para assar. Os que comem querem uma fatia maior de um bolo que já existe; os que põem para assar querem fazer um bolo maior. Os que comem acham que se vencerem, o outro perde, e se o outro venceu, então eles perderam. Os que põem mais para assar acreditam que todos podem ganhar com um bolo maior.[70]

Esses comportamentos são muito sutis e, no entanto, os sistemas de valores que criamos nas organizações são fatores imensamente poderosos de sucesso e de fracasso. No mundo moderno, precisamos encarar cada iniciativa como uma oportunidade de aprender e reconhecer a importância de comportamentos que apoiem uma mentalidade e uma cultura de crescimento.

■ Dar e receber

Com base nessa ideia de mentalidades de liderança fixas ou de crescimento, podemos vincular esses tipos de atributo à criação de uma cultura de alto desempenho. Em seu livro *Give and Take: Why helping others drives our success*,[71] o psicólogo organizacional Adam Grant apoia-se em extensa pesquisa para demonstrar que há três tipos básicos de pessoa no local de trabalho, "doadores", "recebedores" e "combinadores", e que as diferenças entre essas abordagens podem ser fundamentais para o nosso sucesso ou fracasso. A sabedoria convencional nos faz acreditar que o sucesso se deve a uma combinação de motivação, capacidade e oportunidade, mas há um quarto ingrediente, crucial, mas muitas vezes negligenciado – isto é, de que maneira escolhemos interagir com outras pessoas: "Toda vez que interagimos com uma pessoa no trabalho, temos uma escolha a fazer: tentamos destacar o máximo possível o valor que conseguimos, ou contribuímos com valor sem nos preocupar com o que podemos receber em troca?".[72]

Quadro 5.4 – Liderança fixa e de crescimento

	Liderança fixa	Liderança de crescimento
Desafios	Vê os desafios como um potencial para falhar, então tenta evitá-los.	Vê os desafios como um potencial para aprender, então aceita-os bem.
Feedback	Ignora o feedback útil, mas negativo, ou o vê como uma crítica pessoal.	Valoriza a avaliação crítica e o feedback útil, seja ele negativo, seja ele positivo.
Esforço	Vê o esforço como algo necessário apenas quando você não é bom.	Acredita que contribuir leva a resultados e a aprendizagens.
Capacidades	Inerentes e fixas; a inteligência é estática.	Podem ser desenvolvidas e cultivadas.
Erros	Evita-os a todo custo, sente-se desestimulado com eventuais contratempos.	São oportunidades para aprender e melhorar, vê os contratempos como um chamado a acordar.
Colaboração	Eu ganho quando você perde.	O ganha-ganha funciona melhor.
Fraquezas	Esconde-as sempre que possível.	Confiante e aberto em relação a reconhecer suas deficiências.
Sucesso	Sente o sucesso alheio como uma ameaça, rejeita ofertas de ajuda.	Adora ter pessoas mais inteligentes trabalhando para ele, procura ajuda quando precisa, sente-se inspirado pelo sucesso dos outros.

De acordo com a pesquisa de Grant, recebedores são cautelosos, autoprotetores, enxergam o mundo como um lugar competitivo e, portanto, gostam de receber mais do que dão. Doadores, por outro lado, são generosos, dividem as coisas, ajudam os outros sem se preocupar se vão receber ou não uma recompensa ou com o custo pessoal disso: "Eles levam a reciprocidade em outra direção, preferindo dar mais do que recebem. Enquanto recebedores tendem a ser mais focados em si mesmos, avaliando o que as outras pessoas podem oferecer-lhes, os doadores têm foco no outro, prestando mais atenção ao que as outras pessoas precisam deles".[73]

No local de trabalho, muitos de nós não são doadores ou recebedores puros, mas somos em vez disso o que Grant chama de combinadores, que operam segundo um princípio de equidade, e se esforçam para preservar um equilíbrio entre dar e receber. Podemos adotar estilos diferentes segundo as diferentes situações, mas tipicamente cada um de nós desenvolverá um estilo dominante para as interações sociais e comportamentos.

Quando Grant examinou o grau de sucesso alcançado por pessoas com os diferentes estilos de reciprocidade descobriu uma coisa interessante. Os doadores tendiam a ficar na parte de baixo do monte, mas estavam também no alto da escala como as pessoas mais bem-sucedidas do estudo. Recebedores e combinadores ficavam no meio. Assim, se os doadores eram ao mesmo tempo os piores e os melhores em termos de desempenho, o que fazia a diferença? O estudo revelou que os doadores bem-sucedidos eram tão ambiciosos quando os recebedores ou combinadores, mas faziam escolhas mais inteligentes em suas interações com os demais. Em termos simples, os doadores que se destacam são aqueles que se dispõem a pedir ajuda quando precisam.

Além disso, quando os doadores são bem-sucedidos, isso tem um efeito cascata. Quando os recebedores vencem, pode muito bem haver alguém que perde, mas quando os doadores ganham é bem mais provável que recebam amplo apoio, criando uma espécie de efeito cascata que leva os outros ao redor dele a terem também sucesso. As pessoas sentem inveja de recebedores bem-sucedidos. Mas torcem pelo sucesso de doadores. O sucesso de doadores, diz Grant, cria valor em vez de simplesmente permitir que se faça alarde desse sucesso.

A cultura organizacional tem um efeito decisivo nos padrões de comportamento predominantes de um negócio. As culturas que dão reconhecimento e apoio a doadores criam as próprias cascatas de sucesso, e estas constroem os alicerces de um desempenho excepcional.

■ Por que líderes modernos precisam ser escultores além de pintores

Michelangelo fez o seguinte comentário sobre a arte da escultura: "Todo bloco de pedra tem uma estátua dentro e a tarefa do escultor é revelá-la. Eu vi o anjo no mármore e esculpi-o até vê-lo libertado".

Essa citação foi usada em muitos contextos. O psicólogo social Eli Finkel a utilizou no contexto de um casamento bem-sucedido, e a respeito de como um grande casamento pode fazer brotar o melhor que já está inerente em ambos os parceiros, permitindo que ambos floresçam.[74] Seu conceito de casamento tudo-ou-nada descreve que nossas expectativas em torno do casamento mudaram de tal modo que um casamento que nos pareceria aceitável na década de 1950 provavelmente seria decepcionante hoje, mas também que o outro lado disto é que, com investimento e trabalho, casamentos modernos podem ser mais fascinantes do que nunca.[75]

O editor e roteirista Nils Parker usa essa citação como metáfora para o processo de editar manuscritos:

> Antes que cheguem a mim, a maioria dos manuscritos é em essência uma reunião de boas ideias e de ótimas histórias que foram sufocadas pelas dúvidas, inseguranças e tendenciosidades de seu autor. Meu trabalho como editor é limpar isso e expor as verdades maiores que estão no cerne dessas histórias. Eu entalho as palavras segundo o molde criado por sua intenção, de modo que as ideias ganhem vida da maneira que já fizeram nas mentes de seus criadores. É um processo muito similar ao de um escultor – um artista no corpo de um artesão, tirando lascas de pedra com dedicação e propósito até que a imagem revele a si mesma.[76]

Para Michelangelo, diz Parker, a ideia já está dentro do bloco de pedra, e os olhos e mãos do escultor são meros canais pelos quais ela pode ser trazida ao mundo físico. Nils também se referiu aos comentários de Michelangelo sobre as diferenças entre escultura e pintura como formas de arte: "Por escultura me refiro àquilo que ganha forma pelo esforço de cortar fora. E aquilo que é moldado pelo método de ir acrescentando é o que define a pintura".[77]

Ao construir equipes de alto desempenho também encaramos a tarefa de um líder como similar à de um pintor. Pensamos na nossa tarefa em termos de construir e acrescentar camadas (de competência, conhecimento ou capacidade).

Em vez disso, porém, precisamos pensar também em como os líderes podem ser mais escultores. Há muita coisa no ambiente corporativo que cria obstáculos e impede as pessoas de fazerem melhor seu trabalho – políticas internas, sentir desconforto com discordâncias, microgestão.

Para que as equipes possam se mover rápido, é muito importante que os membros dela tenham a confiança de se assumir como donos do negócio e que se sintam encorajados a dizer o que realmente pensam.

Tirar do caminho os fatores que podem ser um obstáculo, para que as pessoas se mostrem como são e para que possam dar seu melhor, é uma das principais maneiras pelas quais um líder cria a cultura que uma equipe necessita para se mover rapidamente e com confiança. E para que seus membros façam o melhor trabalho de suas vidas.

REFERÊNCIAS

[1] GREENWAY, Andrew; TERETT, Ben; BRACKEN, Mike; LOOSEMORE, Tom. *Digital Transformation at Scale*: Why the strategy is delivery. Londres: London Publishing Partnership, 2018.

[2] BRACKEN, Mike. What We Mean When We Say Digital, *Co-op digital blog*, 14 jun. 2016. Disponível em: https://perma.cc/KW7N-VNFT. Acesso em: 3 ago. 2022.

[3] HOROWITZ, Andreessen. Tech and Entertainment in the "Era of Mass Customization". [Entrevista cedida a Reed Hastings e Marc Andreessen]. *a16z Podcast*, fev. 2015. Disponível em: https://perma.cc/RYF8-TMHS. Acesso em: 3 ago. 2022.

[4] GROVE, Andrew. *Only the Paranoid Survive*: How to exploit the crisis points that challenge every company. Nova York: Crown Business, 1999.

[5] NETFLIX Investors. Long-Term View. [S.d.]. Disponível em: https://perma.cc/EN2C-X2VM. Acesso em: 3 ago. 2022.

[6] GREATHOUSE, John. 5 Time Tested Success Tips From Amazon Founder Jeff Bezos. Forbes, 30 abr. 2013. Disponível em: https://perma.cc/3NQH-P2DR. Acesso em: 3 ago. 2022.

[7] HOW The CIA Define Problems and Plan Solutions: The Phoenix Checklist. *BBH Labs*, 1 jun. 2010. Disponível em: https://perma.cc/MWC9-R2Y2. Acesso em: 3 ago. 2022.

[8] TETLOCK, Philip E. *Expert Political Judgment*: How good is it? How can we know? Princeton: Princeton University, 2017.

[9] GOOD JUDGEMENT. About web page. [S.d.]. Disponível em: https://perma.cc/5K-64-G69G. Acesso em: 3 ago. 2022.

[10] THE GOOD Judgement Project. Disponível em: https://perma.cc/ZT4Y-S8KS. Acesso em: 3 ago. 2022.

[11] GREEN, Kesten C.; ARMSTRONG, J. Scott; GRAEFE, Andreas. Methods to Elicit Forecasts from Groups: Delphi and prediction markets compared. *Foresight: The International Journal of Applied Forecasting*, v. 8, 7 nov. 2007.

[12] BLOOMBERG, Jason. How DBS Bank Became the Best Digital Bank in the World By Becoming Invisible. *Forbes*, dez. 2016. Disponível em: https://perma.cc/6BLC-M8F8. Acesso em: 3 ago. 2022.

[13] WORLD'S Best Digital Bank 2016. *Euromoney*, 6 jul. 2016. Disponível em: https://perma.cc/CDC3-NMRR. Acesso em: 3 ago. 2022.

[14] GLEDHILL, David. Transforming a Bank by Becoming Digital to the Core. *McKinsey & Company*, abr. 2018 Disponível em: https://perma.cc/UWT9-SPKQ. Acesso em: 3 ago. 2022.

[15] BANKING Without Branches: DBS Digibank India Gains 1m Customers in a Year. *DBS*, jun. 2017. Disponível em: https://perma.cc/7ZB2-L7R8. Acesso em: 3 ago. 2022.

[16] COLLINS, Bryan. Jeff Bezos Says Successful People Make These Two Types of Decision, *Forbes*, 7 mar. 2019. Disponível em: https:// perma.cc/NE8E-WK7E. Acesso em: 3 ago. 2022.

[17] SCHREIBER, Daniel. Two Years of Lemonade: A Super Transparency Chronicle, *Lemonade Blog*, set. 2018. Disponível em: https://perma.cc/DHF2-D64P. Acesso em: 3 ago. 2022.

[18] DEPARTMENT OF DEFENSE, US. DoD News Briefing – Secretary Rumsfeld and Gen Myers, fev. 2002. Disponível em: https://perma.cc/6YZP-KB9Q. Acesso em: 3 ago. 2022.

[19] CHARACTERIZING Unknown Unknowns. *Project Management Insitute*, 23 out. 2012. Disponível em: https://perma.cc/W2VV-5SJU. Acesso em: 3 ago. 2022.

[20] TZU, Sun. *The Art of War*. Translated Lionel Giles. [1910]. *Wikisource*. Disponível em: https://perma.cc/WGH2-LNMB. Acesso em: 3 ago. 2022.

[21] WARDLEY, Simon. Wardley Mapping. 7 mar. 2018. Disponível em: https://medium.com/wardleymaps. Acesso em: 7 ago. 2022.

[22] GLOUBERMAN, Sholom; ZIMMERMAN, Brenda. Complicated and Complex Systems: What Would Successful Reform of Medicare Look Like? *Government of Canada*, jul. 2002. Disponível em: https://perma.cc/4GD9-Q4PR. Acesso em: 7 ago. 2022.

[23] GOURVILLE, John T. The Curse of Innovation: A Theory of Why Innovative New Products Fail in the Marketplace. *HBS Marketing Research*, n. 5-6, ago. 2005. Disponível em: https://perma.cc/L8C3-Y537. Acesso em: 7 ago. 2022.

[24] KAHNEMAN, Daniel; TVERSKY, Amos. Prospect theory: An analysis of decision under risk, *Econometrica*, v. 47, p. 263-291, 1979.

[25] GOURVILLE, John T. The Curse of Innovation: A Theory of Why Innovative New Products Fail in the Marketplace. *HBS Marketing Research*, n. 5-6, ago. 2005. Disponível em: https://perma.cc/L8C3-Y537. Acesso em: 7 ago. 2022.

[26] KAHNEMAN, Daniel; KNETSCH, Jack; THALER, Richard. Anomalies: The endowment effect, loss aversion, and status quo bias, *Journal of Economic Perspectives*, v. 5, n. 1, p. 193-206, 1991.

[27] WUNDERLICH, Carl A. *On the Temperature in Diseases*: A manual of medical thermometry [1871]. Londres: Forgotten Books, 2019.

[28] SIDDIQUI, Gina. Why Doctors Reject Tools That Make Their Jobs Easier. *Scientific American*, 15 out. 2018. Disponível em: https://perma.cc/9Y5Q-B3J4. Acesso em: 7 ago. 2022.

[29] THE DIGITAL Advantage: How Digital Leaders Outperform their Peers in Every Industry. *Capgemini*, 5 nov. 2012. Disponível em: https://perma.cc/39DF-FEC7. Acesso em: 7 ago. 2022.

[30] ADAMS, Lucia. My Love-Hate Relationship With "Digital Transformation". *Lucia Adams*, 1 dez. 2016. Disponível em: https://perma.cc/G9WG-37T8. Acesso em: 7 ago. 2022.

[31] HARTER, Jim. Moneyball for Business: Employee Engagement Meta-Analysis. *Gallup*, 31 maio 2016. Disponível em: https://perma.cc/WR3Q-2SHJ. Acesso em: 7 ago. 2022.

[32] SCHEIN, Edgard H. *Organizational Culture and Leadership*. 4. ed. São Francisco, CA: Jossey-Bass, 2010.

[33] SCHEIN, Edgard H. *Organizational Culture and Leadership*. 4. ed. São Francisco, CA: Jossey-Bass, 2010.

[34] SCHNEIDER, William E. *Reengineering Alternative*: A plan for making your current culture work. [S.l.]: Irwin Professional Publishing, 1994.

[35] SAHOTA, Michael. An *Agile* Adoption and Transformation Survival Guide. *Info Q*, 25 jul. 2012. Disponível em: https://perma.cc/ 5KEL-T9UL. Acesso em: 7 ago. 2022.

[36] GORAN, Julie; LABERGE, Laura; SRINIVASAN, Ramesh. Culture for a Digital Age. *McKinsey Digital*, jul. 2017. Disponível em: https://perma.cc/MRW9-Y96Y. Acesso em: 7 ago. 2022.

[37] STRIPE Raises $100m on a $22.5Bn Valuation. *PYMNTS*, 30 jan. 2019. Disponível em: https://perma.cc/VS56-84BP. Acesso em: 7 ago. 2022.

[38] PARRISH, Shane. Patrick Collison on the Culture of Stripe and How to Hire. *The Startup*, 25 maio de 2018. Disponível em: https://perma.cc/Q7QT-GZ3N. Acesso em: 7 ago. 2022.

[39] PARRISH, Shane. Patrick Collison on the Culture of Stripe and How to Hire. *The Startup*, 25 maio de 2018. Disponível em: https://perma.cc/Q7QT-GZ3N. Acesso em: 7 ago. 2022.

[40] KLEINER, Art. Karen Stephenson's Quantum Theory of Trust, *Strategy and Business*, 11 out. 2002. Disponível em: https://perma.cc/FM8N-Q7BK. Acesso em: 7 ago. 2022.

[41] EY. Global Study on Trust in the Workplace, 2016. Disponível em: https://perma.cc/4XRE-DC2G. Acesso em: 7 ago. 2022.

[42] THE BUFFER Culture. *Buffer*, 26 jul. 2013. Disponível em: https://perma.cc/84X3-F3AM. Acesso em: 7 ago. 2022.

[43] THE NEXT Evolution of Transparent Salaries: Our New Remote-First Formula and Updated Salary Calculator. *Buffer*, 6 dez. 2017. Disponível em: https://perma.cc/Q7NC-F7TY. Acesso em: 7 ago. 2022.

CAPÍTULO 5

[44] BUFFER. Transparency Dashboard. [S.d.]. Disponível em: https://perma.cc/BP4W-ZLA9. Acesso em: 7 ago. 2022.

[45] GASCOIGNE, Joel. Introducing Open Salaries at Buffer. *Buffer*, 19 dez. 2013. Disponível em: https://perma.cc/BR7A-W6XA. Acesso em: 7 ago. 2022.

[46] LEMONADE INSURANCE. Transparency Chronicles. [S.d.]. Disponível em: https://perma.cc/B6EB-53MF. Acesso em: 7 ago. 2022.

[47] TRANSPARENCY By Default. *Monzo*, 10 mar. 2017. Disponível em: https://perma.cc/AM3F-RPAN. Acesso em: 7 ago. 2022.

[48] MARDER, Ben; SHANKAR, Avi; JOINSON, Adam N.; HOUGHTON, David. The Extended 'Chilling' Effect of Facebook: The cold reality of ubiquitous social networking. *ResearchGate*, jul. 2016. Disponível em: https://perma.cc/W8B6-XWK4. Acesso em: 7 ago. 2022.

[49] 1 MILLION People Are Now Using Monzo. *Monzo blog*, 24 set. 2018. Disponível em: https://perma.cc/BV4X-CR3H. Acesso em: 7 ago. 2022.

[50] BRANSON, Richard. Two-Way Door Decisions. *Virgin*, fev. 2018. Disponível em: https://perma.cc/W7B4-2P9W. Acesso em: 7 ago. 2022.

[51] NEILL, Conor. Amazon Staff Meetings "No PowerPoint". *Conor Neill*, 30 nov. 2012. Disponível em: https://perma.cc/QPH5X66D. Acesso em: 7 ago. 2022.

[52] STONE, Madeline. A 2004 Email From Jeff Bezos Explains Why PowerPoint Presentations Aren't Allowed at Amazon. *Business Insider*, jul. 2015. Disponível em: https://perma.cc/W27W-LUAH. Acesso em: 7 ago. 2022.

[53] PINK, Daniel H. *Drive*: The surprising truth about what motivates us. Edimburgo: Canongate Books, 2011.

[54] DAHLGREEN, Will. 37% of British Workers Think Their Jobs Are Meaningless. *YouGov*, ago. 2015. Disponível em: https://perma.cc/LC8H-9429. Acesso em: 7 ago. 2022.

[55] 4 Out of 10 Employees Do Not Find Their Work Useful, *Schouten and Nelissen*, 30 mar. 2017. Disponível em: https:// perma.cc/RE2E-MRVU. Acesso em: 7 ago. 2022.

[56] GRAEBER, David. On the Phenomenon of Bullshit Jobs: A work rant. *Strike!*, ago. 2013. Disponível em: https://perma.cc/FWM2-GAMJ. Acesso em: 7 ago. 2022.

[57] GRAEBER, David. *Bullshit Jobs*: A theory. Nova York: Simon & Schuster, 2018.

[58] GRAEBER, David. *Bullshit Jobs*: A theory. Nova York: Simon & Schuster, 2018.

[59] QUINN, Robert E.; THAKOR, Anjan V. *The Economics of Higher Purpose*: Eight counterintuitive steps for creating a purposedriven organization. Oakland: Berrett Koehler, 2019.

[60] QUINN, Robert E.; THAKOR, Anjan V. Creating a Purpose-Driven Organization. *Harvard Business Review*, ago. 2018. Disponível em: https://perma.cc/2X4T-UT9G. Acesso em: 7 ago. 2022.

[61] QUINN, Robert E.; THAKOR, Anjan V. Creating a Purpose-Driven Organization. *Harvard Business Review*, ago. 2018. Disponível em: https://perma.cc/2X4T-UT9G. Acesso em: 7 ago. 2022.

[62] TURNING Purpose Into Performance. *HBR*, jul. 2018. Disponível em: https://perma.cc/8J3B-43RH. Acesso em: 7 ago. 2022.

[63] DAISLEY, Bruce. Dan Pink on the Secret of Drive. *EatSleepWorkRepeat*, set. 2018 Disponível em: https://perma.cc/4L5M-LA2X. Acesso em: 7 ago. 2022.

64 WHO Killed Nokia? Nokia Did. *Salamander INSEAD Alumni Magazine*, 28 jan. 2016. Disponível em: https://perma.cc/3YUL-AFLU. Acesso em: 7 ago. 2022.

65 BRIER, Noah. The 6 Meeting Rules of Percolate. *Percolate*, 6 jun. 2014. Disponível em: https://perma.cc/8QR4-VMUP. Acesso em: 7 ago. 2022.

66 GRAHAM, Paul. Maker's Schedule, Manager's Schedule. *Paul Graham*, jul. 2009. Disponível em: https://perma.cc/2JWP-2Z42. Acesso em: 7 ago. 2022.

67 PARRISH, Shane. The Original Parkinson's Law and the Law of Triviality. *Farnam Street*, dez. 2013. Disponível em: https://perma.cc/9JVB-3KYY. Acesso em: 7 ago. 2022.

68 CONNOR, Steve. The Graphene Story: How Andrei Geim and Kostya Novoselov hit on a scientific breakthrough that changed the world by playing with sticky tape. *The Independent*, 18 mar. 2013. Disponível em: https://perma.cc/8DTV-LSSJ. Acesso em: 7 ago. 2022.

69 DWECK, Carol S. *Mindset*: The new psychology of success. Nova York: Ballantine Books, 2007.

70 KAWASAKI, Guy. *Enchantment*: The art of changing hearts, minds and actions, Nova York: Portfolio Penguin, 2011.

71 GRANT, Adam. *Give and Take*: Why helping others drives our success. Nova York: Penguin Books, 2014.

72 GRANT, Adam. *Give and Take*: Why helping others drives our success. Nova York: Penguin Books, 2014.

73 GRANT, Adam. *Give and Take*: Why helping others drives our success. Nova York: Penguin Books, 2014.

74 WHEN Did Marriage Become So Hard? *Hidden Brain* [NPR], 12 fev. 2018. Disponível em: https://perma.cc/H92NNE8Z. Acesso em: 7 ago. 2022.

75 FINKEL, Eli. *The All or Nothing Marriage*: How the best marriages work. Nova York: Dutton Books, 2018.

76 PARKER, Nils. The Angel in the Marble. *Nils Parker*, 9 jul. 2013. Disponível em: https://perma.cc/J75W-HJ53. Acesso em: 7 ago. 2022.

77 PARKER, Nils. The Angel in the Marble. *Nils Parker*, 9 jul. 2013. Disponível em: https://perma.cc/J75W-HJ53. Acesso em: 7 ago. 2022.

Começar pequeno

POR QUE COMEÇAR PEQUENO?

Como comentamos, equipes pequenas, empoderadas, são capazes não só de se mover mais rápido, mas também de gerar um impacto e uma mudança desproporcionais. Os princípios *Agile* aplicados criteriosamente em uma organização podem criar níveis aumentados de reatividade em toda a empresa. E uma empresa que aprende rápido é uma organização que ganha resiliência num mundo adaptativo complexo. Portanto, não devemos ser lineares e em cascata quando buscamos ser mais adaptativos como organização. Em outras palavras, precisamos ser ágeis também na maneira de nos tornarmos ágeis.

Não há um guia padrão para o sucesso, muito menos um mapa a seguir. Mas existe uma abordagem que pode capacitar qualquer negócio a encontrar sua maneira de alcançar sucesso.

Começar pequeno permite que uma companhia atenue o risco, não faça uma aposta que envolva a empresa inteira, mas consiga aprender rápido o que irá funcionar em seus contextos específicos. Começar pequeno permite à organização encontrar o próprio caminho, e se dispor a ir mudando os contextos conforme promove a mudança. Começar pequeno torna o negócio ambidestro – capaz de gerir as coisas como já vem fazendo e simultaneamente de criar o negócio do futuro, ou seja, trocar o pneu com o carro em movimento.

Começar pequeno assegura que o negócio não ficará "empacado".

■ Os elementos-chave para começar pequeno

Começar pequeno é pilotar novas abordagens capazes de catalisar aprendizagem e de possibilitar uma abordagem mais embasada, que leve a escalar com rapidez:

Foco: selecionar os projetos, iniciativas, áreas ou objetivos certos, nos quais seja possível pilotar novas maneiras de trabalhar.

Preparar as equipes para o sucesso: escolher as pessoas certas, criar oportunidades ótimas para que as equipes avancem, além de atenuar as inevitáveis tensões que podem surgir entre o velho e o novo.

Mentalidade: identificar algumas das mudanças-chave de mentalidade envolvidas em começar pequeno, e por que elas podem ser tão difíceis de serem implementadas.

COMO SE TORNAR AMBIDESTRO

Conduzir um grande negócio hoje significa entregar valor às partes interessadas e ao mesmo tempo inventar o negócio do futuro. Portanto, o negócio de hoje e de amanhã precisa ser estruturado para criar um fluxo estável de novo valor, da maneira mais fácil possível. Precisa ser bem gerido, o suficiente para assegurar excepcional eficiência e otimização contínua dos componentes conhecidos, e simultaneamente ter o desejo, a disciplina e o espaço para experimentar e encontrar lucro em novos paradigmas.

A hierarquia possibilita governança, produtividade verticalmente focada, otimização e eficiência. Equipes pequenas operando em rede abrem caminho à experimentação, a um rápido desenvolvimento de valor, a adaptabilidade e exploração. Precisamos dessas duas coisas, mas é preciso alcançar um equilíbrio entre ambas. Esse equilíbrio provavelmente irá variar ao longo do tempo, então temos de ser flexíveis para prover recursos para ambos os lados. O risco inerente é criar uma separação entre os dois, portanto é necessário garantir não só fortes vínculos entre eles, mas também vínculos do tipo certo, que não comprometam a agilidade. Nesse sentido, as organizações e seus contextos são sempre particulares.

■ Começar pequeno para escalar rápido

A chave para conseguir o equilíbrio adequado é pensar grande, começar pequeno e escalar rápido. Precisamos ter a visão da mudança que queremos fazer e contar com o compromisso da alta gestão para definir o que propiciará infraestrutura e cultura, mas temos de começar pequeno, com poucas equipes ou *squads* multidisciplinares, que sejam enxutos, alinhados aos desafios ou oportunidades principais, e então escalar rapidamente o número de equipes conforme emergem novas oportunidades. Uso aqui o termo "sistema operacional dual", mas os pequenos *squads* se alinham a uma variedade de objetivos, focados em explorar, executar ou mesmo em estender e aproveitar. Entre os alinhamentos típicos das equipes podemos contar:

- **Desafios estratégicos:** desafios de alto nível ou mais específicos que o negócio estiver enfrentando. Uma pequena equipe ou *squad* ágil pode explorar o território para definir melhor o desafio, compreender seus componentes ou influências, e até começar a desenvolver soluções.

- **Inovação e novas oportunidades:** qualquer nova proposta pode ser desenvolvida e testada rapidamente a fim de gerar novo valor; áreas e mercados emergentes podem ser explorados.

- **Design e transformação de serviços:** pequenos *squads* podem ser alinhados para redesenhar ou melhorar serviços específicos.

- **Jornada do cliente:** equipes podem ser alinhadas para jornadas do cliente de ponta a ponta ou para melhorar áreas específicas de envolvimento do cliente.

- **Processos, redes ou otimização de relacionamentos:** melhorar processos, impulsionar eficiências, trabalhar de maneira mais inteligente com fornecedores e parceiros, otimizar ecossistemas.

- **Desenvolvimento e implementação de tecnologia:** constituir e integrar novas tecnologias e sistemas.

Equipes que estão alinhadas à inovação, gerando novo valor, compreendendo e definindo desafios estratégicos, operam no domínio da exploração. *Squads* que trabalham na comercialização e na escala de inovações ou buscando criar oportunidades por meio de adjacências, operam no domínio da execução. Equipes focadas na otimização, que reaplicam capacidades existentes de novas maneiras, criam componentes reutilizáveis a partir delas, impulsionam eficiências, protegem vantagem, operam no domínio da extensão e do aproveitamento.

Um exemplo de começar pequeno para escalar rápido pode ser a organização que começa definindo vários desafios-chave do negócio que ela precisa resolver e então alinha um *squad* para explorar cada desafio. Essas equipes trabalham iterativamente para transformar esses desafios de alto nível do negócio em desafios mais definidos ou mesmo em problemas do cliente a serem resolvidos. A seguir, um número maior de equipes trabalha iterativamente para resolver esses problemas, o que por sua vez gera mais oportunidades. A fim de alcançar sucesso, as equipes precisam ter um objetivo definido que possa ser captado em uma só frase, que deve refletir a razão de existência da equipe e ser sua estrela-guia. Quando possível, deve expressar a necessidade do cliente e do negócio. Precisa estar bem visível na parede do local em que a equipe se reúne. A equipe precisa daquela combinação de aptidões interna capaz de alcançar os resultados exigidos, e não mais que isso. Depois que o objetivo é definido, pode-se especificar de antemão uma pequena cesta de medidas para prover uma maneira de monitorar o progresso e entregar valor. A equipe precisa de *guard rails* que não apenas sejam lógicos, mas também amplos, que definam seu domínio de autoridade – ter suficiente autonomia para ser capaz de se mover rápido e fazer as mudanças que forem necessárias para otimizar resultados em relação ao seu objetivo, mas não tão ampla que sua atividade acabe passando ao largo de um sistema de negócios crucial. Um exemplo disso é dar a um *squad* responsabilidade de ponta a ponta por uma jornada do cliente. Fazer isso gera uma real oportunidade de criar excepcional experiência do cliente, desde que a equipe tenha a capacidade de trabalhar em qualquer parte da jornada do cliente que precise de reparo, possa priorizar bem e criar uma jornada verdadeiramente fluente. Não ter uma ou mais partes da jornada do cliente dentro de seu domínio ou autoridade pode resultar em uma experiência desarticulada ou incompleta.

■ Separação e integração

Há um número de maneiras-chave pelas quais um sistema operacional dual pode ganhar forma, mas o principal a ser levado em conta são os desafios de integração que podem dificultar a escalabilidade ou atrapalhar a adoção de novas maneiras de trabalhar. Devemos considerar que existem aqui três abordagens essenciais para catalisar uma adoção ágil:

- **Unidades independentes:** com essa abordagem, cria-se uma nova unidade com um bom grau de separação da organização hierárquica principal. Essa unidade pode ser uma startup dentro da organização-mãe, mas pode muito bem estar alojada em outro local ou edifício. A separação cria espaço para novas maneiras de trabalhar, a fim de facilitar a integração, e também permite que as organizações montem propostas que possam existir no mercado por seus próprios méritos. A desvantagem clara dessa abordagem é que embora possa ser uma excelente maneira de lançar novas marcas nascidas digitais, há uma limitação na aprendizagem que ela traz de volta à organização e essa desconexão restringe o impacto transformacional em sua essência. Há o risco de que a mudança se torne compartimentada e a organização mais ampla sinta não ser relevante para essas unidades.

- **Piratas internos:** uma nova equipe, um novo mercado ou uma nova marca é posicionado como catalisador de mudança e ganha liberdade para adotar novos modelos e processos operacionais. Ainda há um grau de separação entre as maneiras tradicionais e as novas de trabalhar, mas a nova equipe provavelmente não ficará sediada em outro prédio, e pode muito bem utilizar muitas das capacidades materiais da organização mais ampla, mesmo tendo maior flexibilidade para olhar para fora. A vantagem aqui é que a aprendizagem é mais fácil de escalar de maneira mais ampla pelo negócio todo e constitui um exemplo óbvio de mudança. O desafio potencial é que não há suficiente espaço entre o velho e o novo, portanto este último fica sufocado, ou então pode haver espaço demais, o que dificulta escalar. Um laboratório de inovação, por exemplo, é capaz de originar grandes conceitos, mas ele por si não salva sua empresa – para isso você precisa de execução e de escala.

- **Equipes integradas:** numa abordagem mais integrada, equipes pequenas podem ser alinhadas a áreas, mercados e objetivos diferentes como catalisadoras de mudança. Elas não estão alinhadas a uma função, marca ou área de proposição específicas dentro do negócio, mas buscam impulsionar a mudança demonstrando com sua estreita proximidade de que maneira as coisas podem ser feitas de jeito diferente. A vantagem vem dessa proximidade, e da aptidão de escalar rápido, impulsionar a mudança a partir de dentro e socializar facilmente novas abordagens. O desafio decorre também dessa proximidade, e do perigo de o novo ser incompreendido, ou sufocado, ou rejeitado pela trama da organização.

Diferentes abordagens revelam-se adequadas a diferentes contextos, e podem envolver diferentes estratégias, como fazer aquisições, trabalhar com parceiros externos de novas maneiras, lançar mão de incubadoras de startups e aceleradores.

O ponto-chave é que os líderes estejam cientes dos desafios e oportunidades criados por proximidade e trabalhem para atenuar esses riscos e capitalizar os benefícios. Sempre haverá necessidade de espaço e apoio suficientes para permitir que novas maneiras de trabalhar floresçam, mas, para catalisar transformação numa grande organização, é necessário que haja também suficiente integração para permitir a escalabilidade.

ESTUDO DE CASO

A transformação da Vodafone

A Vodafone passou por uma significativa transformação de longo prazo, com cultura, pessoas e tecnologia como o alvo principal de um abrangente programa de mudança ágil. A companhia, que é historicamente um negócio amplamente descentralizado, tomou algumas decisões no início de um processo de uma década de duração, destinado a centrar em alguns aspectos-chave de sua capacitação tecnológica que iriam possibilitar a mudança e prover uma plataforma comum de infraestrutura. A companhia também implementou um programa para capitalizar a imensa oportunidade de comunicação unificada e aprendizagem compartilhada, e fez um upgrade da tecnologia de comunicações e das abordagens em torno dela, a fim de incorporar novos comportamentos no trabalho do dia a dia. Também investiu em sistemas para possibilitar testagem automatizada e aplicação contínua, o que permitiu abreviar a frequência dos lançamentos digitais de seis meses para uma semana e depois diariamente. As aptidões digitais foram trazidas para dentro da companhia, o que implicou uma mudança no negócio, de 97% terceirizado para 95% *in-house*, permitindo maior controle, redução de custos e melhoria no tempo de comercialização.[1]

Mas, com essa transformação de tecnologia, houve um poderoso foco em como a companhia podia fazer seu pessoal acompanhar a viagem. Uma nova visão do que realmente significava ser uma "telco digital" percorreu o negócio, a fim de capturar uma mudança de patamar na expectativa tanto em torno da experiência do cliente quanto do funcionário, e de alinhar a marca externa com a proposta de valor do empregado interno. Essa visão foi expressa numa abordagem ao trabalho nascido digital que a Vodafone articulou como "The Digital Vodafone Way" ["O jeito digital da Vodafone"], e funcionou como uma maneira de sinalizar ao negócio a importância de novas maneiras de trabalhar, mas criou também abordagens comuns e ao mesmo tempo deu flexibilidade suficiente para uma localização bem-sucedida.[2]

Uma parte importante dessa mudança foi a adoção disseminada do pensamento e dos princípios ágeis por todo o negócio. A direção passou um tempo no Vale do Silício em imersão nas abordagens e maneiras de trabalhar nascidas digitais, e milhares de líderes sênior passaram por um programa de imersão que não só reposicionou as expectativas, mas também apoiou uma compreensão mais ampla da cultura e dos princípios ágeis. Uma série de *hackathons*, reuniões abertas e comunicações ajudaram a socializar essa compreensão. A introdução das "Ninjas digitais" aos 250 principais líderes conectou jovens funcionários dotados de saber digital a diretores-chave.[3]

O negócio fez um esforço para afastar-se de abordagens caracterizadas por silos de disciplina, por grandes edifícios e longos *lead times* ["prazos de entrega"], e isso deu à equipe maior autonomia, empoderando-a para reagir mais rapidamente às mudanças nas necessidades do cliente. Um código expresso como "Build it, Ship it, Love it" ["Faça-o, Despache-o, Ame-o"] entre as equipes de engenharia promoveu um senso de propriedade e orgulho no trabalho que eles vinham realizando. A escassez de talentos em engenharia foi corrigida por meio de parcerias e oficinas de aprendizagem com universidades, e um programa chamado "Code Ready" ["Prontidão"] deu ao pessoal da linha de frente do varejo e do centro de atendimento a oportunidade de um novo treinamento de 16 semanas como desenvolvedores.[4]

Ao lado dessa mudança de cultura e comportamento, a Vodafone passou por uma mudança no modelo operacional, adotando uma abordagem que escalou trabalho ágil rapidamente e criou uma série de pequenos *squads* multidisciplinares em cada mercado operacional, focados em objetivos específicos. Esses *squads*-piloto estavam plenamente equipados com novas ferramentas, apoio no processo e mudanças no ambiente de trabalho. Em 12 meses, essa abordagem escalou para 16 diferentes países, 200 *squads* e 2 mil pessoas, com ambição de levar isso ainda mais adiante.[5]

■ Critérios de seleção para projetos em seu início

Quando iniciamos um processo de transformação ou moldamos novas maneiras de trabalhar, os critérios de seleção iniciais em projetos podem fazer grande diferença em determinar seu sucesso ou fracasso. Novos projetos ou iniciativas podem ser excelentes catalisadores de novas maneiras de trabalhar em uma grande organização, desde que esse "começar pequeno" seja depois seguido prontamente por uma rápida escala e aprendizagem. É importante buscar obter rápidas vitórias, para ganhar tempo, e criar logo exemplos que ajudem a socializar uma nova maneira de trabalhar; mas também é importante escalar rapidamente para coisas que tenham impacto significativo.

A equipe que liderou a transformação no Serviço Digital do Governo do Reino Unido tem escrito a respeito de como o primeiro desafio para uma equipe que trabalha em transformação digital é provar, àqueles que estão como observadores, que a equipe é capaz de entregar algo que realmente funciona mais rápido, melhor e com mais valor do que a organização jamais foi capaz de conseguir, e isso em uma ordem inteira de magnitude: "A estratégia para seu primeiro projeto, assim como tudo o que segue, deve ser entrega".[6] Essa mesma equipe identificou quatro questões-chave que podem influenciar os critérios de seleção iniciais para projetos – questões que permitem alcançar um equilíbrio entre causar o máximo impacto e valor para os usuários, e ao mesmo tempo atenuar o risco político que pode causar interferências (as questões são parafraseadas a seguir):

1 **Quantas pessoas irão se beneficiar e quanto?** Uma boa estratégia é propiciar uma pequena melhoria perceptível para um grande número de pessoas (o exemplo dado é o de uma consulta de pesquisa que milhões de pessoas fazem todo ano – quando vai ser o próximo feriado nacional? – com a criação de uma página simples para respondê-la).

2 **Isso resolve um problema comum?** As organizações com frequência resolvem certos problemas várias vezes em diferentes lugares, portanto projetos devem de início focar em criar serviços que possam ser reutilizados e repropostos por outras equipes.

3 **Quanto isso é institucionalmente complexo?** Antes, neste livro, falei dos desafios colocados por uma inovação arquitetural e radical que questione as estruturas existentes na organização. Ter múltiplos departamentos envolvidos num projeto é uma das coisas que mais compromete a agilidade e a rápida entrega, portanto é importante sempre que possível escolher projetos que tenham claros limites institucionais, e sejam totalmente proprietários na organização.

4 **É um projeto** *greenfield* **ou** *brownfield*? Projetos *greenfield* são aqueles construídos para atender a uma necessidade do usuário que seja nova (ou pelo menos recém-definida). Trata-se de território inédito, não atravancado por suposições arraigadas. Projetos *brownfield* naturalmente vêm com camadas de expectativas, histórico político e potenciais restrições de tecnologia ou processo.

Ao começar pequeno, é muito importante dar a você mesmo o máximo possível de chances de sucesso. Isso pode ser o catalisador de novas maneiras de trabalhar em um nível muito mais escalado, mas projetos em sua fase inicial terão de provar que os céticos estavam errados, e demonstrar claramente os benefícios que as equipes ágeis são capazes de oferecer. Portanto, escolha seus projetos com cuidado.

■ Selecionar as equipes certas — missionários, e não mercenários

As equipes ágeis geralmente combinam um amplo triunvirato de três áreas de talento/experiência/expertise: negócios, criatividade e tecnologia. Você precisa de pessoas e de papéis (gerentes de produto, gestores de entregas, pesquisadores de usuários) que façam a ligação da atividade da equipe com o impacto comercial e as necessidades mais amplas, tanto de usuários quanto do negócio. Você precisa de pessoas que tenham aptidões criativas (como designers ou designers de conteúdo) ou que sejam criativas na solução de problemas. E de pessoas competentes em tecnologia (como desenvolvedores) e que tenham alto conhecimento de tecnologias.

Além de talentos e capacitação, precisa da atitude correta. Nos estágios iniciais de implementação de modos diferentes de operar no negócio, é crucial contar com pessoas que realmente *acreditem* na mudança e *promovam* a mudança. Precisamos de missionários, e não de mercenários. Missionários continuarão a pressionar para avançar mesmo que rodeados de resistência. Mercenários (isto é, pessoas que estão ali porque lhes disseram para estar ali, ou que fazem parte do projeto buscando apenas compensação financeira) estarão sempre avaliando se o esforço vale mesmo a recompensa. Missionários terão paixão suficiente para envolver as pessoas em seu entusiasmo e trazê-las para a jornada com eles. Mercenários serão motivados por ganhos pessoais. Missionários vão se dispor a desafiar o já estabelecido e o convencional por razões que apoiam uma mudança positiva. Os mercenários encaram o desafio por interesse próprio.

Missionários lideram. Mercenários gerenciam. A gestão é uma invenção brilhante pois permite às organizações escalarem de maneiras ordenadas, previsíveis, estáveis e alinhadas. Mas gestão não é liderança. Liderança é o que empodera uma direção que as pessoas querem seguir, e propicia as circunstâncias que dão condições às pessoas de realizar essa visão. A real liderança não está apenas no topo da organização. Ela pode existir em qualquer lugar em que haja pessoas com paixão e que queiram fazer a diferença.

Transformar um negócio legado pode ser uma experiência extenuante, brutal. Você forja um novo caminho, faz as perguntas desafiadoras, conduz as coisas de outro jeito. Então necessita de resiliência. A transformação é ao mesmo tempo um desafio e uma jornada, pessoal e corporativa. É por isso que você precisa de missionários. Pessoas capazes de enxergar a mudança que precisa ser feita e tenham a paixão e o entusiasmo para defendê-la e dar-lhe vida. Pessoas que tenham disposição para ir contra a corrente. Precisamos empoderar nossos missionários, e celebrar nossos dissidentes não conformistas.

ESTUDO DE CASO

Piratas da NASA

John Muratore, jovem engenheiro recém-saído da Força Aérea dos Estados Unidos, foi trabalhar no Johnson Space Center da NASA em 1983. No início, ficou surpreso ao ver que o centro de controle da missão do ônibus espacial ainda era operado pelo velho e básico sistema *mainframe* da era Apollo. O sistema tinha capacidade para lidar com um número restrito de cálculos simultâneos, e as atualizações de funcionalidade às vezes demoravam meses. Era um sistema que podia ter funcionado bem em missões anteriores, mas com a crescente complexidade das missões do ônibus espacial e as ambições da NASA de uma nova Estação Espacial Internacional corria risco de ficar sobrecarregado.

Com um grupo de outros engenheiros recém-contratados, Muratore defendeu o ponto de vista de que o sistema precisava ser atualizado para outro mais moderno, escalável, flexível e aberto a incorporar novas tecnologias, até então não sustentadas pelo sistema. Mas suas solicitações não foram levadas em conta pelos líderes, que ainda confiavam em seu sistema desatualizado. Nas palavras de Muratore: "Foi uma batalha constante, porque a comunidade *mainframe* queria que todas as estações de trabalho e aplicações fossem controladas pelo complexo do *mainframe*, e nós queríamos ter o poder e a flexibilidade da computação distribuída".[7]

Sem se abalar, o grupo de engenheiros (que mais tarde ficaram conhecidos como os "Piratas", em razão de sua abordagem de renegados) partiu para demonstrar de que modo uma tecnologia aprimorada e atualizada poderia beneficiar o controle da missão. Fazendo uso do hardware disponível no mercado ou emprestado, de código que eles mesmos escreveram, de um pequeno orçamento que obtiveram de um fundo para novas tecnologias, e de centenas de horas à margem das destinadas a cumprir suas responsabilidades essenciais, criaram o Sistema de Dados em Tempo Real [Real-Time Data Systems, RTDS], um sistema aprimorado, com capacidades muito melhoradas, mais robusto e que permitia aos controladores de voo tomar decisões melhores e com maior rapidez. Quando suas capacidades se tornaram evidentes, o novo sistema ganhou apoio da alta direção e começou a substituir a tecnologia *mainframe* ultrapassada, transformando o controle da missão do ônibus espacial.[8]

Após esse sucesso, Muratore recebeu a tarefa de promover o upgrade do sistema de controle para a missão da projetada Estação Espacial Internacional [International Space Station, ISS]. Compreendendo que precisavam operar de modo diferente em relação às maneiras de trabalhar estabelecidas na NASA para poderem alcançar seu objetivo, Muratore e equipe criaram um "Paradigma Pirata" para mudar a equação de risco, e mostraram que havia risco maior em não mudar do que em simplesmente fazer a coisa errada: "Isso acabou criando muitas encrencas para mim, mas a ideia por trás do Paradigma Pirata era mudar a maneira pela qual encarávamos o problema, para sair de uma visão do tipo "essa é uma grande instalação e nosso trabalho é protegê-la" e passar para uma do tipo "se não fizermos mudanças radicais, isso tudo irá embora".[9]

A equipe constatou a necessidade de desafiar a cultura existente para que fosse possível ter sucesso na tarefa em que haviam sido colocados. Então o paradigma passou a incentivar valores como melhoria contínua, experimentação frequente, marcos mais curtos, testar e aprender, foco em resultados e no corte de procedimentos burocráticos, enfatizar o senso de propriedade e a *accountability* [responsabilização], mas também desafiar o convencional. A abordagem deles, de "construir um pouco, testar um pouco, consertar um pouco", envolveu dividir grandes problemas em partes menores, criar soluções para esses componentes menores que os usuários pudessem usar de imediato, aprender e iterar, para depois acrescentar novas partes, e tornar as soluções universais o suficiente para que pudessem convergir e solucionar o problema maior.

Pesquisa realizada por uma equipe de acadêmicos da Warwick Business School mostrou que um aspecto crucial do Paradigma Pirata era o "Código Pirata", que tem parece uma versão precoce do Manifesto *Agile*[10]:

☑ Não espere que lhe digam o que fazer; descubra você mesmo.

☑ Desafie tudo e fique firme e forte diante dos inevitáveis ceticismo, oposição, boatos, falsos relatos, insinuações e calúnias.

☑ Rompa as regras, e não a lei.

☑ Assuma riscos como norma, e não como exceção.

☑ Corte prazos, cronogramas, processos, revisões e burocracias desnecessários.

☑ Simplesmente comece; e corrija os problemas enquanto executa.

☑ Construa um produto, e não uma organização; terceirize o máximo possível.

A equipe de Muratore era um grupo de dissidentes que não tinha medo de desafiar as normas e de defender novas maneiras de trabalhar dentro de uma organização submetida a regras, rigorosamente hierárquica. Isso mostra o impacto transformacional que uma pequena equipe com uma grande ambição pode ter. Eles foram capazes de efetuar uma mudança real, conquistar o apoio da alta direção, e acabaram entregando uma imensa redução de custos para o programa por meio de uma tecnologia ampliada e aprimorada.

Pessoas que têm determinação suficiente para ir contra práticas e cultura tradicionais arraigadas, a fim de conduzir uma mudança em um ambiente que não deseja essa mudança, são muito raras e muito valiosas. Precisamos celebrar o surgimento desses astutos renegados, permitir que tenham espaço para desafiar e considerar dar-lhes o tempo, o espaço e a oportunidade de provar o potencial de suas ideias. Em um negócio ágil, eles podem ser o fator de transformação.

■ Montando suas equipes para o sucesso

Quando estamos ainda nos estágios iniciais da transformação ágil, é fundamental que as primeiras equipes tenham o máximo possível de oportunidades de ser bem-sucedidas. Acima de tudo, isso significa que o apoio para aquilo em que as equipes estão trabalhando deve vir de preferência do nível mais alto do negócio. Certamente é possível começar fora do radar, com uma abordagem "peça desculpas, em vez de pedir licença", mas logo se torna essencial um endosso do nível mais elevado da hierarquia. As pessoas que compõem as equipes precisam ter o maior foco possível na entrega, e isso significa que esse endosso da alta gestão será crucial para oferecer cobertura e isentar as equipes do tipo de disputas políticas que interferem na rápida produção de resultados. O perigo é sempre uma possível rejeição por parte das grandes áreas burocráticas do negócio. Também será necessária uma boa supervisão e uma vigilância constante, para impedir que as equipes fiquem chafurdando em baixo valor ou em prioridades de curto prazo do negócio. A equipe de produto tem importante papel nisso, ao assegurar que a estratégia do negócio seja mapeada em favor de uma estratégia de produto clara, e que o desenvolvimento seja mais proativo do que reativo.

As empresas gostam de fazer grandes anúncios sobre as novas iniciativas, mas é muito melhor anunciar quando as equipes tenham algo de bom para mostrar, e possam aumentar a credibilidade e a reputação por meio de entregas. Como declarado pela Equipe Digital do Governo do Reino Unido: "Um bom trabalho digital é indicado por um milhão de assentimentos silenciosos de aprovação, e não por uma sonora rodada de aplausos".[11]

Depois que a entrega está bem avançada, as equipes devem ser capazes de seguir adiante com foco e velocidade. Os primeiros sucessos podem passar logo a se integrar àquilo que a organização faz cotidianamente. O foco deve então ser escalar rápido – transformar a pequena proporção de propostas ou serviços que responde pela maior parte do impacto/interação do usuário/receita e lucro.

DEFINIR UMA NOVA MANEIRA DE TRABALHAR

◼ Por que, a fim de escalar, às vezes você tem que fazer coisas que não escalam

O desafio de começar pequeno muitas vezes é a mentalidade da grande organização, tão envolvida em abordagens lineares, em cascata, que fica muito difícil sugerir qualquer coisa. As ideias precisam ter um grande investimento, os retornos precisam alcançar certa dimensão e acontecer logo; os programas e projetos precisam funcionar imediatamente e de modo robusto, alcançando grande número de funcionários ou clientes.

Mas o que acontece quando você precisa começar pequeno, e aprender e escalar a partir daí? E o que acontece quando tem que fazer algo que não escala? O cofundador da Airbnb, Brian Chesky, conta uma história dos primeiros dias do serviço, quando eles ainda faziam parte do programa da Y-Combinator, uma aceleradora de negócios semente do Vale do Silício. Paul Graham (fundador da Y-Combinator) perguntou onde eles estavam conseguindo tração para a sua ideia. Brian respondeu que na realidade eles ainda não tinham muita tração naquele momento, mas havia algumas poucas pessoas em Nova York que tinham começado a usar o serviço:

> Graham: "Quer dizer que seus usuários estão em Nova York e vocês ainda estão em Mountain View".
>
> Chesky: "Pois é".
>
> Graham: "E o que vocês estão fazendo aqui ainda?"
>
> Chesky: "Como assim?"
>
> Graham: "Vocês têm que ir até seus usuários. Conhecê-los. Pegar seus clientes um por um".
>
> Chesky: "Mas isso não vai fazer escalar. Se chegarmos a ser imensos e tivermos milhões de clientes não vamos poder conhecer cada um deles".
>
> Graham: "É exatamente por essa razão que vocês têm que fazer isso agora, porque é a única hora em que são suficientemente pequenos para conseguir conhecer todos os seus clientes e poder fazer algo diretamente por eles".[12]

Então os fundadores da Airbnb partiram de Mountain View para Nova York, e foram de porta em porta conhecer seus anfitriões pessoalmente. Para justificar sua visita disseram que queriam fotografar os lugares de seus anfitriões para colocar no site. Ao falar com os anfitriões, conseguiram obter um feedback direto que lhes permitiu começar a projetar cada *touchpoint* [pontos de contato marca/cliente] e moldar artesanalmente a experiência do usuário para jogar isso diretamente em seu roteiro do produto. Brian Chesky descreve que esse roteiro com frequência existe nas mentes dos usuários para os quais você projeta seu produto.

Quase todos os primeiros aspectos que se tornariam cruciais para o sucesso do Airbnb vieram desse primeiro feedback. À medida que o Airbnb cresceu, esse hábito de moldar artesanalmente a experiência do usuário foi mantido por eles, conforme visualizavam como deveria ser uma experiência que fosse excepcional a ponto de desafiar o pensamento, e então faziam o caminho reverso a partir do cliente para entregar um serviço que é realmente notável. A tese essencial, segundo Chesky, é esta: "se você quer montar uma empresa de grande sucesso, precisa construir algo que as pessoas apreciem tanto que acabem contando umas às outras. O que significa que você precisa criar algo sobre o qual vale a pena falar".[13]

Com muita facilidade as grandes organizações abrem mão de fazer coisas que não escalam, como conversar pessoalmente com seus primeiros usuários para elaborar experiências marcantes. É muito comum os líderes, conforme vão subindo na hierarquia, afastarem-se cada vez mais de seus reais clientes. Precisamos desafiar essas convenções. E isso tem a ver tanto com cultura e mentalidade quanto com processo e prática.

▨ Montar equipes de alto desempenho

O que distingue realmente as equipes de alto desempenho das demais? Vale a pena explorar a questão, não só porque todo negócio procura alto desempenho, mas também porque há nisso um bom potencial para interpretações equivocadas e para um entendimento escasso do que realmente faz diferença. A razão de examinar a pesquisa por trás dessa questão é que criar um ambiente que apoie o alto desempenho é crucial para qualquer negócio que queira ser mais ágil, e os incentivos e recompensas são muitas vezes posicionados em torno das coisas erradas.

Algumas das melhores e mais abrangentes pesquisas sobre desempenho de equipes foram feitas pelo Google. Seus amplos estudos cobrindo vários anos, alinhados a achados acadêmicos de pesquisa e envolvendo centenas de equipes, mostraram que muitos dos fatores que tradicionalmente achamos ter forte influência no desempenho das equipes (longevidade da equipe, histórico, personalidade ou talentos dos seus membros) fazem pouca diferença.

Em vez disso, um estudo que levou em conta mais de 250 atributos de mais de 180 equipes ativas do Google demonstrou cinco dinâmicas-chave que caracterizam o alto desempenho[14]:

1. **Segurança psicológica:** a capacidade de dizer o que realmente achamos, e assumir riscos no ambiente da equipe sem se sentir inseguro por isso.

2. **Dependência:** ser capaz de confiar em outros membros da equipe para realizar trabalho de alta qualidade no prazo previsto.

3. **Estrutura e clareza:** assegurar que fiquem claras as metas, os planos de execução e os papéis dos membros individuais da equipe.

4. **Sentido do trabalho:** que o trabalho que está sendo feito seja importante no nível pessoal.

5. **Impacto do trabalho:** sentir que o trabalho feito tem importância.

A ideia de segurança psicológica e de normas de grupo dentro da equipe (ou o que Charles Duhigg chama "as tradições, padrões de comportamento e regras não escritas que governam de que modo funcionamos quando nos reunimos"[15]) mostra ser de longe o fator mais importante. A professora Amy Edmondson, da Harvard Business School, definiu a segurança psicológica como a "crença compartilhada pelos membros de que a equipe é segura para assumir riscos interpessoais".[16] Segurança psicológica é o que permite que os membros digam o que realmente pensam, sintam estar trabalhando num ambiente de alto nível de confiança, debate saudável e respeito. O analista Ben Thompson tem descrito uma cultura de colaboração efetiva como aquela capaz de combinar confiança e respeito mútuos com sentir-se confortável em divergir.[17] Esses são os componentes básicos da colaboração e de uma cultura capaz de se mover rápido.

O que a maioria das pessoas esquece a respeito das equipes de alto desempenho é que, em vez de focar toda a sua atenção em aprimorar talentos e composição, o que se revela mais crucial é de que maneira a equipe se comunica e trabalha junto. Em outras palavras, os "elementos mais *soft*" são cruciais.

Figura 6.1 – Segurança psicológica

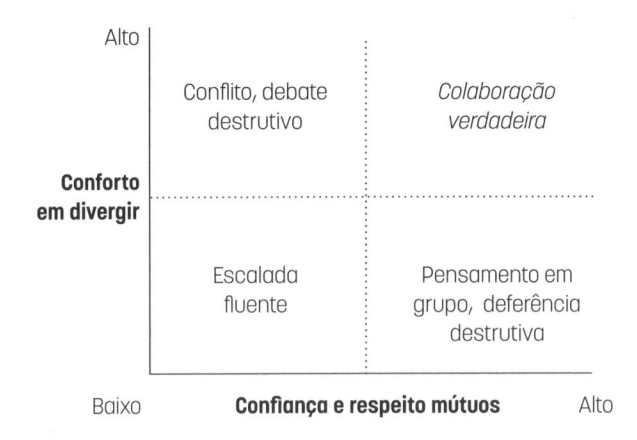

Fonte: Adaptado de Thompson (2013). Disponível em: https://stratechery.com/2013/the-uncanny-valley-of-a-functional-organization/. Acesso em: 7 ago. 2022.

Isso é apoiado por extensa pesquisa realizada pelo Laboratório de Dinâmicas Humanas do MIT, o qual mostra que, até mais do que o talento individual presente na equipe, é a maneira como a equipe se comunica que tem impacto direto no fato de ser bem-sucedida. Na realidade, eles demonstram que os padrões de comunicação são o preditor isolado mais importante do sucesso de uma equipe. Pesquisa ao longo de um amplo conjunto de setores com equipes similares de desempenho variável mostrou notável consistência nos *data signatures* ["assinaturas de dados"] da pesquisa sobre os fatores que podem predizer o desempenho da equipe. Equipes bem-sucedidas compartilham vários fatores relacionados à maneira de se comunicar.[18] Costuma haver um nivelamento em termos do quanto cada um na equipe fala e ouve, e as contribuições são mantidas breves e feitas com gentileza. Quando falam, os membros da equipe olham uns para os outros, fazem uma conexão direta e com bom nível de energia. Conversações paralelas ou por outros canais complementam a discussão da equipe, e seus membros fazem uma exploração ativa fora da equipe para trazer informações úteis de volta. Em particular, havia três aspectos-chave da comunicação dentro da equipe que realmente importavam:

1 **Energia:** o número e a natureza dos intercâmbios entre os membros da equipe – comunicação cara a cara tem mais valor que o e-mail, por exemplo.

2 **Envolvimento:** uma distribuição mais uniforme da energia entre os membros da equipe.

3 **Exploração:** a energia e a comunicação entre os membros da equipe e com outras equipes – equipes de alto desempenho, especialmente aquelas com foco em criatividade ou inovação, buscam mais as conexões externas.

Coisas relativamente simples, como o número de intercâmbios cara a cara, o envolvimento da equipe fora das reuniões formais, de que maneira seus membros socializam nos intervalos, tudo isso realmente faz diferença. A pesquisa do MIT mostra que os membros de uma equipe ideal são o que eles chamam de "conectores carismáticos" – pessoas que:

> Circulam ativamente, envolvendo pessoas em conversas curtas, de alta energia… São democráticas em relação ao seu tempo, comunicam-se com todos igualmente… Ouvem o mesmo tanto que falam (ou mais) e geralmente se envolvem com a pessoa que estão ouvindo, quem quer seja… Conectam seus colegas de equipe uns com os outros e difundem ideias… São adequadamente exploratórias.[19]

Amy Edmondson tem definido três estratégias-chave que líderes podem adotar a fim de criar um ambiente de segurança psicológica[20]:

1 **Estruturar o trabalho como problemas de aprendizagem, mais que como problemas de execução:** a contribuição de cada membro da equipe tem valor no sentido de ajudar a resolver desafios e a navegar pela incerteza.

2 **Reconhecer que é possível falhar:** criar permissão para a contribuição dos outros, usando declarações e perguntas que mostrem que o líder não tem todas as respostas.

3 **Modelar a curiosidade fazendo muitas perguntas:** incentivar as pessoas a ter voz por meio de perguntas, criando a necessidade de gerar respostas.

Figura 6.2 – Segurança psicológica e accountability [responsabilização]

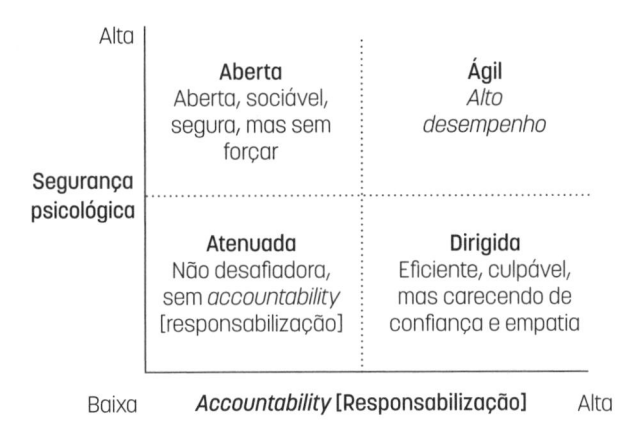

No entanto, Edmondson também reconhece a necessidade de combinar a segurança psicológica com a *accountability* [responsabilização]. Excesso de *accountability* sem que o ambiente permita perguntas e acolha uma boa discussão cria ansiedade e erros; e uma cultura bem aberta e segura com pouca *accountability* pode levar à complacência e a permanecer nas zonas de conforto.

O desempenho da equipe é cada vez mais o principal diferencial entre os negócios capazes de competir bem em contextos de rápida mudança e os negócios que vão ficando para trás. Como demonstram as melhores pesquisas sobre equipes de alto desempenho, colocamos foco desproporcional no talento individual e na composição da equipe, e damos bem pouca atenção às normas de grupo e aos padrões de comunicação. O negócio inteligente, ágil busca esse equilíbrio.

DESAFIOS E TENSÕES

■ FIST – Fast, Inexpensive, Simple, Tiny [Rápido, Barato, Simples, Pequeno]

Um dos principais desafios de mentalidade em relação a começar pequeno e escalar rápido é desfazer os anos (décadas) de pensamento em cascata – a mentalidade caracterizada por contribuições abrangentes e abordagens vistosas – e em lugar disso aprender a assumir abordagens bem mais iterativas à solução de problemas. Por exemplo, a condição "Death Star IT" ["TI Estrela da Morte"] ocorre quando um sistema de software grande, caro, proprietário é visto como a resposta a um desafio do negócio. Ironicamente, grandes negócios com frequência parecem se sentir mais à vontade tomando grandes decisões a respeito de grandes gastos para grandes soluções do que em adotar uma abordagem mais aberta que possa levar a maior flexibilidade no futuro.

No entanto, aderir a um programa de TI de vários anos como solução única cria um risco de longo prazo bem maior do que criar soluções com pacotes de tecnologia maleáveis, capazes de promover adaptação a contextos em mudança ao longo do tempo. Pode-se criar um significativo débito de tecnologia quando sistemas de tecnologia grandes, inflexíveis, são adaptados repetidas vezes na tentativa de lidar com a mudança inevitável. Essa infindável série de remendos e de adaptações a tarefas que eles não foram de fato projetados para fazer acaba simplesmente reduzindo a agilidade e aumentando o risco operacional no decorrer do tempo. O problema é que costuma ser muito mais fácil adotar uma postura aditiva em termos de projetos, ver possibilidades futuras, acrescentar componentes, ampliar o escopo, sentir-se confortável construindo algo majestoso e caro. Muito mais difícil é ser reducionista, focar primeiro no problema crucial que você está tentando resolver, testar suposições e validar hipóteses conforme avança, começar pequeno e escalar rápido.

Dan Ward, autor e especialista em aquisições para a Defesa, captou essa abordagem no acrônimo FIST, isto é "Fast, Inexpensive, Simple and Tiny" [Rápido, Barato, Simples e Pequeno].[21] Ele desenvolveu esse *framework* para descrever uma nova abordagem às aquisições e à construção de sistemas de desenvolvimento, a partir de um conceito original da NASA. Na década de 1990, a NASA teve grande sucesso com sua série de missões FBC, de "Faster, Better, Cheaper" ["Mais Rápido, Melhor, Mais Barato"], implementadas para redefinir expectativas em relação a tempos, custos e resultados de seu trabalho, e que incluíam a tremendamente bem-sucedida missão Pathfinder a Marte (que pela primeira vez colocou um veículo explorador em outro planeta por uma fração do custo e do tempo em relação à anterior missão Viking) e também a missão NEAR, de Near Earth Asteroid Rendezvous [Encontro com Asteroide Próximo da Terra] (que coletou 10 vezes mais dados sobre o asteroide Eros que o previsto, apesar de orçamento inferior em dezenas de milhões de dólares).[22] O FIST define uma abordagem que usa uma pequena equipe de pessoas talentosas trabalhando com prazo apertado e limitação de recursos, aderindo a um conjunto particular de princípios e práticas.

Como a maioria dos grandes conceitos, o FIST tem aplicação mais ampla e muita coisa em comum, é claro, com a *Lean* e o *Agile*. No entanto, o conceito de começar pequeno permanece desafiador em ambientes que estão habituados a grandes investimentos iniciais. O termo "Minimum Viable Product" [MVP ou Produto Mínimo Viável] originou-se na *Lean* startup para descrever uma versão de um novo produto que "permite a uma equipe coletar a máxima aprendizagem validada a respeito de clientes com o mínimo esforço".[23] Na realidade, é uma primeira versão de uma proposição que só dispõe dos aspectos essenciais para satisfazer os primeiros clientes, mas pode prover um feedback útil para desenvolvimento. Tornou-se mais um daqueles termos excessivamente usados e, no entanto, pouco compreendidos e mal aplicados. O verdadeiro desafio do MVP e de outras abordagens do começar pequeno é que são um anátema para a prática organizacional impregnada de contribuições abrangentes, previsões de casos de negócios e investimento inicial significativo. Consequentemente, as equipes às vezes constatam que as abordagens são mal compreendidas ou muito questionadas, e facilmente retrocedem para maneiras de trabalhar mais confortáveis. Portanto, um protótipo acaba virando uma peça de pesquisa de mercado (avaliando um comportamento alegado em vez de um comportamento real), as equipes são obrigadas a prever futuros resultados (o que restringe a aprendizagem e significa que irão retomar uma abordagem linear), e o pequeno se torna bem grande (levando ao risco de desperdiçar investimento). Começar pequeno, portanto, é uma mentalidade que precisa ser avaliada muito além das equipes de produto e de inovação. Ela precisa ser compreendida a partir do alto escalão da organização.

O Prime Now da Amazon

O Amazon Prime, serviço de assinatura paga por meio do qual a Amazon provê acesso a serviços *premium*, como entrega rápida e streaming de conteúdo, cresceu rapidamente desde seu lançamento, em 2005, e se tornou um gerador de receita fundamental para a companhia. Em abril de 2018, a Amazon reportou que o Prime tinha mais de 100 milhões de assinantes ao redor do mundo.[24] No entanto, a ideia do Prime não veio de um alto executivo da Amazon, mas sim de um engenheiro de software da companhia chamado Charlie Ward, que colocou a ideia numa plataforma de ideias do site interno da Amazon chamado Ideas Tool.[25] Jeff Bezos viu a ideia, gostou, e colocou todo o peso da Amazon para fazê-la acontecer.

Em 2014, com serviços de delivery de compras como o Instacart começando a oferecer um serviço de entrega "às vezes no mesmo dia", a Amazon decidiu lançar o Prime Now como uma maneira de permitir entrega de produtos ao cliente em uma hora mediante uma taxa, ou duas horas, sem custo adicional. Mas em vez de investir pesado em lançar um serviço de abrangência nacional adotou uma abordagem MVP e construiu um protótipo básico em cem dias, que poderia ser lançado em algumas regiões da cidade de Nova York apenas. Isso permitiu construir uma versão de baixo-custo do serviço para testar seu apelo, aprender melhor como poderia funcionar e limitar gastos potencialmente desnecessários.

O primeiro protótipo do Prime Now colocava uma tela dentro de um centro de distribuição, mostrando os pedidos que entravam por meio do serviço. Um sino então soava para alertar a equipe e colocar em ação um grupo de entregadores de bicicleta e a pé, que aguardavam para ir entregar os pacotes. O MVP funcionou, e deu à Amazon uma aprendizagem crucial sobre como eles podiam implantá-lo com sucesso. Menos de dois anos depois, o Prime Now havia se expandido para 11 cidades americanas e também para Reino Unido, Alemanha, Itália, França, Espanha, Japão e Singapura. Em 2018, quase um milhão de produtos estavam disponíveis por meio do serviço em mais de 50 mercados globais.[26]

■ Tensões operacionais e de ritmo dos negócios

Como as maneiras lineares mais tradicionais de operação e trabalho iterativo, como *Agile* e *Lean* startup, atuam com ritmos diferentes, quando ambos operam ao mesmo tempo no negócio surgem tensões inevitáveis entre eles. Essas tensões na cadência geralmente não são bem identificadas e ficam fora do planejamento, mas têm o potencial de sufocar culturas de trabalho e práticas mais novas antes mesmo que se tornem estabelecidas.

O "índice Buxton", criado pelo professor John Buxton, da Universidade Warwick, e que foi levado a um público maior pelo pioneiro cientista da computação Edsger W. Dijkstra, é um conceito de negócios menos conhecido que define a extensão do período em que uma entidade faz seus planos. Diferentes entidades têm diferentes horizontes de planejamento em direção aos quais trabalham fundamentalmente. Para um político que busca ser reeleito, pode ser o período de seu mandato, mas para um gestor que pretende alcançar uma meta trimestral será um período bem mais curto. Exige-se uma cooperação significativa entre entidades que operem com índices Buxton diferentes.

Portanto, surgem problemas quando há pouca compreensão e empatia em relação a requisitos e dependências divergentes entre equipes que operam com índices ou horizontes diferentes. Isso precisa ser identificado de antemão e trabalhado. Tensões de ritmo podem também ocorrer em bases mais regulares e mesmo cotidianas. Uma equipe ágil pode estar voltada a ganhar um feedback rápido do cliente, e ser atravancada por ciclos lentos de liberação de tecnologia. Um departamento de finanças pode sentir-se frustrado por uma equipe de desenvolvimento que esteja propondo ciclos de orçamento ou métodos de investimento contraintuitivos em relação a processos existentes e estabelecidos. Essas tensões também precisam ser identificadas e trabalhadas.

O autor Stewart Brand descreveu o conceito de camadas de ritmo em seu livro *The Clock of the Long Now*.[27] As camadas de ritmo identificam as diferentes cadências em que operam os elementos da sociedade (moda, comércio, infraestrutura, governança, cultura). Gartner usou esse conceito para captar os diferentes ritmos em que as camadas de tecnologia operam – dos mais rápidos aos mais lentos: sistemas de inovação (caracterizados por experimentação); sistemas de diferenciação (que apoiam processos que diferem dos da concorrência); sistemas de registro (apoiando processos essenciais que podem não ser únicos).[28] O conceito de camadas de ritmo portanto é uma maneira útil de expressar as diferentes necessidades das diversas áreas do negócio. Equipes que são mais próximas dos clientes fazem uso de sistemas de inovação e diferenciação e têm que iterar e adaptar (em outras palavras, atuam nos domínios Explorar ou Executar) provavelmente operam com uma cadência mais elevada e horizontes mais curtos. Equipes focadas em melhorias incrementais de proposições e capacidades já existentes, maduras, e que utilizam sistemas de registro ou trabalham em direção à sobrevivência e a ganhos de longo prazo provavelmente estão operando segundo um índice Buxton mais estendido.

Em uma era em que a colaboração horizontal dentro das organizações e entre entidades é crucial para a vantagem e a adaptabilidade, torna-se essencial identificar e atenuar essas tensões inevitáveis. Uma melhor apreciação das diferenças e da flexibilidade necessária pode levar a uma compreensão mais aprofundada das motivações e com isso proporcionar melhor colaboração.

■ Lidar com dependências

Conforme o *Agile* começa a escalar além de umas poucas equipes, é crucial gerir as interdependências desses grupos e também estabelecer maneiras de operar capazes de atenuar os tipos de tensão que mencionei na seção anterior. Um dos benefícios do modelo *Squads*, Capítulos [*Chapters*]e Tribos da Spotify, que vou discutir na próxima seção, é que as Tribos agrupam *squads* em áreas lógicas que tenham aspectos comuns, e isso contribui para um trabalho mais unificado, mas também que as lideranças da Tribo podem ter papel-chave em gerir interdependências entre *Squads* e também entre Tribos. A necessidade de fazer isso é outro desafio pouco reconhecido, mas inevitável e crucial, no qual será preciso navegar. Assim como a inter-relação e os processos operantes entre equipes *Agile* e não *Agile*.

Quando equipes pequenas têm probabilidade de precisar de múltiplos inputs diferentes em vários estágios do processo de desenvolvimento, a tentação é inchar a equipe com pessoas cujos talentos serão necessários apenas de vez em quando. Evite isso a todo custo. Uma maneira melhor de garantir que as equipes *Agile* continuem pequenas e ao mesmo tempo manter acesso ao apoio e input exigidos é criar uma abordagem estruturada e linhas claras de comunicação. O modelo em cebola da equipe *Agile*, criado pela especialista e *coach* em *Agile*, Emily Webber, é uma maneira de fazer isso, e possibilita um fluxo de inputs entre a parte hierárquica, movida pela funcionalidade do negócio, e a equipe *Agile* pequena.[29]

Figura 6.3 – A cebola da equipe [*Team Onion*]

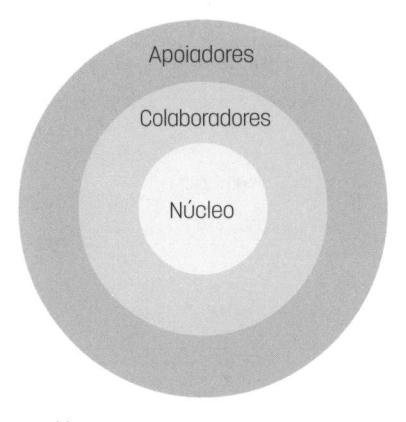

Fonte: Adaptado de Team Onion; Webber.

No modelo, a equipe nuclear de entrega é mantida pequena e co-localizada, com comunicação muito frequente entre os membros da equipe. Dependendo dos resultados exigidos da equipe provavelmente haverá desenvolvedores, um *scrum master*, designers, talvez marketing e/ou dados e análise. Os colaboradores podem contribuir com conhecimento de especialista e expertise, conforme e quando exigido, para apoiar a equipe *Agile*. São pessoas pontuais, que podem ter uma função na hierarquia (como RH, Finanças, *Compliance*) e/ou estar alinhadas a certo número de equipes *Agile*, mas estão ali disponíveis para dar apoio e respostas, e para remover barreiras que estejam impedindo a equipe ou equipes *Agile* de se moverem rápido. A comunicação provavelmente é regular, e elas podem até participar de algumas reuniões ou *standups* da equipe *Agile*, ou participar de uma equipe apenas um dia por semana. Em alguns casos, podem até ser representantes de fornecedores. Os apoiadores provavelmente serão líderes veteranos que estão supervisionando a direção da equipe/s (mas sem dizer à equipe/s o que é preciso fazer), mantendo-se informados sobre o progresso, certificando-se de que as equipes estão realizando trabalho que alimenta prioridades organizacionais mais amplas. Podem ser atualizadas via demos, e a comunicação é regular, mas menos frequente. Como colaboradores e apoiadores podem trabalhar em várias equipes, talvez seja possível criar cebolas de equipes que se sobreponham.

Ao lado de colaboradores e apoiadores, os donos ou gestores de produtos são o outro canal-chave de comunicação entre o lado hierárquico e as equipes *Agile*. Sua tarefa é ajudar a priorizar e avaliar o trabalho que a equipe *Agile* realiza (mas, de novo, sem dar ordens diretas), alinhar e interpretar as necessidades organizacionais para o benefício da equipe, preservar e comunicar a visão sobre a qual a equipe *Agile* está trabalhando. Eles desempenham papel-chave em transformar a estratégia do negócio em uma estratégia de produto.

REFERÊNCIAS

[1] PRICE, Chris. Digitisation Continues to Compel Businesses to Adapt and Evolve. *Daily Telegraph*, mar. 2019. Disponível em: https://perma.cc/K8S2-XSAM. Acesso em: 14 ago. 2022.

2 DOHERTY, Sharon. Living Through the Shift: How to survive and thrive in the age of digital transformation. *London Business School*, mar. 2019. Disponível em: https://perma.cc/A66W-QSB6. Acesso em: 14 ago. 2022.

3 DOHERTY, Sharon. End of an Era at Vodafone. *LinkedIn*, mar. 2019. Disponível em: https://perma.cc/35DP-RVZ8. Acesso em: 14 ago. 2022.

4 PETTY, Scott. Empowering People Is Key to Digital Transformation, *CIO*, 8 jan. 2019. Disponível em: https://perma.cc/AN2A-5FLV. Acesso em: 14 ago. 2022.

5 MULLER-HEYNDYK, Rachel. HR and Digital Transformation at Vodafone. *HR Magazine*, out. 2018. Disponível em: https://perma.cc/9UG3-QWXG. Acesso em: 14 ago. 2022.

6 GREENWAY, Andrew; TERETT, Ben; BRACKEN, Mike; LOOSEMORE, Tom. *Digital Transformation at Scale*: Why the strategy is delivery. Londres: London Publishing Partnership, 2018.

7 MURATORE, John F. NASA Johnson Space Center Oral History Project. [Entrevista cedida a Rebecca Wright]. *NASA History Portal*, 14 maio 2008. Disponível em: https://perma.cc/3NAW-8PWD. Acesso em: 14 ago. 2022.

8 HERACLEOUS, Loizos; WAWARTA, Christina; GONZALEZ, Steven; PAROUTIS, Sotirios. How a Group of NASA Renegades Transformed Mission Control. *MIT Sloan Management Review*, abr. 2019. Disponível em: https://perma.cc/KK5E-9T8F. Acesso em: 14 ago. 2022.

9 MURATORE, John F. NASA Johnson Space Center Oral History Project. [Entrevista cedida a Rebecca Wright]. *NASA History Portal*, 14 maio 2008. Disponível em: https://perma.cc/3NAW-8PWD. Acesso em: 14 ago. 2022.

10 HERACLEOUS, Loizos; WAWARTA, Christina; GONZALEZ, Steven; PAROUTIS, Sotirios. How a Group of NASA Renegades Transformed Mission Control. *MIT Sloan Management Review*, abr. 2019. Disponível em: https://perma.cc/KK5E-9T8F. Acesso em: 14 ago. 2022.

11 GREENWAY, Andrew; TERETT, Ben; BRACKEN, Mike; LOOSEMORE, Tom. *Digital Transformation at Scale*: Why the strategy is delivery. Londres: London Publishing Partnership, 2018.

12 HOFFMAN, Reid. Masters of Scale, Brian Chesky interview. Disponível em: https://perma.cc/9SAJ-7CWJ. Acesso em: 14 ago. 2022.

13 HOFFMAN, Reid. Masters of Scale, Brian Chesky interview. Disponível em: https://perma.cc/9SAJ-7CWJ. Acesso em: 14 ago. 2022.

14 ROZOVSKY, Julia. Five Keys to a Successful Google Team. *Re: Work Google*, nov. de 2015. Disponível em: https://perma.cc/4X4S2Z7D. Acesso em: 14 ago. 2022.

15 DUHIGG, Charles. What Google Learned From Its Quest to Build the Perfect Team. *The New York Times Magazine*, 28 fev. 2016. Disponível em: https:// perma.cc/5NCJ-QRA6. Acesso em: 14 ago. 2022.

16 EDMONDSON, Amy. Psychological Safety and Learning Behaviour in Work Teams. *Administrative Science Quarterly*, jun. 1999. Disponível em: https://perma.cc/348Q-9DW3. Acesso em: 14 ago. 2022.

17 TURNER, Joe. The Building Blocks of Real Collaboration. *Medium*, abr. 2016. Disponível em: https://perma.cc/FS6E-VZL2. Acesso em: 14 ago. 2022.

[18] PENTLAND, Alex. The New Science of Building Great Teams. *Harvard Business Review*, abr. 2012. Disponível em: https://perma.cc/A8RTBEQ4. Acesso em: 14 ago. 2022.

[19] PENTLAND, Alex. The New Science of Building Great Teams. *Harvard Business Review*, abr. 2012. Disponível em: https://perma.cc/A8RTBEQ4. Acesso em: 14 ago. 2022.

[20] LEBOWITZ, Shana. Google Considers This to be the Most Critical Trait of Successful Teams. *Business Insider*, nov. 2015. Disponível em: https://perma.cc/5QDL-M5UC. Acesso em: 14 ago. 2022.

[21] WARD, Dan. *FIRE*: How Fast, Inexpensive, Restrained, and Elegant Methods Ignite Innovation. Nova York: Harper Business, 2014.

[22] WARD, Dan. Faster Better Cheaper: Lessons Defense Could Learn From NASA. *Breaking Defense*, maio 2013. Disponível em: https://perma.cc/69CT-2238. Acesso em: 14 ago. 2022.

[23] RIES, Eric. Minimum Viable Product – A Guide. *Startup Lessons Learned*, ago. 2009. Disponível em: https://perma.cc/96NH-8G9U. Acesso em: 14 ago. 2022.

[24] ALVAREZ, Edgar. Amazon Has 100 Million Prime Members. *Engadge*t, abr. 2018. Disponível em: https://perma.cc/Q6F8-9PVE. Acesso em: 14 ago. 2022.

[25] CHEEVER, Charlie. Who Invented Amazon Prime? *Quora*, 8 jun. 2011. Disponível em: https://perma.cc/FRQ2-H7H9. Acesso em: 14 ago. 2022.

[26] HOW Many Products Does Amazon Prime Now Sell? *ScrapeHero*, jun. 2018. Disponível em: https://perma.cc/F2RJ-GFX8. Acesso em: 14 ago. 2022.

[27] BRAND, Stewart. *The Clock of the Long Now*: Time and responsibility – the ideas behind the world's slowest computer. Nova York: Basic Books, 2000.

[28] GARTNER Says Adopting a Pace-Layered Application Strategy Can Accelerate Innovation. *Gartner newsroom*, 14 fev. 2012. Disponível em: https://perma.cc/AD88-BXC6. Acesso em: 14 ago. 2022.

[29] WEBBER, Emily. The *Agile* Team Onion. How many pizzas does it really take to feed your team? *Emily Webber*, 14 maio 2016. Disponível em: https://perma.cc/8Q22-NJ4F. Acesso em: 14 ago. 2022.

"**Escalar rápido** é sobre capitalizar **aprendizagem contínua** e escalar a mudança e a agilidade da maneira mais **ampla** possível por todo o negócio."

Escalar rápido

APLICAR PRINCÍPIOS ÁGEIS EM ESCALA

■ Os elementos-chave para "escalar rápido"

Escalar rápido é sobre capitalizar aprendizagem contínua e escalar a mudança e a agilidade da maneira mais ampla possível por todo o negócio:

Escalar estruturas ágeis: crescer, incorporar mais que um pequeno número de equipes ágeis e criar assim uma organização mais em rede, compreendendo bem os estágios-chave do crescimento.

Criar impulso para mudança por meio de estratégia e execução: criar crescimento por meio de padrões, de controles de despesas e vinculando a estratégia à execução. Equilibrar alinhamento e direção com autonomia.

Criar impulso para a mudança por meio de mentalidade de liderança: propiciar que comportamentos e cultura sejam incorporados à transformação ágil.

Criar impulso para mudança por meio de estratégia adaptativa: navegar com dados, evitar tendenciosidades, governança ágil.

■ Estruturas ágeis em escala

Escalar para abranger mais que algumas equipes ágeis requer uma abordagem mais definida quanto a estrutura, alinhamento e interdependências. Uma abordagem bastante difundida para escalar ágil (mas não a única, obviamente) é aplicar aprendizagem a partir do modelo da Spotify de *Squads*, Capítulos, Tribos e Guildas (Fig. 7.1):

Figura 7.1 – *Squads;* Capítulos e Tribos

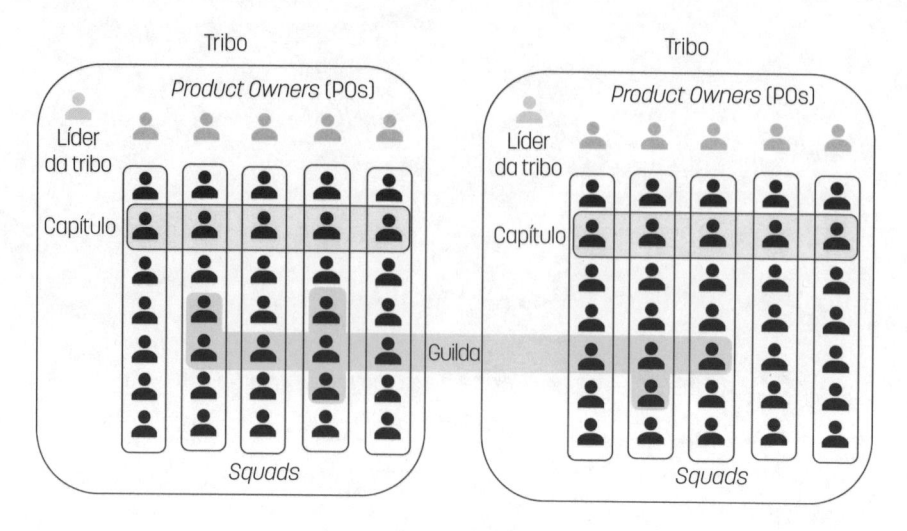

Fonte: Adaptado de Kniberg e Ivarsson, (2012). Disponível em: https://blog.crisp.se/wp-content/uploads/2012/11/SpotifyScaling.pdf. Acesso em: 7 ago. 2022.

- *Squads***:** equipes pequenas, multidisciplinares (não mais de dez pessoas) são as unidades básicas de desenvolvimento na Spotify. Os *Squads* são colocalizados, com frequência auto-organizados, mas focam em áreas particulares do produto ou serviço, ou em alguma necessidade ou interface específica do cliente. Trabalham iterativamente em *sprint*s e têm KPIs altamente focados, relacionados à sua área de responsabilidade. As equipes abrangem todos os conjuntos de aptidões necessários para alcançar os resultados desejados do design, para o desenvolvimento, para a testagem, liberação e produção.

- **Tribos:** Os *Squads* são agrupados por área do negócio. Não mais de 150 pessoas em cada Tribo. São ambientes que dão suporte a contatos intra-*squad* e a reuniões regulares para mostrar e relatar, com foco em aprendizagem compartilhada. O líder de Tribo é responsável pela coordenação dos diferentes *Squads* e com outras Tribos, gerindo recursos, orçamentos e interdependências, definindo prioridades.

- **Capítulos e Guildas:** estes ligam *Squads* horizontalmente, permitindo que o conhecimento seja compartilhado entre as equipes e propiciando melhores práticas na organização mais ampla. Capítulos são os grupos de especialistas funcionais que fazem trabalho similar dentro de uma tribo (como UX [*User Experience* ou "Experiência do Usuário"], por exemplo). O líder do Capítulo é um membro do *Squad*, mas é provável que seja o gestor de linha para outros especialistas funcionais nessa Tribo, além de responsável por rever o desempenho e o desenvolvimento das pessoas e de promover encontros funcionais para apoiar aprendizagem. As Guildas são comunidades menos estruturadas de práticas ou de interesses, de alcance mais amplo, que podem se estender por toda a companhia, permitindo melhor conhecimento, prática e compartilhamento de ferramentas no grupo mais amplo.

Henrik Kniberg e Anders Ivarsson, *coaches* organizacionais e ágeis na Spotify, que originalmente escreveram sobre o modelo, descreveram-no como uma organização matricial, mas orientada a entregas.[1] Em vez de ser primariamente organizada em torno de eficiência funcional e responsabilidade, a estrutura começa fundamentalmente com o produto e o cliente, e trabalha reversamente a partir daí. Os *product owners* (POs) [donos do produto], por exemplo, trabalham com cada *squad* para captar e articular a visão para aquilo que estão fazendo, apoiam a priorização do *backlog* e asseguram que os resultados estejam atendendo às necessidades do cliente, mas as equipes têm autonomia para decidir a melhor maneira de realizar o trabalho. Esse modelo se tornou mais amplamente conhecido e copiado, mas é importante reconhecer que não há uma solução do tipo "um tamanho único serve para todos" quando se trata de definir uma estrutura ágil. A Spotify, como todas as demais organizações que implementaram estruturas ágeis, iteraram o próprio caminho em direção a esse seu modelo, aprendendo no processo. Mesmo assim, há algumas regras práticas essenciais para as estruturas ágeis que devem ser levadas em conta:

- **Manter a equipe nuclear pequena:** algumas equipes podem estar lidando com altos níveis de complexidade, mas é crucial que nenhuma equipe ágil extrapole a regra de "duas pizzas" mencionada antes neste livro. A equipe não deve ter mais de dez pessoas.

- **Agrupar *Squads* em áreas lógicas:** quando o número de *Squads* aumenta e vai além de alguns poucos, agrupá-los ajuda a atenuar os desafios em torno de alinhamento, coordenação e interdependências. A Spotify agrupa *Squads* em Tribos, mas nenhuma Tribo tem mais de 150 pessoas. Há certa base científica para esse limite – o antropólogo Robin Dunbar propôs a existência de um limite cognitivo para o número de pessoas com as quais alguém é capaz de manter relacionamentos sociais estáveis, que é de 150 (conhecido como número de Dunbar). Equipes ágeis podem ser agrupadas em áreas definidas por produto (como na Spotify), por outras proposições (jornadas de cliente), pelo trabalho a ser feito (equipes que trabalham com desafios estratégicos, equipes que trabalham com inovação, outras que trabalham com produto), ou mesmo por tipos de trabalho (explorar, executar, estender e aproveitar).

- **Gerir recursos de modo fluente:** conforme evolui o trabalho que essas equipes realizam, pode ser necessário intercambiar pessoas nas equipes conforme surja a necessidade de garantir que o trabalho em busca dos resultados seja feito pelas pessoas mais adequadas. Isso requer um grau de fluidez bem maior em torno dos recursos do que num ambiente hierárquico, e uma hábil gestão do talento.

- **Gerir interdependências:** à medida que o número de equipes escala, é crucial gerenciar interdependências no trabalho que as equipes realizam – montar infraestruturas de tecnologia e testar processos que permitam a várias equipes realizar um trabalho convergente sobre um produto sem interferir no que as demais estão fazendo. Liderança e supervisão, documentação e certa frequência de reuniões-chave também ajudam.

- **Criar vínculos produtivos com o resto do negócio**: nos estágios iniciais da introdução de equipes ágeis, a tarefa principal será criar espaço suficiente para possibilitar uma maneira diferente de trabalhar e proteger a nova cultura. Conforme as equipes ágeis são escaladas, a necessidade de integrar os dois lados do sistema operacional dual ganha importância. Discutirei isso na próxima seção de forma mais aprofundada.

Escalando Agile no ING Bank

O ING Bank reinventou sua organização de cima a baixo na sede do grupo na Holanda (3.500 funcionários), passando de um modelo organizacional tradicional, com departamentos funcionais como marketing, TI e Gestão de Produto, para um modelo completamente ágil que compartilha muito do exemplo da Spotify. O ING começou com o grupo da sede para mostrar que você pode começar com o núcleo e dar o exemplo para o resto do negócio. Foi uma transformação que teve lugar num período de vários anos, mas em vez de se organizar em torno de departamentos funcionais, o pessoal da ING está agora organizado em cerca de 350 *squads* de nove pessoas e 13 tribos.

Os *Squads* são pequenas equipes multidisciplinares (não mais do que nove pessoas), que ficam colocalizadas e operam com alto grau de autonomia. Cada *squad* tem foco em um objetivo específico relacionado com o cliente, pelo qual tem responsabilidade de ponta a ponta (por exemplo, uma jornada do cliente de ponta a ponta) e pode incluir marketing, dados e análise, design, UX, expertise de produto e de tecnologia. Um dono do produto é responsável pela coordenação das atividades do *Squad* e por gerir o *backlog* e as prioridades, mas o dono do produto é um membro de *squad*, e não um líder. À medida que a missão evolui, a equipe e as funções que são representadas evoluem com ela. Quando a missão é concluída, a equipe é dissolvida.

Squads que têm missões interconectadas ou negócios e proposições de cliente relacionados (por exemplo, todos os *squads* focados em empréstimos hipotecados) são agrupados em Tribos, e estas tendem a não exceder 100 a 150 pessoas. Um líder de Tribo ajuda a coordenar prioridades, orçamentos, gerir interdependências e é a interface com outras tribos, para garantir alinhamento e compartilhamento de conhecimento. Cada Tribo também tem um *coach* ágil para apoiar alto desempenho. Expertise funcional e aprendizagem são apoiados por meio de Capítulos inter-*squads*, e um líder de Capítulo representa na realidade a hierarquia para o Capítulo, particularmente em termos de gestão de desempenho, montagem de equipe e desenvolvimento pessoal.

Essa abordagem não só melhorou o tempo para o mercado, como também aumentou a produtividade e o envolvimento dos funcionários. Além do nível de comprometimento excepcional com o trabalho e com recursos ágeis, há vários aspectos disso particularmente notáveis[2]:

1. Quando o ING começou a transformação, não havia imperativo financeiro para que isso fosse feito, já que a companhia estava indo bem na época, mas a empresa identificou que a mudança nos comportamentos e expectativas dos clientes poderia logo criar desafios importantes se ela não se tornasse mais ágil.

2. O ING reconheceu que não se tratava de uma transição linear, mas que estava prestes a se tornar um tipo diferente de organização, caracterizado por mudança contínua. Como seu Chief Operating Officer, Bart Schlatmann, comentou: "Transformação não é apenas fazer uma organização passar de A B, porque assim que você chega a B, precisa se mover para C; e quando está em C, provavelmente já tem que começar a pensar em D".[3]

3. A reorganização está focada em minimizar barreiras óbvias à agilidade, como burocracia e transferências funcionais, mas também em maior empoderamento e autonomia para permitir que as equipes se movam mais rápido. A tecnologia foi organizada em torno de ciclos de liberação mais frequentes, de duas a três semanas, em vez de cinco ou seis vezes por ano.

4. O fato de cada *Squad* estar focado de ponta a ponta num objetivo do cliente em particular, numa definição comum de sucesso, e de incluir todas as funções-chave necessárias para criar valor, significa que essa é uma estrutura genuinamente centrada no cliente.

5. A nova organização é apoiada por um novo modelo ágil de desempenho-gestão. Em vez de basear o salário e status de um gestor em quantos recursos ele ou ela controlam, agora isso é focado em como o gestor lida com conhecimento e entrega resultados.

6. Adotou-se uma abordagem por estágios à reorganização – começando com uma visão motivadora a respeito do que o negócio poderia ser, e extraiu aprendizagens de um piloto incorporando cinco ou seis *squads*. A implementação envolvia uma reformulação do ambiente de trabalho para apoiar melhores espaços de reunião, retrospectivas, maiores assembleias e quadros brancos maiores.

7. Funções de apoio, como RH, finanças, centros de atendimento, infraestrutura de TI e risco não foram de início incluídas nos *Squads*, mas por sua vez adotaram práticas de trabalho ágeis de diferentes maneiras.

8. O ING tem focado tanto em corrigir a cultura como em estruturar, gastando muito tempo e energia concentrando-se em modelar os comportamentos certos (centralidade no cliente, empoderamento, senso de propriedade) para apoiar a mudança. Um exemplo disso é uma completa reformulação do programa de integração, que envolve não apenas novos funcionários movendo-se pelo negócio para gerar redes e aprendizagem informais, mas também que cada funcionário passe uma semana no centro de atendimento, lidando com ligações de clientes.

9. Estrutura e governança das reuniões – a maioria das reuniões é informal, e as formais são mantidas num nível mínimo. Cada *Squad* tem um propósito escrito claro, para o qual trabalha, e uma maneira consensual de medir o impacto que exerce nos clientes, mas tem autonomia para priorizar e gerir suas atividades diárias. Mecanismos como planejar o mural de portfólio [*portfolio wall planning,*], *scrums* e *standups* garantem

que os POs, donos do produto, dentro de cada Tribo mantenham os *Squads* alinhados. Revisões Trimestrais de Negócios [*Quarterly Business Reviews*, QBR] são feitas em todas as Tribos, registrando o que cada uma alcançou no trimestre, sua maior aprendizagem (tanto a partir dos sucessos quanto dos fracassos), seus objetivos para o próximo trimestre e o que precisará de outras Tribos. Esses documentos QBR são abertamente disponíveis para apoiar transparência.

A nova estrutura tem possibilitado ao ING melhorar drasticamente sua velocidade para o mercado por meio de lançamentos mais frequentes e aumento na taxa de inovação, ajudando a posicioná-lo como o principal banco móvel da Holanda.

Mas é o nível de comprometimento com os recursos ágeis que realmente impressiona, evitando a armadilha comum de adotar atributos ágeis, mas não se desapegar de estruturas, processos ou governança existentes no legado. Bart Schlatmann (que foi o COO ao longo da transformação) fala da importância de ter uma visão clara para a transformação ágil, e de ter clareza também a respeito daquilo de que você se dispõe a abrir mão.

Isso exige sacrifícios e a disposição de se desapegar de partes fundamentais de sua atual maneira de trabalhar – a começar pelos líderes. Abrimos mão da hierarquia tradicional, de reuniões formais, de excesso de engenharia, de planejamento detalhado e do excessivo "direcionamento de inputs", e colocamos no lugar equipes empoderadas, redes informais e "direcionamento a resultados". Você precisa olhar além de seu próprio setor e dar-se permissão para cometer erros e aprender. O prêmio disso será uma organização pronta para enfrentar qualquer desafio.[4]

Um grande exemplo de transformação realmente ágil.

■ Escalar estágios

Como mencionei, não há um resultado final para a transformação ágil, nenhum plano para uma estrutura organizacional ágil e nenhum guia para a mudança. É notável que o ING tenha assumido uma abordagem iterativa, por estágios, à sua transformação, e o segredo na realidade está em *ser* ágil na maneira de você *tornar-se* mais ágil e aprender e iterar. Mas podemos destacar alguns estágios estruturais cruciais que as organizações com maior probabilidade irão vivenciar em sua jornada em direção a tornarem-se verdadeiramente ágeis:

1 **Estágio um:** comece pequeno, alinhando umas poucas equipes ágeis para direcioná-las a novos desafios, proposições ou objetivos focados no cliente. A meta desse estágio deve ser aprender o máximo possível a respeito do que funciona e do que é adequado aos contextos da sua organização. As equipes podem se alinhar a problemas estratégicos, tarefas de inovação ou jornadas do cliente, mas a equipe líder precisa compreender o contexto para que as equipes pequenas possam dar o melhor apoio a uma mudança real. As equipes serão preenchidas por agentes de mudança e por pioneiros. Fluidez e adaptabilidade são cruciais, pois as equipes talvez precisem ser realinhadas, mas procure aprendizagens capazes de apoiar escalabilidade. Um líder ou uma equipe adequada de líderes veteranos (com forte conexão com a diretoria) supervisiona a direção e o progresso para assegurar que as equipes ágeis em rede estejam tendo o apoio, a autonomia e o espaço de que precisam, e que as novas maneiras de trabalhar não estejam sendo sufocadas (Fig. 7.2).

Figura 7.2 – Estágio um: estruturas ágeis

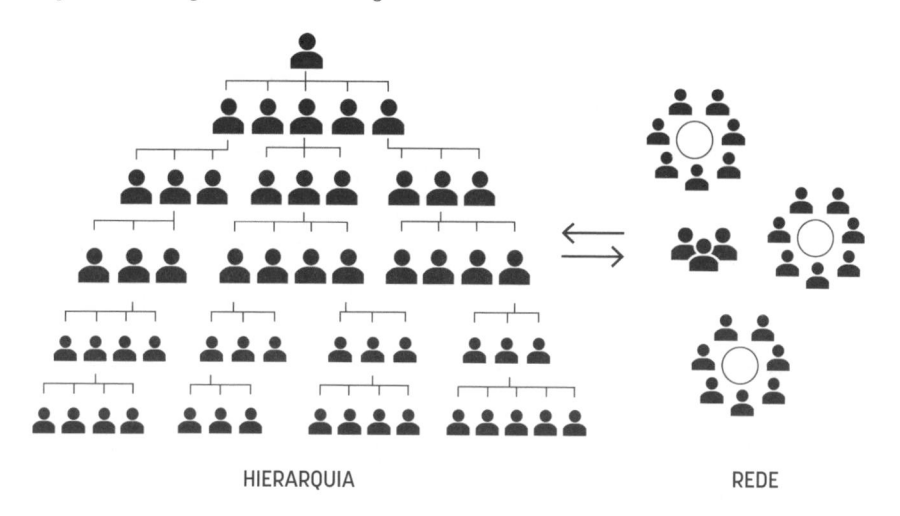

HIERARQUIA   REDE

2 **Estágio dois:** nesse estágio, o negócio terá melhor compreensão da oportunidade de alinhar e usar pequenas equipes ágeis voltadas a desafios estratégicos e a mudança, portanto aqui se trata de escalar de maneiras sensatas. Pode ser, por exemplo, que o negócio tenha compreendido o valor de alinhar equipes ágeis a jornadas de cliente de ponta a ponta e seja capaz agora de escalar essa abordagem. A aprendizagem e a adaptação não param, mas uma parte crucial da mudança a essa altura é assegurar que haja uma adoção e compreensão mais amplas dos princípios e da cultura ágil em toda a organização. Também é crucial que à medida que o lado em rede do negócio escala ele não seja visto como inteiramente separado – é preciso haver grande comunicação e uma boa conexão com o negócio usual, não só para que a organização como um todo aprenda, mas também para assegurar um fluxo de pessoal de um lado para o outro, conforme a necessidade (Fig. 7.3).

Figura 7.3 – Estágio dois: estruturas ágeis

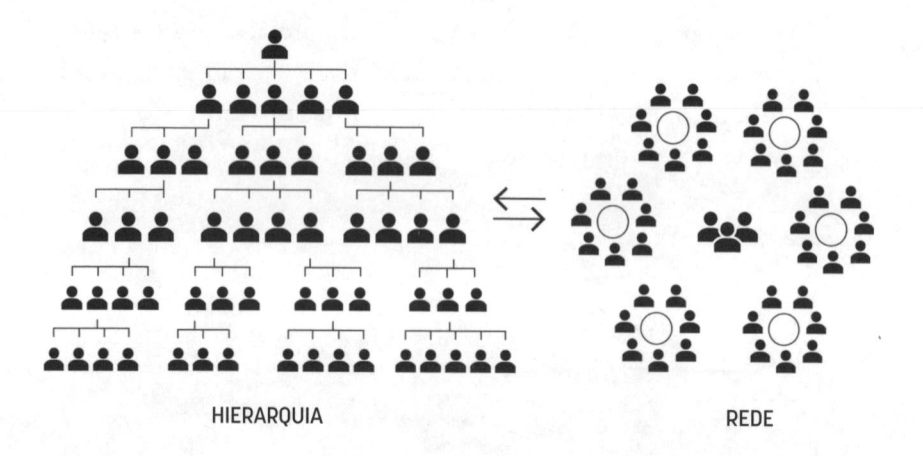

HIERARQUIA   REDE

3 **Estágio três:** quando o número de equipes ágeis alcança o ponto em que o alinhamento se torna desafiador, os *Squads* terão que ser agrupados (para facilitar, podemos chamar esses agrupamentos de Tribos, mas isso não precisa seguir o modelo Spotify). Pode-se alocar líderes às Tribos, e pode-se trabalhar para criar a infraestrutura escalada e o processo de apoio que irá atenuar problemas de interdependência (Fig. 7.4).

Figura 7.4 – Estágio três: estruturas ágeis

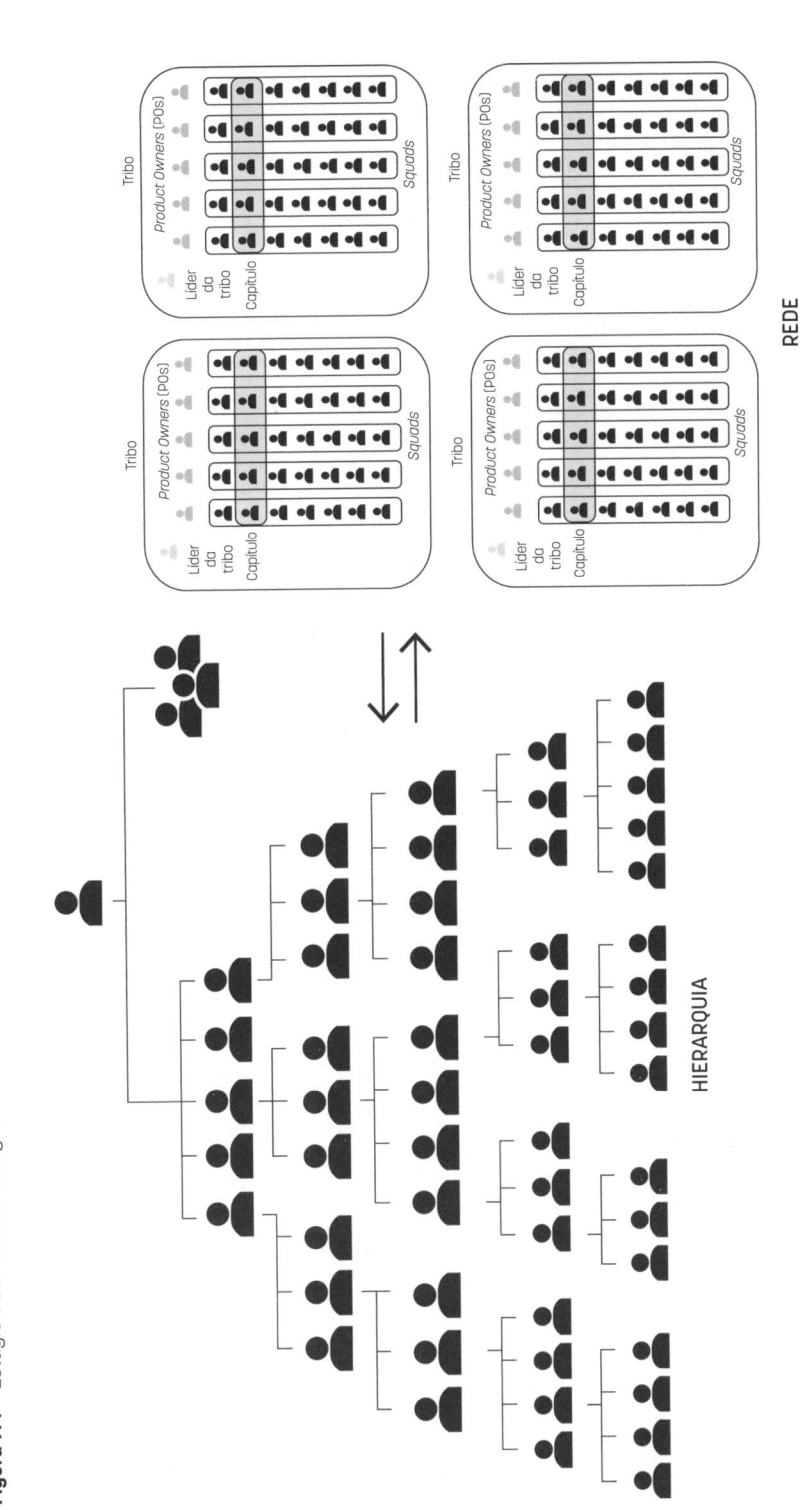

HIERARQUIA

REDE

Às vezes acaba surgindo um estágio quatro nesse modelo, no qual a organização inteira é estruturada em grupos de pequenos *squads* ágeis, mas o mais provável é que ainda haja necessidade de uma abordagem mais funcional a algumas disciplinas para gerir o negócio da maneira usual. As proporções do negócio hierarquizadas ou em rede mudarão ao longo do tempo – um exemplo seria um negócio que começa 95% hierarquizado e 5% em rede, e passa a uma proporção em torno de 80% e 20%, para se ajustar um pouco de volta, em razão de um contexto de curto a médio prazo, antes de reverter para um equilíbrio melhor, pela necessidade de evoluir rapidamente. Portanto, é crucial continuar aprendendo e continuar sendo flexível para alcançar o equilíbrio certo. O ponto é que por meio dessa abordagem um negócio é capaz de escalar abordagens ágeis de uma maneira que atenua o risco e é mais adequada a seus contextos peculiares. Essa é a melhor maneira de o negócio se tornar ambidestro e desenvolver motores para explorar, executar, estender e aproveitar.

IMPULSO PARA A MUDANÇA (1): IMPULSO = MASSA X VELOCIDADE

Transformação ágil não é uma simples questão de implantar uma progressão linear para a mudança. É agregar impulso por meio de adaptação e criar um efeito *flywheel* ["volante"], no qual a mudança seja capaz de empoderar mais mudança. Trata-se de propiciar escalabilidade por meio de padrões e alinhamento combinados com uma autonomia para se mover rápido: velocidade e escalabilidade.

■ Por que o impulso supera a mera velocidade

Em *Alice através do espelho,*[5] de Lewis Carroll, a corrida da Rainha Vermelha mostra Alice e a Rainha correndo rápido e, no entanto, permanecendo no mesmo lugar. Alice reclama da falta de sentido de correr sem chegar a lugar nenhum. No nosso país, diz ela, a gente corre para chegar a algum lugar. "Bem, aqui, como você vê", diz a Rainha, "você precisa correr o máximo que é capaz para conseguir ficar no mesmo lugar. Se quiser chegar a outro lugar, tem que correr no mínimo duas vezes mais rápido!".

Muitos negócios são pegos na armadilha da Rainha Vermelha. Ao reagirem a contextos em rápida mudança, tentam correr cada vez mais rápido, mas não conseguem sair do lugar em que estão. Exigem mais horas de trabalho, fazem seu pessoal trabalhar mais duro, encurtam todos os prazos. Mas se você na maior parte do tempo continuar trabalhando do jeito que sempre fez, os ganhos que conseguirá obter serão limitados. O renomado pensador da administração Peter Drucker uma vez escreveu: "Com certeza não há nada tão inútil quanto fazer com grande eficiência o que sequer deveria ser feito".[6]

Velocidade é rapidez com direção. Devemos celebrar o fato de nos movermos com rapidez, mas precisamos nos mover com rapidez na direção certa. Também precisaremos de massa para criar impulso. Na Física, a massa é tanto a propriedade de um corpo físico quanto a medida de sua resistência à aceleração quando uma força é aplicada. Assim, para criar massa na transformação, precisamos trazer as pessoas junto na jornada e produzir força para mudar por meio de práticas e transformação cultural; mas temos também que reduzir o arrasto no progresso. Precisamos tirar do caminho as barreiras e os bloqueios que dificultam a mudança. Quando tivermos massa e velocidade, teremos velocidade, peso, direção, aceleração – teremos impulso.

O coronel John Boyd era um estrategista militar e um indivíduo não conformista. Suas análises de situações de combate aéreo na Guerra da Coreia contribuíram para originar o loop OODA, uma maneira de representar os benefícios que podem decorrer não só de velocidade e força, mas também de maior manobrabilidade. Suas propostas iam contra uma série de pilares do pensamento militar estratégico da época, segundo os quais os aviões de combate americanos precisavam ser maiores e voar mais alto, mais longe e mais rápido que seus oponentes para vencer um combate. A análise que Boyd fez da Guerra da Coreia mostrou que o F-86 Sabre usado pelos pilotos americanos era desproporcionalmente bem-sucedido contra os MiG15s pilotados pelos norte-coreanos, mas também que a razão disso não tinha a ver com o fato de o F-86 ser um avião maior, pois não era, ou de poder voar mais alto, ou mais, ou mais rápido, pois tampouco era capaz disso. A razão de sua supremacia estava em ser mais manobrável.

O loop OODA refere-se a "Observar, Orientar-se, Decidir, Agir" [*Observe, Orient, Decide, Act*] e reconhece a necessidade daqueles que estão na linha de frente de levar sempre em conta os contextos e inputs mais recentes, num ambiente em rápida mudança, como ocorre num campo de batalha. A observação recolhe os dados e inputs de informação necessários. A orientação transforma isso numa avaliação e compreensão da posição. A decisão determina um curso de ação. A ação é a atividade resultante.

Boyd acreditava que organizações e organismos inteligentes têm um ciclo de interação contínuo com o ambiente, que é o que propicia a adaptação. A vantagem pode decorrer de se mover pelo ciclo mais rapidamente que seu oponente, e assim fazer com que ele ou ela acabem reagindo a uma dinâmica que já mudou.

Essa é uma boa metáfora da moderna vantagem competitiva. O sucesso vem não só de tomar decisões mais inteligentes, mas também de reagir mais rápido a uma situação em mudança. Se um negócio é capaz de operar em ritmo mais rápido, ele tem como se tornar bem mais manobrável. Não é por acaso que o trabalho em *sprints*, que utiliza metodologias iterativas como o *Agile*, consegue reduzir o tempo para o mercado e melhorar a velocidade de entrega; mas não devemos esquecer que uma das vantagens cruciais desse tipo de trabalho é a capacidade de agregar aprendizagem e adaptação à própria trama de como estamos trabalhando. Se formos capazes de aprender continuamente e então adaptar e repriorizar com sucesso em bases frequentes, seremos capazes de incorporar não apenas velocidade, mas maior manobrabilidade.

■ Criar uma *flywheel* organizacional

A fim de obtermos um impulso real para a mudança precisamos criar uma *flywheel* organizacional autoperpetuante, que dê impulso a cada exemplo adicional de uma nova maneira de trabalhar no negócio. Há várias ferramentas e abordagens principais do pensamento em rede que podemos utilizar.

▶ CICLOS DE FEEDBACK POSITIVO

Esses são ciclos de feedback nos quais a realização de uma pequena mudança tem um efeito agregador. Eles aprimoram ou amplificam mudanças. Um exemplo simples de ciclo de feedback positivo é uma conta poupança, que ganha juros e com isso gera juros em volume ainda maior. Uma startup pode procurar ciclos de feedback positivo para apoiar um crescimento exponencial e não apenas linear, por meio de aquisição de clientes ou de ciclos de envolvimento. Um ciclo de aquisição positivo ocorre, por exemplo, quando novos usuários de uma plataforma ajudam a recrutar outros novos usuários. Um ciclo de envolvimento positivo pode ser disparado por mecânicas que ajudem a garantir que o envolvimento do usuário promova mais envolvimento de usuário, ou, em outras palavras, a maneira pela qual os clientes usam uma plataforma incentiva um nível de uso mais elevado por parte de outros clientes, que por sua vez apoiará um maior uso por outros usuários.

De modo similar, ciclos de feedback positivo podem também ser introduzidos na inovação ao criarmos um sistema de inovação auto-perpetuante, no qual os esforços de uma parte do negócio nessa área empoderem o de outros grupos, e também o esforço do negócio como um todo e até o de operadores externos. Essa é uma razão-chave para que as equipes criem componentes reutilizáveis e socializem sua disponibilização. Externalizar o bom trabalho que uma organização está fazendo em um campo emergente pode torná-la mais atraente para que especialistas em demanda venham trabalhar nela, o que por sua vez pode atrair outros especialistas que queiram aprender e trabalhar com os melhores. Na transformação podemos também criar ciclos de feedback positivo para comportamento, nos quais pequenas mudanças sejam capazes de criar novos hábitos quer gerem real mudança nos indivíduos, e também em grupos maiores.

▶ EFEITOS DE REDE

Já mencionei os efeitos de rede em duas oportunidades neste livro. Trata-se, é claro, do princípio de que o valor de uma rede equivale ao quadrado do número de pessoas nessa rede. Cada usuário ou nó adicionado à rede aumenta o valor da rede toda. É importante entender isso, já que esses efeitos podem gerar maior valor para o aumento marginal nos custos. Em um mercado de oferta e procura como o Airbnb, por exemplo, efeitos cruzados de rede são capazes de dar suporte ao crescimento porque quanto mais oferta houver (lugares interessantes para estadia), mais procura isso gera, e quanto mais procura houver maior a probabilidade de proprietários e possíveis anfitriões listarem seus lugares no Airbnb. Efeitos de rede do mesmo lado significam que se eu uso o Airbnb pela primeira vez e fico bem impressionado, falo com meus amigos da experiência e eles então se sentem mais propensos a usar também o serviço. Então conseguimos ciclos de feedback positivo mais ou menos do jeito que comentamos acima. Mas cada lugar para se hospedar e cada usuário na rede aumentam o valor da rede toda e, portanto, do próprio Airbnb.

A fim de alavancar efeitos de rede, precisamos colocar foco no valor de rede, e em como podemos alavancar mecânicas que aumentem o valor geral. O valor de rede é a soma do valor para todos os usuários da rede, ou o diferencial de custo que haveria ali caso a rede não existisse (por exemplo, usuários de Airbnb pagando mais por quartos de hotel que não tivessem uma localização tão conveniente, caso o Airbnb não existisse). Assim, se estamos construindo novas redes que podem incluir funcionários, parceiros, fornecedores e outros contribuidores em intercâmbios de informações, de capacidades ou outros valores, precisamos pensar no valor de rede total, e em como podemos criar mecânicas por meio das quais cada usuário adicional na rede aumente o valor total dela para todos. As estratégias podem ser definidas a partir daquilo que seja capaz de ter o maior impacto no valor de rede, e como a receita e outros benefícios tipicamente se movem mais lentamente que o valor de rede, podemos desenvolver uma compreensão mais sofisticada do potencial valor futuro.

ECONOMIA DE PLATAFORMA

É típico das plataformas propiciarem um eficiente intercâmbio de valor entre os diversos grupos de usuários e componentes de um ecossistema. Um exemplo seria a Spotify, que propicia um relacionamento entre artistas, companhias de discos, amantes de música e toda uma gama de serviços que foram integrados à API da Spotify. As plataformas articulam e criam padrões comuns compartilhados, e podem possibilitar intercâmbio de valor entre consumidores e produtores, ou permitir que produtores criem conteúdo que seja compartilhado amplamente. O valor vem do acesso, da interação e dos dados, mas, acima de tudo, da aprendizagem. Podemos considerar, por exemplo, de que maneira conseguimos externalizar capacidade organizacional por meio de APIs e construir plataformas capazes de permitir a terceiros utilizar serviços e capacidades, escalando, por meio disso, nossa própria aprendizagem.

Trabalhando juntas, essas abordagens podem criar um efeito *flywheel* capaz de aumentar o impulso organizacional.

■ Escalar por meio de padrões

Depois de criar o impulso, é necessário incrementar essa energia de avanço colocando ainda mais energia no sistema e no processo de mudança. Encarregar equipes ágeis de criar componentes reutilizáveis no curso de seu trabalho, que possam ser usados e repropostos por outras equipes, e incentivar todas as equipes a compartilhar códigos e outros ativos para minimizar a duplicação de esforço, é uma maneira simples de fomentar capacidades mutuamente e catalisar progresso. Outra maneira é criar padrões, manuais, guias e cartilhas que sejam capazes de propiciar uma abordagem universal, ajudar equipes a responder perguntas rapidamente, e socializar os procedimentos melhores e mais rápidos. É muito bom se mover com velocidade. Mas precisamos fazer isso com qualidade. Fazer o *Agile* não significa abrir-nos a riscos desnecessários.

Um bom conjunto de padrões pode codificar um modo de trabalhar comportamentos positivos e escalá-los rapidamente. Esses padrões também são cruciais quando as pessoas abandonam maneiras mais tradicionais de trabalhar, pois ajudam a tornar a transição o mais suave possível. E podem ajudar na comunicação com aquelas equipes que não estão fazendo *Agile*, mostrando o que isso significa e reassegurando-as de que há qualidade incorporada ao processo. Tais padrões podem ajudar também a situar o desempenho no nível correto. Quando o Serviço Digital do Governo do Reino Unido criou, em 2013, seu padrão de serviço "digital como padrão" e o manual de serviço, eles (é claro) colocaram-no on-line para torná-lo universalmente acessível, mas o objetivo do padrão era em última instância tornar todos os serviços digitais do governo tão bons que as pessoas preferissem realizar a tarefa on-line, e cada novo serviço tinha que ser aprovado com base nesse padrão simples.[7] Fato interessante é que eles também removeram todas as outras páginas de padrões das intranets e da internet para minimizar confusão, e ninguém notou isso. Ninguém consulta documentos que usem padrões complicados, que sejam mal escritos ou mal projetados, portanto eles precisam ser o mais acessíveis e bem projetados possível. Bons padrões, amplamente disponíveis e bem compreendidos têm que servir para minimizar perguntas e demandas às equipes *Agile* no resto do negócio – embora as equipes *Agile* precisem ser capazes de auxiliar o resto do negócio de maneiras úteis, sua tarefa é entregar e, portanto, qualquer coisa que libere tempo adicional para isso é uma boa coisa.

Um último comentário sobre padrões: evite o excesso de regras. É muito fácil (e muito típico) que, com o tempo, um conjunto de regras acabe se expandindo, à medida que surgem novas preocupações ou situações. A intenção do negócio ao fazer isso é boa – atenuar o risco e certificar-se de que todos os cenários estão sendo cobertos. Mas, é claro, o que ocorre é que ninguém deixa de seguir as regras e você acaba com um incômodo conjunto de padrões, que tende mais a bloquear as equipes e restringir opções do que a deixá-las à vontade para fazer seu melhor trabalho. A consequência não reconhecida disso é que então a avaliação do novo trabalho em relação a esses padrões se torna um processo desnecessariamente longo, envolvendo pessoas demais, e a coisa toda desacelera.

■ A importância dos controles de despesas

Um processo renovado de controles sensatos de despesas deve ser implantado com padrões simples e acessíveis, para garantir que as coisas sejam feitas corretamente, e também para evitar desperdícios de tempo, dinheiro e recursos. Controles de despesas não são exatamente a parte mais atraente da transformação digital e, portanto, não são discutidos com muita frequência, mas são absolutamente cruciais.

Para começar, é preciso reconhecer que interromper projetos que não estão entregando é tão importante num negócio ágil quanto iniciar novos projetos. É um processo que precisa ser livrado da culpa e do impacto no status e na reputação que costumam acompanhá-lo. Não estranha que líderes continuem apegados a projetos bem além do tempo em que estes já deveriam ter sido interrompidos, pois investiram muito em seu sucesso e a perspectiva de fracasso pode bem ser julgada prejudicial à sua carreira. Portanto, é essencial criar um processo para rever de maneiras sensatas os gastos que estão sendo feitos em tecnologia, e dispor do poder necessário para interromper projetos que claramente estejam desperdiçando recursos. A equipe que comanda esse processo precisa ter não só o nível exigido de tempo na função, mas também de credibilidade. O nível de conhecimento de tecnologia em muitas equipes de liderança experientes é lamentavelmente baixo, portanto não escolha pessoas que tenham interesses ou intenções particulares (a de favorecer fornecedores, por exemplo) ou que não saibam bem o que estão fazendo, pois não são indicadas para tomar decisões importantes a respeito de capacidades essenciais.

Ainda usando o exemplo do Serviço Digital do Governo do Reino Unido, o programa de eficiência implantado com a remodelação de cima a baixo de uma série de serviços com alto volume de transações poupou cumulativamente 50 bilhões de libras em cinco anos, economia feita principalmente nos custos de funcionamento do governo. Grandes organizações são particularmente suscetíveis a desperdiçar recursos em imensos projetos de tecnologia, que levam vários anos para implementar e fracassam em entregar o que os usuários precisam ou, pior, são simplesmente cancelados depois de já se ter gasto uma montanha de dinheiro. Instituições públicas não são exceção. O Programa do Serviço Nacional de Saúde [NHS] do Reino Unido, centrado em TI – um projeto de 12 bilhões de libras e o maior projeto civil de TI do seu tipo já realizado, e isso numa organização com a maior força de trabalho da Europa – foi descontinuado em 2011. O primeiro esquema e-Borders ["Fronteiras Eletrônicas"] do Reino Unido, iniciado em 2003, começou a coletar e analisar dados de todos os que entravam e saíam do país, mas foi cancelado após onze anos e 830 milhões de libras de investimento.

Quando o Serviço Digital do Governo [GDS] recebeu a solicitação do Gabinete do Governo para implantar um programa de transformação de tecnologia, o serviço definiu um amplo conjunto de princípios-guia, combinando um foco inerente na necessidade do usuário com uma flexibilidade incorporada de longo prazo para permitir adaptações:

○ Comece pelas necessidades do usuário.

○ Projete tendo em mente opções e flexibilidade.

○ Seja transparente ao longo de todo o processo.

○ Arquitete serviços que sejam acoplados de modo não rígido, em vez de um sistema único.

- Favoreça contratos curtos.

- Traga para o empreendimento o melhor da eletrônica de consumo.

- Torne a segurança o mais invisível possível.

- Construa uma capacidade de longo prazo.

É prática comum em grandes organizações favorecer contratos extremamente caros, de vários anos, com grandes consultorias de tecnologia, mas isto está longe de ser sempre a melhor ideia. O GDS definiu esses princípios como "tecnologia pelo menos tão boa quanto a que as pessoas têm em casa" – uma maneira gloriosamente simples de expressar o aspecto que a tecnologia *realmente* precisa ostentar.

Quando o negócio atende à necessidade do cliente

Falei bastante neste livro sobre trabalhar genuinamente a partir do cliente e criar ciclos de feedback do cliente rápidos, para moldar a criação iterativa de valor. Mas em que medida a necessidade do cliente atende às necessidades do negócio? Para executar bem, uma organização verdadeiramente ágil precisa mapear a solução de problemas e a inovação focada no cliente, em relação ao negócio e à estratégia de produto, de maneiras fluentes, mas adaptativas. Se pensarmos nas metas e na estratégia do negócio como algo que flui de cima para baixo, o que se move de baixo para cima são os inputs do cliente que ajudam a executar bem, refinar, moldar e até a desafiar (Fig. 7.5).

A visão e as metas do negócio fornecem uma direção abrangente e provavelmente mudarão devagar. Disso flui uma estratégia de negócios que dá vida à maneira pela qual as metas serão realizadas, o que pode então ser expresso por meio de uma estratégia do produto. Do negócio e da estratégia do produto fluem temas, áreas de foco e iniciativas – é importante não sobrecarregar o negócio ou criar ineficiências a partir de um foco diversificado demais ou de programas que se sobrepõem (a não ser quando novas iniciativas são propositalmente implementadas para concorrer com outras). Projetos e iniciativas importantes podem ser geridos por revisões trimestrais de negócios (QBRs), que forneçam informações a um *backlog* de Epics a ser trabalhado por pequenos *Squads* multidisciplinares. Os *Squads* criam User Stories ["Histórias de usuários"] que expressam o Epics como valor ao cliente. Assim como a estratégia informa os temas e iniciativas, que por sua vez informam o Epics e as User Stories, o cliente também molda a execução e informa o Epics, os temas e a estratégia. Um é de cima para baixo, o outro é de baixo para cima, mas ambos fluem para cima e para baixo, informados mutuamente, a fim de entregar uma estratégia de negócios de uma maneira focada no cliente.

Figura 7.5 – A necessidade do negócio encontra a necessidade do cliente na estratégia organizacional

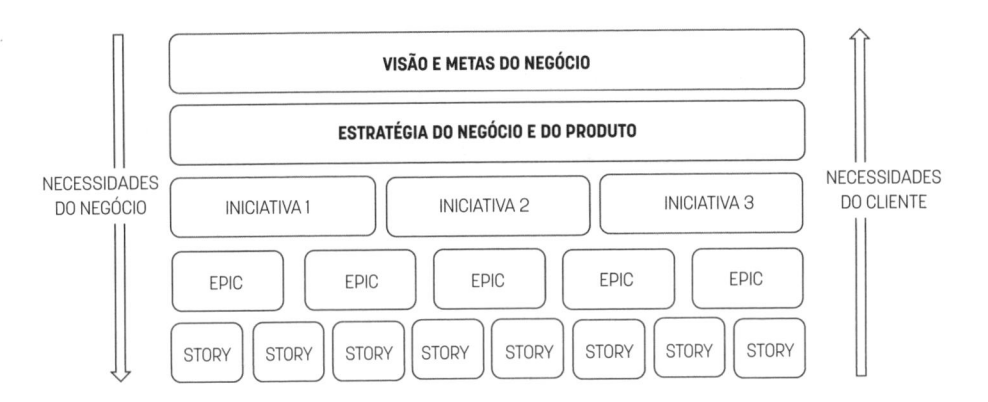

▪ Alinhamento e progresso das medições

À medida que aumenta o número de equipes ágeis, as organizações precisam se resguardar contra o desalinhamento e também encontrar maneiras de fazer a estratégia descer em cascata pela organização de maneiras inclusivas, empoderadoras, que equilibrem a necessidade de autonomia das equipes para que consigam mover-se rápido com a necessidade de todos seguirem na direção certa. Ter uma estratégia em cascata que permita a feliz confluência entre a estratégia organizacional e a do cliente, como vimos na seção anterior, é crucial para isso. O alinhamento deve também decorrer da governança e da supervisão que o negócio cria para as equipes ágeis, seja por meio do Chief Digital Officer, dos líderes de Tribo, ou de uma "Diretoria Digital", formada por altos diretores e que vincula a supervisão diretamente à diretoria principal.

Outra maneira-chave de apoiar o alinhamento ao longo do negócio é usar *frameworks* como os OKRs, ou Objetivos e Resultados-Chave

[Objectives and Key Results]. Tais *frameworks* definem objetivos trimestrais específicos e mensuráveis no nível da companhia, da equipe e individual. Esses objetivos são então apoiados por resultados-chave quantificáveis, em relação aos quais o desempenho é medido. Sistemas como os OKRs são úteis, pois todo mundo no negócio tem acesso a eles a partir do CEO (com frequência são mantidos transparentes para que todos possam vê-los, como ocorre no Google), podemos usá-los para avaliar progresso e desempenho e eles são capazes de alinhar a estratégia à execução e medição ao longo de toda a empresa. Os OKRs também trazem o benefício de tornar a estratégia muito clara em todos os níveis, e as equipes ágeis e as pessoas que as compõem podem ser alinhadas em torno de objetivos e medições muito específicos, o que ajuda a assegurar que a atividade que dá apoio a objetivos estratégicos está sendo priorizada. Isso é crucial quando há necessidade de mudar comportamentos e implementar uma nova estratégia capaz de apoiar a transformação.

Medir o progresso pode ser complicado. Existem várias métricas que *poderiam* ser consideradas, mas o desafio é decidir quais *devem* ser consideradas. Parafraseando o famoso ditado, nem tudo o que pode ser contado conta. As medições que devem ser levadas em consideração são as que se alinham tanto ao valor do usuário quanto ao valor do negócio. O Serviço Digital do Governo do Reino Unido, por exemplo, tinha quatro métricas-chave alinhadas aos objetivos estratégicos básicos da organização: que mais pessoas utilizassem os serviços on-line do governo; montar serviços que funcionassem logo de cara; poupar dinheiro; e atender às necessidades do usuário. Para rastrear o progresso em relação a esses aspectos, foi colocado foco em quatro métricas de desempenho: adoção do digital; taxa de conclusão; custo por transação; satisfação do usuário.

As métricas principais podem ser divulgadas, a fim de apoiar transparência e acesso. O GDS tem painéis voltados ao público que cobrem 781 diferentes serviços do governo e mais de um bilhão de transações por ano.[9]

■ Empoderar autonomia alinhada

Maior autonomia e empoderamento de equipes e indivíduos são fortes catalisadores de adaptabilidade. Como já vimos, altos níveis de autonomia proporcionam maior rapidez na tomada de decisões, decisões mais próximas da execução e do feedback do cliente, e uma capacidade aprimorada de mudar de rumo, de reagir rapidamente ou agarrar oportunidades de crescimento em velocidade. Existe alta correlação entre o grau de empoderamento das equipes e a rapidez com que a organização é capaz de tomar decisões e, portanto, com sua manobrabilidade.

Em um ambiente de movimentação lenta, talvez funcione ter a maior parte da tomada de decisões centralizada no topo da empresa; mas em contextos de rápida mudança, a velha ideia de concentrar todo o poder no alto do negócio e de todas as decisões fluírem de cima para baixo não é mais adequada aos propósitos. Em vez disso, o que pode contribuir para ser mais ágil é distribuir a autoridade de maneira mais ampla ao longo da organização, assegurar clareza a respeito dos direitos de tomar decisões, definir claramente as expectativas, implantar mais formas de governança ágeis e incentivar uma cultura de dono do negócio.

A autonomia pode contrabalançar uma burocracia pesada e um controle excessivamente hierárquico. Se equipes ou *squads* pequenos, multidisciplinares, podem atuar como o motor da transformação e mudança, então precisam ter autonomia para iterar valor adequadamente, e contar com um tipo de cultura e práticas de trabalho que lhes permitam rápida movimentação e real adaptabilidade.

No entanto, o desafio comum disso costuma estar focado em governança e alinhamento. Só que quando temos vários *squads* trabalhando com altos níveis de autonomia, como podemos garantir que todos andem na mesma direção? Como ter certeza de que as interdependências estão sendo bem geridas? Como ter certeza de que estão trabalhando nas coisas que importam e como evitar desvios de direção e má governança? Uma mentalidade "rápida e mais ou menos certa" não deve dar margem a padrões medíocres, qualidade inadequada ou concessões nos requisitos. Os líderes precisam relevar algumas coisas, mas não podem relevar tudo.

O melhor enfoque para isso é o conceito Spotify de "autonomia alinhada", que busca alcançar o equilíbrio certo entre altos níveis de autonomia e flexibilidade e a necessidade de ajustar o progresso para fazer tudo andar na mesma direção.[10] Pouca autonomia e pouco alinhamento levam a desvios de direção e ao caos. Alta autonomia e pouco alinhamento significa que a liderança está afastada demais do trabalho da equipe. Pouca autonomia e alto alinhamento levam a liderança a ser muito direcionadora, e a se preocupar demais com detalhes. Mas alta autonomia combinada com alto alinhamento define uma clara direção e efetivamente enfoca bem o desafio a ser enfrentado, proporcionando velocidade, pois permite que a equipe decida a melhor maneira de resolver o problema.

Como já descrevemos, a Spotify alinha múltiplas equipes pequenas e multidisciplinares em Tribos, em arranjos que eles têm descrito como "*Squads* livremente combinados, rigorosamente alinhados". A chave é que haja um equilíbrio entre a autonomia que os *Squads* precisam ter para se mover rápido e o alinhamento necessário para garantir direção e governança. Trabalhar de maneiras ágeis, iterativas, não deve significar falta de alinhamento ou governança, e sim uma mudança no estilo de liderança. Em vez de um estilo de liderança do tipo comando e controle, hierarquicamente orientado, a autonomia alinhada requer líderes que enfoquem o desafio de uma maneira que as equipes compreendam o problema (ou problemas) a ser resolvido. Mas é a equipe que decide como resolver o problema. Esse equilíbrio é fundamental para alcançar adaptabilidade contrabalançada com direção. O alinhamento permite uma verdadeira autonomia.

IMPULSO PARA A MUDANÇA (2): MASSA = VOLUME X DENSIDADE

A transformação ágil não se produzirá se não trouxermos junto nosso pessoal na jornada. Se não criarmos o ambiente capaz de empoderar, envolver e motivar o maior número de funcionários possível a pensar de modo diferente e fazer o que precisa ser feito, ela irá inevitavelmente falhar. Precisamos criar um motor organizacional que gere curiosidade, progresso e tomada de decisões de alta velocidade.

■ Por que, na transformação, a real batalha não é conquistar as mentes e sim os corações

Antes, neste livro, destaquei que em muitos programas de transformação a experiência do funcionário costuma ser a de ter uma relação fraca com a experiência do cliente e um foco maior em tecnologia. Na transformação ágil, é absolutamente crucial trazer as pessoas com você na jornada. Como parte dessa discussão, mencionei o trabalho que a

Gallup tem realizado, destacando os níveis terrivelmente baixos de envolvimento dos funcionários em muitas companhias, setores e países. A pesquisa da Gallup mostra que nada menos que 87% dos funcionários ao redor do mundo não têm envolvimento com o trabalho, e também que as companhias com uma força de trabalho altamente engajada superam seus pares em 147% em termos de ganhos por ação.[11]

A falta de envolvimento pode matar o impulso para a mudança, de maneira tão certeira quanto uma diretiva do CEO. Você não pode esperar que programas de mudança mudem alguma coisa se não trouxer junto seu pessoal na jornada. Um pessoal satisfeito, conectado com seus usuários finais, cria experiências de cliente excepcionais. Um alto envolvimento dos funcionários traz dividendos em produtividade e desempenho. A citada metanálise da Gallup (cobrindo mais de 82 mil unidades de negócios em 73 países, distribuídas por 49 setores) concluiu que aquelas unidades de negócios que estavam no quartil superior de envolvimento foram 17% mais produtivas e 21% mais lucrativas que as do quartil inferior. No entanto, ainda se dá pouca atenção a isso.

Dan Cable, professor de Comportamento Organizacional na London Business School (e autor do livro *Alive at Work*[12]) realizou extensa pesquisa com foco no poder que alguns ambientes de trabalho têm de permitir que os funcionários coloquem seu "melhor eu" em ação. Segundo ele, as pessoas trazem diferentes coisas para o local de trabalho. Algumas vêm com as mãos para realizar o trabalho (enquanto os líderes cuidam de escrever o roteiro e definir o plano de jogo). Outras trazem seus cérebros (inovação, testar novas coisas, valor emergente). Quanto ao coração (empatia, paixão, desejo de fazer diferença), é talvez o mais difícil, embora mais importante do que nunca – isto é, a capacidade de sentir empatia pela necessidade do cliente, de assumir riscos para tentar coisas novas, ser autêntico ao lidar com clientes, coisas difíceis de conseguir se você não as sente de fato. Portanto, mais do que nunca é crucial sentir-se capaz de colocar todo o seu eu no ambiente profissional.

Mas isso claramente não acontece em muitos locais de trabalho. Dan cita outra preocupante estatística, de uma pesquisa mais antiga da Gallup cobrindo 1,7 milhão de funcionários de 63 países e 101 companhias, cuja conclusão foi que 80% das pessoas vão para o trabalho "trancadas" (em outras palavras, escondendo seu verdadeiro eu).[13] Muitas de nossas normas e práticas de trabalho são de uma era industrial, quando o que se exigia era padronização e replicabilidade. Na era moderna, com criatividade, resolução de problemas e invenção assumindo papel bem maior, precisamos que as pessoas apliquem seus pontos fortes singulares às tarefas e problemas, e sintam que não precisam fingir ser o que não são logo que chegam para trabalhar. Precisamos de maior personalização do trabalho.

No contexto da liderança, ideias tradicionais, hierarquicamente transmitidas, segundo as quais as respostas são dadas apenas nos níveis mais altos da organização, cedem lugar a líderes capazes de fomentar um tipo de ambiente que possibilita o surgimento de respostas. Como Dan afirma: "O líder não precisa ter todas as respostas... Você tem que envolver as pessoas para achar as respostas".[14]

No contexto da mudança, a transformação moderna deve pautar-se menos pela ideia de você ser movido a mudar pelo medo, para poder sair de uma plataforma "chapa-quente" [geradora de um sentimento de urgência em mudar], e mais por missionários e voluntários capazes realmente de catalisar uma mudança positiva. Convocações formais de pegar em armas e de ter motivação, quando baseadas no medo criam rigidez. E numa era em que a adaptabilidade é tão fundamental, investir em pessoas que consigam ser elas mesmas promove o tipo de flexibilidade necessária para prosperar. Há dois sistemas dominantes no nosso cérebro – o sistema do medo e o sistema da busca. O primeiro se baseia no cortisol e na reação diante de situações estressantes; o segundo, na dopamina, e é uma reação que leva a explorar, ter curiosidade e aceitar jogar. Se uma organização cria medo, esse medo vem de dentro do grupo e, portanto, justamente na hora em que mais precisamos de pensamento e ideias diferentes nossa reação é de buscar conformidade. A conformidade é ótima quando você tem as regras certas, mas, como Dan aponta: "não há hora mais importante para incentivar a resposta certa do que quando não sabemos a resposta certa".[15] Com muita facilidade, o medo predomina e sufoca o tipo de criatividade, exploração e energia que é preciso ter para encontrar as respostas certas, para sobreviver e prosperar.

Dan cita algumas ações simples para incentivar as pessoas a colocarem seu eu inteiro para funcionar, por exemplo, mudar o processo de embarque na jornada. Ele dá o exemplo de uma pesquisa realizada com a Wipro, em que os novos funcionários tiveram permissão de citar aquelas situações em que haviam feito melhor seu trabalho, e isso reduziu em 57% sua probabilidade de abandonar o emprego, enquanto a satisfação dos clientes aumentou 11%. Houve maior envolvimento pelo simples fato de os funcionários sentirem que outras pessoas no trabalho conheciam quem eles eram.

Na realidade, isso tem a ver com o ambiente que nós, como líderes, propiciamos e com um tipo de liderança que facilita abordagens mais personalizadas. É impossível ocorrer mudança se não trouxermos nosso pessoal junto na jornada. E é impossível trazer nosso pessoal na jornada se as pessoas não têm envolvimento com seu trabalho e com a direção que estamos propondo. Sem isso, não há transformação. É hora, portanto, de dar maior atenção a maneiras que nos permitam realmente mudar esses números da Gallup. O futuro de seu negócio depende disso.

■ Valorizar a curiosidade no negócio

A curiosidade é uma daquelas qualidades do negócio que a maioria de nós sabe que tem valor, mas poucos negócios fazem algo para reconhecê-la ou incentivá-la. Ao contrário, muitas organizações chegam a ser até muito eficazes em matar a curiosidade, desenvolvendo políticas e maneiras de trabalhar que ativamente destroem qualquer inclinação que seu pessoal possa ter a explorar. Não dão a ninguém um tempo para se dedicar a isso; são poucas as que implementam estratégias sérias focadas em apoiá-la; a priorização do negócio age contra ela. O autor John Hagel tem descrito que a curiosidade entra às vezes em conflito frontal com o modelo de eficiência escalável que caracteriza muitas grandes organizações, embora seja crucial para permitir uma mudança em direção à aprendizagem escalável que discutimos neste livro.[16]

Pesquisa realizada por Francesca Gino, cientista do comportamento e professora da Harvard Business School, mostrou que dos 3 mil funcionários entrevistados em uma ampla gama de setores, apenas 24% relataram sentir regularmente curiosidade em suas atribuições.[17] Além disso, 70% dos entrevistados disseram enfrentar barreiras para fazer mais perguntas no trabalho.

No entanto, há um sólido registro do valor da curiosidade nos negócios. A pesquisa de Francesca Gino mostrou também que uma maior curiosidade leva a errar menos na tomada de decisões (favorece pensar mais profundamente nas decisões e ser menos suscetível a reforçar tendenciosidades ou estereótipos), o que abre espaço para abordagens mais inovadoras. Outra pesquisa realizada por Gino indicou que, ao se fazer avaliação do pessoal, a curiosidade natural dos funcionários é associada pelos chefes a um melhor desempenho, e que a curiosidade deixa as pessoas menos na defensiva, aumenta a comunicação aberta e a empatia, reduz conflitos no grupo e melhora o desempenho da equipe. O trabalho de Spencer Harrison, professor associado de comportamento organizacional no INSEAD, mostrou que a curiosidade impulsiona a criatividade, mesmo em papéis relativamente estruturados como os exercidos num centro de atendimento.[18] Na pesquisa de Francesca Gino com 3 mil pessoas, 92% delas viram a curiosidade como catalisadora de motivação, satisfação no emprego, alto desempenho e inovação.

No entanto, é evidente que as atitudes de líderes e funcionários muitas vezes divergem. Um extenso estudo de Spencer Harrison em colaboração com a SurveyMonkey, que entrevistou mais de 23 mil pessoas (entre elas 16 mil funcionários e 1.500 líderes C-level, isto é, de altos cargos de liderança), concluiu que embora 83% dos líderes sênior afirmassem que a curiosidade era "intensamente" incentivada ou estimulada "em grande medida", apenas 52% dos funcionários sentiam isso dessa maneira.[19] Uma impressionante proporção de 81% do pessoal dos níveis mais baixos acreditava que a curiosidade não fazia nenhuma diferença palpável na maneira de recompensá-los.

Membros de alta liderança em muitas organizações acreditam que estão apoiando e incentivando esse atributo, quando a realidade é bem diferente. É fácil propor soluções simplistas como "vamos ser mais curiosos" e "é preciso dar aos funcionários mais tempo para explorar", mas a resposta tem que ser mais sistemática que isso.

Para encontrar maneiras de construir sistemas e comportamentos capazes de apoiar e amplificar a curiosidade precisamos compreender melhor o próprio comportamento. Especificamente, vale a pena examinar os diferentes tipos de curiosidade. O psicólogo Daniel Berlyne (1954) fez uma conhecida distinção entre os diferentes tipos de curiosidade por meio de duas dimensões[20]:

- **diversiva** (procura estímulo de qualquer fonte, por exemplo para vencer o tédio) *versus* **específica** (quando estamos atrás de uma informação particular);

- **perceptiva** (gostar de coisas novas ou inusitadas) *versus* **epistêmica** (o desejo de ampliar nosso conhecimento).

Podemos representar essas dimensões (e alguns exemplos de cada tipo) como na matriz da Fig. 7.6.

Como a curiosidade perceptiva fala do nosso desejo de novidade, ela pode muito bem diminuir quando ficamos mais expostos aos mesmos estímulos, assim como pode ajudar a motivar efetivamente um comportamento exploratório. Berlyne descreveu a curiosidade epistêmica como um impulso voltado: "não só a obter acesso a um estímulo que carrega informação, capaz de eliminar incertezas do momento, mas também a adquirir conhecimento".[21]

Figura 7.6 – Dimensões da curiosidade

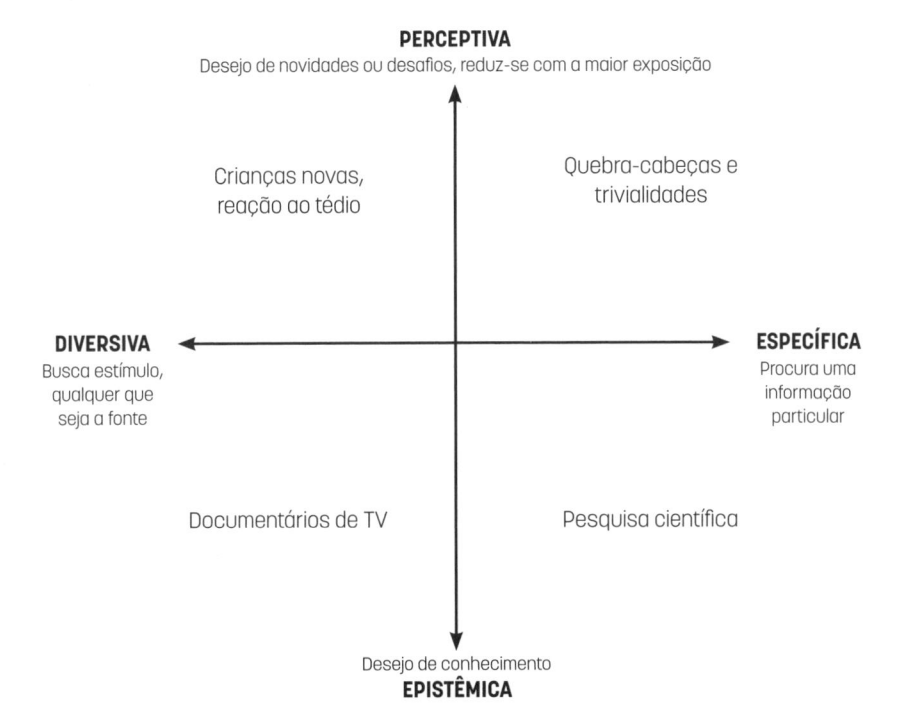

ESCALAR RÁPIDO **291**

A curiosidade epistêmica tem a ver com nosso incansável apetite de compreender e ampliar nosso conhecimento. Na outra dimensão, temos o grau de especificidade da informação, quando há o desejo mais geral de estímulo mental ou quando estamos atrás de uma informação em particular. Nosso desejo de informação e de compreender vem do quanto essas duas coisas se mostrem úteis a nós, para o presente ou para algum momento futuro, e então a curiosidade é comumente encarada em termos de aprendizagem motivadora. Se há uma lacuna no nosso conhecimento de informações, temos o desejo de saná-la. O pesquisador americano George Loewenstein descreveu a curiosidade como: "uma privação cognitiva induzida que surge da percepção de uma lacuna no conhecimento e na compreensão".[22]

A lacuna de informação (Fig. 7.7) significa que, quando temos uma pequena quantidade de informação a respeito de alguma coisa, sentimo-nos motivados a descobrir mais do que quando não sabemos nada ou pensamos já saber muito, ou tudo, sobre aquilo. As lacunas de informação existem entre o conhecimento que temos no momento e aquele que queremos ter ou achamos que precisamos ter, e criam efetivamente uma sensação de privação, que por sua vez nos motiva a aprender.

Figura 7.7 –A lacuna de informação

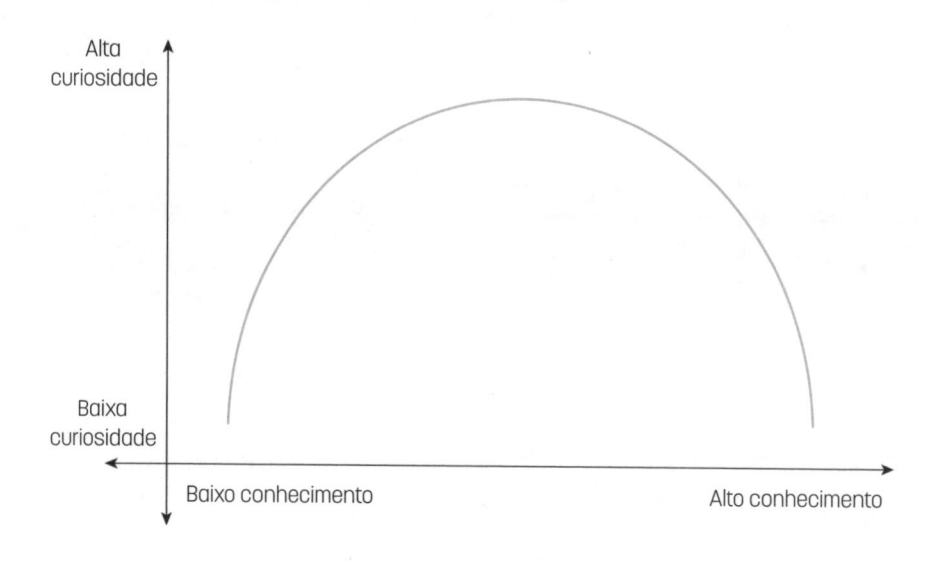

A teoria da lacuna de informação é sustentada por um estudo realizado em 2009 por dois pesquisadores da Caltech, Min Jeong Kang e Colin Camerer, que usaram fMRI (*functional magnetic resonance imaging* ou imagens funcionais de ressonância magnética) para identificar os caminhos neurais da curiosidade.[23] Eles escanearam 19 pessoas enquanto elas resolviam 40 questões sobre trivialidades, selecionadas para constituir uma mistura diversificada de curiosidade específica/epistêmica alta e baixa, e descobriram que as pessoas ficavam com o mínimo de curiosidade quando não tinham ideia da resposta ou confiavam muito em seu conhecimento, e com o máximo de curiosidade quando tinham alguma ideia mas faltava-lhes confiança. Essa última situação criava uma significativa compulsão a querer saber a resposta.

A curiosidade é essencial para uma aprendizagem intrinsecamente motivada, que se mostra crucial para desenvolver a capacidade e influenciar a maneira de tomar decisões. Como já discutimos, a aprendizagem sistemática em escala é fundamental para um negócio ágil, que pretenda pensar à frente. Portanto, a partir dessa compreensão de como a curiosidade funciona, podemos definir um conjunto de comportamentos de liderança capaz de incorporar esse traço crucial na cultura da equipe e da organização.

Vamos começar com a importância das perguntas, e como aquelas que os líderes fazem às suas equipes e ao seu pessoal podem ser cruciais para estimular maior curiosidade. Na correria de entregar, executar e resolver problemas, por exemplo, será que alguma vez paramos para questionar se estamos realmente fazendo as perguntas certas? Em vez de passar o tempo todo quebrando a cabeça à procura de respostas, talvez devêssemos passar mais tempo pensando na pergunta que estamos fazendo. Será que equacionamos o problema da melhor maneira? É esse o problema que precisamos resolver? Nunca foi tão verdadeiro afirmar que os grandes líderes são aqueles que fazem ótimas perguntas. Kevin Kelly, em seu livro *The Inevitable*, descreveu que as boas perguntas não podem ser respondidas imediatamente, desafiam as respostas existentes, criam novo território para o pensamento, são a semente da inovação:

> Uma boa pergunta não pode ser prevista. Uma boa pergunta será sinal de uma mente treinada. Uma boa pergunta é aquela que gera

várias outras boas perguntas. Uma boa pergunta pode ser a última tarefa que uma máquina irá aprender a fazer. Uma boa pergunta é "para que servem os humanos?".[24]

De que maneira respondemos quando a equipe nos faz perguntas? Quando um líder acha que sabe a resposta ou tem alguma opinião sobre o assunto, sua reação típica é sempre responder e passar adiante. Mas será que o membro da equipe aprendeu algo com isso? O que acontece se você replica com outra pergunta ou desafia a equipe a encontrar a resposta? Foi constatado que as crianças fazem em média 73 perguntas por dia.[25] Elas têm uma curiosidade natural que atinge um pico por volta dos quatro anos de idade. Estudos têm mostrado que as crianças usam seus questionamentos como uma maneira de explorar lacunas ou inconsistências no conhecimento.[26] No entanto, também foi demonstrado que os pais podem fomentar uma curiosidade contínua nos filhos ao modelarem neles um gosto pela aprendizagem, sugerindo que tentem novas coisas e reagindo às perguntas dos filhos com outras perguntas que incentivem a exploração. É importante então que os líderes modelem os comportamentos adequados de aprendizagem e criem uma cultura de exploração, fazendo outras perguntas em sequência e desenvolvendo melhor as perguntas feitas. Os líderes não devem sentir que precisam responder a todas as questões que são levantadas para que as coisas andem depressa. Podem, por exemplo, perguntar de volta aos funcionários como eles pensariam responder àquela pergunta, e desafiá-los com outra pergunta relevante, que faça a questão avançar.

Se a lacuna de informação nos diz que as pessoas ficam mais curiosas quando têm um conhecimento parcial de algo, então os líderes podem dar mais espaço à curiosidade incentivando a equipe a aprender o que estiver além de seus domínios de expertise, a explorar além dos limites do que conhecem. Pode ser útil empregar técnicas simples, como envolver as pessoas em projetos que exijam uma expansão, a fim de tirá-las do núcleo de sua zona de conforto. Experiências novas ou informações ambíguas ou conflitantes podem também estimular a curiosidade, portanto crie situações em que os membros da equipe possam aprender de fontes não habituais ou não típicas.

No seu trabalho em torno de design experimental, a pesquisadora Shih-Mei Lee descreveu que é possível promover o desejo de compreender e explorar de três maneiras: sociáveis, corporificadas e lúdicas.[27] Em outras palavras, a curiosidade na sociabilidade permite criar laços sociais, ao aprendermos naturalmente com os outros. A curiosidade corporificada é aquela que nos leva a aprender por meio dos sentidos. Nesse sentido, o aspecto lúdico pode dar apoio a uma exploração autodirigida, ao diminuir nosso medo de fracassar. Os líderes devem ter uma postura proativa e criar situações que deem oportunidade aos funcionários de aprender com os outros, por meio de aprendizagem em grupo e de sessões de exploração. Podem apoiar a criação de intervalos de tempo definidos e regulares ao longo da semana, nos quais os membros das equipes possam explorar e trabalhar, brincar com ideias e experimentar (como no exemplo de Andre Geim e Kostya Novoselov, que resultou no grafeno, mencionado neste livro anteriormente). O trabalho de Spencer Harrison mostra o valor de incentivar indivíduos a trazer seus interesses ao local de trabalho e compartilhá-los. Isso cria um sentido de identidade, e também pode levar os outros a explorarem mais.[28] Os líderes que criam ambientes nos quais as pessoas naturalmente podem ser elas mesmas e fazer seu melhor trabalho, e também dão a elas espaço para explorar, podem ampliar efetivamente a curiosidade em suas equipes.

O estudo de Min Jeong Kang e Colin Camerer, além de demonstrar a lacuna de informação e que a curiosidade epistêmica específica está associada a encarar a informação e a resolução dessa lacuna como recompensa, também mostrou que a formação de memória é mais forte quando as pessoas estão curiosas, mas não obtêm necessariamente a resposta logo de cara. Assim, a exploração e a experimentação melhoram o potencial para uma real aprendizagem, e por isso os líderes devem incentivá-las, apoiando a aprendizagem tanto a partir dos sucessos como dos fracassos.

Finalmente, uma das maneiras mais efetivas de ter sucesso em incorporar aprendizagem é ensinar a uma outra pessoa o que sabemos. O físico teórico americano Richard Feynman criou uma técnica de aprendizagem que consistia em ensinar aos outros um conceito que você tivesse vontade de compreender melhor (ele sugere que as crianças são o melhor público para isso), ou que desperte seu interesse em revisar aquelas lacunas no conhecimento das quais você tem consciência, ou em voltar ao material pesquisado, organizando-o e simplificando-o, e quem sabe até ensinando-o de novo.[29] A capacidade de transmitir um conceito a outras pessoas é um bom teste do quanto você conhece o conceito. Como o filósofo americano Mortimer Adler declarou uma vez: "A pessoa que diz saber o que está pensando, mas que não consegue expressar, em geral não sabe o que está pensando".

A curiosidade não é um luxo; ela é essencial.

■ O paradoxo da relevância

No ambiente de negócios atual, certamente tem mais valor do que nunca incentivar e procurar contribuições de uma gama de fontes o mais ampla possível. É fácil ficar empacado num foco e buscar respostas e exemplos a partir de contextos muito próximos daqueles que conhecemos – por exemplo, soluções ou melhores práticas dentro do próprio setor ou ramo. No entanto, há imenso valor em aplicar um pouco mais de imaginação – buscar soluções que talvez pareçam não relacionadas ou totalmente fora de nosso território conhecido, mas que tenham contextos similares e, portanto, possam revelar respostas verdadeiramente inovadoras.

Quando cientistas da NASA desenvolviam os primeiros trajes espaciais, começaram do jeito óbvio, adaptando os trajes de pressão a alta altitude usados por pilotos de avião. Mas à medida que o programa espacial amadureceu e os requisitos dos trajes ficaram mais sofisticados a NASA concluiu que precisava desenvolver algo bem mais sob medida. Um desafio particular no programa Apollo era a necessidade de conseguir caminhar sobre a superfície lunar, isto é, conceber um traje totalmente vedado que ainda assim permitisse o máximo de mobilidade, e isso mostrou ser um desafio complicado. Os engenheiros da NASA gastaram uma fortuna com tentativas infrutíferas de conceber complexas articulações de joelho para os trajes, que permitissem movimento fluente e ao mesmo tempo fossem totalmente vedadas e estruturalmente fortes.

Por fim, em 1962, uma das companhias que trabalhava nesse desafio técnico, a Garrett AiResearch, foi encaminhada pelo Museu Metropolitano de Nova York à Torre de Londres. O Met apontou que uma armadura de torneio, feita para ser usada pelo rei Henrique VIII em 1520 no Campo do Pano de Ouro, havia sido projetada especificamente para combater a pé e não a cavalo, e poderia prover a resposta que estavam procurando. Quando a Torre de Londres mandou fotos da armadura às equipes da Garrett AiResearch e da NASA, eles viram que a junta era feita de placas de aço sobrepostas com encaixe perfeito, sem vãos entre elas, permitindo liberdade de movimentos. A armadura foi a inspiração principal para as partes cruciais do traje espacial que permitiria a Neil Armstrong dar os primeiros passos na Lua.

Conta-se que um engenheiro da NASA comentou que eles teriam poupado muito tempo e dinheiro se tivessem examinado a armadura antes, mas a equipe foi vítima de um problema comum – o paradoxo da relevância. Ocorre simplesmente quando indivíduos ou grupos não têm conhecimento da informação fundamental que os ajudaria a tomar melhores decisões, e por não terem esse conhecimento não veem sua relevância e seguem adiante sem saber. Em geral, procuramos apenas o conselho ou informação que julgamos precisar para resolver um problema e deixamos de questionar se temos ou não uma visão total da informação que deveríamos ter. De novo, recolher as contribuições mais amplas, usar a imaginação e ficar aberto a desafiar é essencial para resolver bem os problemas num negócio ágil. Isso implica abrir o negócio a pontos de vista novos, a contextos similares existentes em outros setores, e encarar o desafio que pode vir dos novos funcionários que questionem nossas as práticas ou hábitos arraigados.

■ Gerar impulso para mudar: o princípio do progresso

O trabalho em *sprint* pode dar forte impulso à rápida aprendizagem organizacional e à adaptabilidade estratégica. Se for corretamente realizado, ele gera não só novo valor aplicável à criação de novos produtos e serviços, como também apoia uma mudança organizacional mais ampla, permitindo encontrar um caminho em meio aos desafios essenciais de um negócio, reorientando-o a níveis mais elevados de experimentação. Como discutimos, aprendizagem e melhoria contínua estão integradas à trama dessa metodologia de trabalho, assim como às retrospectivas regulares conduzidas ao final de cada *sprint*. Flexibilidade e adaptação também estão na repriorização regular do *backlog* das tarefas a serem feitas. Como a aprendizagem contínua gera maneiras melhores de fazer as coisas e de alcançar metas importantes, o trabalho em *sprint* pode apoiar um crescente impulso organizacional em direção a uma visão ou objetivo abrangente.

Mas há algo mais em relação ao trabalho em *sprint*, outra maneira pela qual ele pode contribuir em acumular impulso para mudar, e que não é discutido com tanta frequência – trata-se de seu papel como fator inclusivo, motivador e gerador de energia. Há várias razões para isso, mas uma particularmente poderosa é que essa maneira de trabalhar pode tornar o valor que a equipe está entregando muito visível e tangível, e tornar o progresso tangível é um princípio-chave da geração de impulso para agilidade e mudança organizacional.

Teresa Amabile, professora da Unidade de Gestão Empresarial da Harvard Business School, descreveu isso como o "princípio do progresso".[30] No cerne desse conceito há uma ideia simples mas muito atraente – o poder do progresso:

> De todas as coisas que podem estimular emoções, motivação e percepções durante um dia de trabalho, a mais importante é fazer progresso de uma maneira significativa. E quanto mais frequentemente as pessoas experimentam essa sensação de progresso, mais provável é que se tornem criativamente produtivas em longo prazo.[31]

A extensa pesquisa de Amabile em locais de trabalho, baseada em milhares de enquetes diárias, mostra que mais do que recompensas e incentivos visíveis e extrínsecos, um dos motores-chave de desempenho criativo e produtivo é a qualidade do que ela chama de "vida profissional interior" da pessoa, ou a combinação de emoções, motivações e percepções experimentada num dia de trabalho: "o quanto os trabalhadores se sentem satisfeitos; quanto estão motivados por um interesse intrínseco no trabalho; quanto veem em termos positivos a organização, sua gestão, sua equipe, seu trabalho, a si mesmos".[32]

Uma vida profissional interior positiva, com essas qualidades, é fundamental para permitir altos níveis de realização, compromisso e até colaboração. Quando os pesquisadores examinaram os "gatilhos" dessa vida profissional interior que impulsionaram um dia positivo, o progresso significativo (não importa se grande ou pequeno) realizado pelo indivíduo ou pela equipe era o principal fator determinante. Contratempos que afetavam o progresso criavam uma vida profissional interior negativa. Em torno disso havia "catalisadores" (aquelas ações que davam suporte direto ao trabalho) e "nutridores" (como incentivo, respeito e reconhecimento) que contribuíam para emoções positivas. Os "inibidores" (coisas que anulavam o progresso) e as "toxinas" (coisas que desestimulavam ou minavam) tinham o efeito oposto.

Isso intuitivamente faz sentido, e vemos muita coisa no local de trabalho que parece feita para inibir ou desestimular. Processos em cascata costumam envolver períodos de tempo extensos para realizar o trabalho, mas mostram poucos sinais visíveis de que algum valor esteja sendo gerado (particularmente um valor para os usuários finais). Geralmente caracterizam-se por grandes equipes de projeto, difíceis de avançar em ritmo satisfatório. Quantas vezes não saímos de um projeto e, ao voltar a ele mais tarde, descobrimos que na verdade nada avançou em relação ao ponto em que o deixamos? O trabalho em *sprint* não é uma panaceia, mas tem a qualidade de ser concebido em torno de progresso tangível, visível. Entrega logo e com frequência. Rastreia a velocidade em relação às metas. Reprioriza com base na aprendizagem.

No nível mais simples, ferramentas de visualização do fluxo do trabalho como os painéis Kanban são um exemplo de como podemos tornar visível a velocidade e o progresso. Destinam-se a otimizar o fluxo do trabalho de uma equipe, e permitem que cada membro veja imediatamente qual é a tarefa em andamento, e também o progresso que está sendo feito em valor e resultados à medida que os elementos do *backlog* vão se movendo para a direita (Fig. 7.8).

É comum não dar o devido valor a essas ferramentas, julgá-las como táticas próprias de equipes de tecnologia ou de produto, mas há nelas princípios importantes em ação. É essencial encontrar maneiras melhores para que cada um no negócio possa ver o progresso que tanto a equipe quanto a organização estão fazendo. Ao passar nossos dias em reuniões e trocas de e-mail, é fácil perder de vista a trajetória de avanço na qual estamos no momento. É muito desmotivador chegar ao final de uma semana agitada e sentir como se não tivéssemos realizado muita coisa. A liderança precisa, portanto, encontrar maneiras mais tangíveis de comunicar o progresso em direção a metas bem compreendidas, além de disponibilizar ferramentas que deem suporte à visibilidade do progresso da equipe.

Além disso, como apresentei anteriormente, é importante que os líderes encontrem maneiras mais tangíveis de conectar o pessoal com o impacto daquilo que estão fazendo. O autor e acadêmico Adam Grant conduziu um estudo bem conhecido focado justamente nesse ponto.[33] Ele estudou um grupo de arrecadadores de fundos por telemarketing, que levantavam dinheiro para prover bolsas a estudantes. A taxa anual de rotatividade no centro de atendimento onde os arrecadadores de fundos trabalhavam era de 400%.

Figura 7.8 – Exemplo de painel Kanban

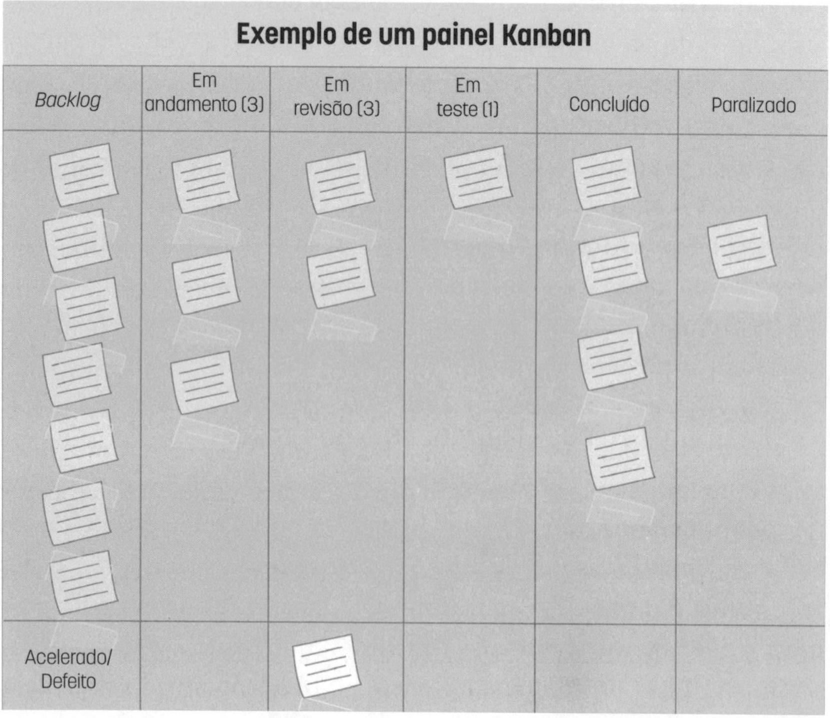

Exemplo de um painel Kanban

Backlog	Em andamento (3)	Em revisão (3)	Em teste (1)	Concluído	Paralizado

Acelerado/ Defeito

Fonte: Adaptado de Mitchell (2012). Disponível em: https://commons.wikimedia.org/w/index.php?curid=20245783. Acesso em: 7 ago. 2022.

Grant convocou um estudante, ganhador de uma das bolsas, para conversar com os arrecadadores e dizer quanto a bolsa havia mudado sua vida e quanto ele se sentia grato pelo trabalho que eles haviam feito. Após esse encontro, a média de dinheiro que os trabalhadores do centro arrecadaram aumentou 14% e a média de minutos que ficavam ao telefone subiu 171%. De modo similar, quando Grant trabalhou com radiologistas e colocou uma foto do paciente ao lado de um raio-X, a precisão do diagnóstico aumentou 43%.

O princípio atuante aqui é o poder conectar as pessoas com o impacto do trabalho que estão fazendo. Como Grant diz: "Com muita frequência fazemos trabalho que é importante para algum grupo de pessoas, mas na realidade ficamos desconectados disso, sem saber qual é a real consequência".[34]

Conectar o pessoal com o impacto aumenta não só a motivação como o envolvimento e a resiliência, mas também continua sendo uma ferramenta subestimada pelos líderes, embora poderosa. Uma das maneiras simples de promover essa conexão é aumentar o contato do pessoal com os clientes, colocá-los frente a frente, permitir que participem dos processos de feedback do cliente, conectar o trabalho ao impacto que ele tem no progresso em direção a metas, e tornar bem mais visíveis os resultados do impacto ou feedback do cliente/fornecedor/parceiro. Precisamos encontrar melhores maneiras de tornar o progresso mais tangível e de conectar os funcionários com as consequências do trabalho que realizam. Esse senso de progresso positivo pode ser um poderoso catalisador para gerar impulso.

■ Fazer as coisas em grandes organizações

Uma coisa impressionante nas grandes organizações é que, apesar de todo o talento, vontade e inteligência à nossa volta, é difícil fazer as (novas) iniciativas decolarem. Às vezes temos a sensação de que a companhia é montada para frustrar as pessoas que querem criar algo novo e diferente.

Em 1944, o órgão que antecedeu a CIA, denominado Escritório de Serviços Estratégicos [Office of Strategic Services ou OSS] criou um manual de campo de 32 páginas a respeito de sabotagens simples [*Simple Sabotage Field Manual*], para uso de seus agentes e de cidadãos sabotadores na Segunda Guerra Mundial.[35] Com recomendações a respeito de intervenções físicas, o manual incluía uma série de sugestões para sabotagens mais indiretas, mas não menos danosas, por meio de recursos como tomar decisões prejudiciais em organizações ou obstruir o progresso ao interpor propositalmente uma burocracia superpesada. Essa lista de táticas de sabotagem (parafraseada aqui), que podia ser implementada em reuniões e em outras situações, infelizmente parece uma lista das coisas que com muita facilidade podem acontecer diariamente em grandes organizações:

- Insistir em fazer tudo por meio dos "canais".

- Fazer "discursos". Falar com a maior frequência possível e extensamente. Ilustrar suas "opiniões" narrando longos episódios e relatando experiências pessoais.

- Quando possível, remeter todos os assuntos a comissões, para "estudos e considerações adicionais". Tentar tornar essas comissões o mais numerosas possível, – nunca menos de cinco pessoas.

- Levantar questões irrelevantes com a maior frequência possível.

- Discutir longamente detalhes de comunicados, minutas ou resoluções.

- Trazer de volta assuntos já decididos na última reunião e tentar reabrir a questão da conveniência ou não daquelas decisões.

- Defender a "cautela". Ser "razoável" e insistir para que seus parceiros sejam "razoáveis" e evitem a pressa, que pode ocasionar constrangimentos ou dificuldades mais adiante.

- Ficar preocupado com a adequação de qualquer decisão – questionar se tal ação, da maneira que se pretende executá-la, está dentro da alçada do grupo ou se pode entrar em conflito com a política adotada por algum escalão mais alto.[36]

Em contraste com isso, Thomas Kalil, que foi vice-diretor de Políticas na Agência de Políticas de Ciência e Tecnologia da Casa Branca na administração Obama, escreveu um excelente artigo sobre condutas assertivas nas grandes organizações.[37] Ele enfatizou certas estratégicas, como ter uma pauta própria em vez de reagir à pauta dos outros, ser receptivo à ajuda dos demais, trabalhar de cima para baixo e de baixo para cima, identificar e recrutar aliados, fazer perguntas interessantes e úteis ao solicitar ideias ou ajuda, usar de modo eficaz as reuniões *standups*, e no começo de um processo já pensar como será seu final para assegurar bons resultados. Com a intenção de ajudar os novos membros a embarcarem no trabalho, ele criou um "Quadro Branco da Equipe Kalil" ["Team Kalil *whiteboard*"], no qual que apresentava uma série de princípios resumindo essas estratégias mais amplas numa lista de verificação incisiva e útil.

A lista também incluía pontos relacionados com o senso de propriedade:

- Conduza; não reme.

- Tenha uma opinião.

- Se você tem 15 minutos para falar com o presidente, veja o que você tem na sua lista – e se tem trabalhado nisso.

- Relacionamentos fortes são baseados em confiança, compreensão mútua e reciprocidade.

  Ele incluiu comunicações focadas em ação e produtividade:

- Horas das suas contribuições/Horas no total.

- Empreendedor = alguém não limitado pelos recursos diretamente sob seu controle.

- Localize seus fazedores.

- É melhor acender uma única vela do que ficar gritando no escuro.

- Não seja um gargalo.

  E comunicações relacionadas a direção, organização e colaboração:

- Anote. Faça acontecer.

- O cronograma é seu amigo.

- Pense no final quando ainda estiver no começo.

- Se você quer que as pessoas façam alguma coisa, facilite.

- Você pode fazer mais se não se preocupar para quem irão os créditos.[38]

Há alguns temas claros nessa simples lista, que falam muito bem de como superar alguns obstáculos comuns para conseguir fazer as coisas em ambientes complexos: a importância do senso de propriedade; começar pequeno e fazer progressos mesmo que limitados; ser resiliente; o poder da influência; direção e governança.

ESTUDO DE CASO

ANZ Bank

O ANZ Bank é um ótimo exemplo de como a necessidade de mudar a mentalidade da liderança pode ser combinada com uma abordagem nova e escalada às estruturas ágeis. Motivada pela necessidade de aumentar a velocidade com a qual o banco criava valor mensurável ao cliente, de desmontar áreas e transferências funcionais ineficientes e possibilitar que o banco se reinventasse como um ótimo lugar para trabalhar e também competitivo na batalha por talentos, as ações de transferência ágil do ANZ Bank colocaram foco em duas vertentes-chave de trabalho, chamadas pela organização de Novas Maneiras de Liderar [*New Ways of Leading* ou NWOL] e Novas Maneiras de Trabalhar [*New Ways of Working* ou NWOW].[39] A primeira teve foco em cinco comportamentos-chave da liderança:

- ☑ **Seja curioso:** a curiosidade é considerada uma ferramenta fundamentalmente poderosa na era da informação.

- ☑ **Crie clareza compartilhada:** cada membro deve ser capaz de explicar com simplicidade o propósito coletivo da equipe.

- ☑ **Empodere pessoas:** trabalhe também por meio dos outros, e não apenas por sua conta.

☑ **Conecte com empatia:** vínculos humanos e empatia motivam a fazer um trabalho melhor.

☑ **Faça as pessoas crescerem com desapego:** compartilhe poder e desenvolva pessoas para que façam seu melhor trabalho.

Com os novos comportamentos da liderança, o ANZ implementou um programa para transformar as maneiras de trabalhar. O negócio pediu a 9 mil pessoas, começando pela alta liderança e descendo, que se candidatassem de novo a seus empregos, sinalizando desse modo que o negócio estava levando a mudança a sério, mas também como uma oportunidade de selecionar deliberadamente pessoas que refletissem os novos comportamentos de uma organização ágil. O negócio fez cortes significativos de pessoal como parte da transformação, mas para apoiar a transparência no processo conduziu o programa a partir de uma sala envidraçada, chamada "o aquário", onde qualquer um podia entrar e ver o que estava acontecendo. Além disso, promovia duas rodadas semanais de pizza com 70 pessoas por vez, para as atualizações e para responder perguntas. Agora, o ANZ não só conta com mais de 9 mil pessoas trabalhando em equipes ágeis, como também, segundo o gerente-geral da Omnichannel, Christian Venter, consegue realizar o mesmo volume de trabalho com 20% a 30% menos pessoas. Pequenas equipes ou *squads* multidisciplinares estão firmemente focados em objetivos ao cliente específicos, e de 20 a 30 *squads* agrupam-se em Tribos, focadas em áreas de propostas. Algumas funções específicas, como *compliance*, por exemplo, tinham uma pessoa dedicada em cada Tribo, em vez de uma em cada *Squad*.

A transformação não foi isenta de dificuldades e emergiram novos desafios. Não demorou para que novas maneiras de trabalhar entrassem em choque com as velhas maneiras de financiar os projetos, por exemplo. Métodos tradicionais de orçamento, que operavam por ciclos anuais e/ou baseados em projetos, foram obrigados a absorver o custo da mudança necessária com trabalho ágil, iterativo.

O governo do Reino Unido enfrentou desafio similar em sua transformação. Abordagens tradicionais ao financiamento de projetos envolvem redigir um caso de negócios e definir o período de tempo do investimento.[40] Esse tipo de especificação prévia não demora a gerar problemas quando se trabalha iterativamente no desenvolvimento de projetos complicados e potencialmente imprevisíveis, criando atritos entre as equipes que realizam o trabalho e aqueles que estão definindo os orçamentos, e isso simplesmente faz tudo desacelerar. Modelos lineares de financiamento pressupõem que pouco ou nada irá mudar, portanto acabam garantindo um alto custo de adaptação.

Além disso, os custos de montar uma nova equipe ou de desabilitar uma equipe raramente são levados em conta nas propostas de financiamento. As dificuldades de se adaptar às mudanças das circunstâncias significa que os principais investidores e as comissões de aprovação acabam tomando decisões a respeito até de mudanças relativamente pequenas no financiamento ou desenvolvimento. Dar às equipes que estão realizando o trabalho maior autonomia para tomar decisões sobre o produto ou o desenvolvimento mantém essas decisões na mão das pessoas que estão mais próximas do trabalho (e com frequência do cliente), mas também libera tempo da direção para que ela fique focada em aspectos estratégicos mais amplos e na governança.

Assumir abordagens que sejam mais alinhadas à abordagem contábil da inovação proposta pela *Lean* startup, mencionadas anteriormente neste livro, dá maior flexibilidade e adaptabilidade e efetivamente permite investir em equipes e progredir ao longo de um canal de trabalho, em comparação com o investimento inflexível em projetos individuais.

◼ Reuniões ágeis

Além de desafiar padrões estabelecidos relativos a normas operacionais como as que regem as reuniões, podemos trabalhar ativamente para tornar os encontros mais curtos e mais inteligentes, a fim não só de criar espaço e aumentar a mobilidade, mas também para melhorar o ambiente de trabalho (e talvez proteger a sanidade de nossos empregados nessas situações). Reuniões são uma ferramenta necessária para ajudar qualquer negócio a andar de modo eficaz, mas podem também ser um desperdício de tempo desmotivador. Quando a Salary.com, um negócio de dados focado em salários, realizou uma enquete com mais de 3.200 pessoas em 2012, a percepção foi que o maior desperdício de tempo no local trabalho era o excesso de reuniões (isso foi apontado por 47% dos entrevistados, seguido pelas políticas no local de trabalho, citado por 43%).[41]

Um estudo de 2018 cobrindo 19 milhões de reuniões, realizado pelo serviço de cronogramas Doodle (que também envolveu 6.500 entrevistas com funcionários) concluiu que a perda de tempo mais irritante, identificada por 89% dos participantes, eram as reuniões ineficazes ou mal organizadas.[42] Mais de dois terços dos entrevistados disseram que perdiam tempo toda semana com reuniões desnecessárias ou que são canceladas. O custo dessas reuniões mal organizadas foi estimado em quase 400 bilhões de dólares, apenas nos Estados Unidos.

O doutor Steven Rogelberg, professor da Universidade da Carolina do Norte (e autor de *The Surprising Science of Meetings: How you can lead your team to peak performance*[43]), realizou extensa pesquisa sobre reuniões por mais de quinze anos e com milhares de funcionários de diferentes empresas, demonstrando o importante lado positivo de melhorar o modo como as reuniões são realizadas, tanto pelo negócio quanto pelo funcionário. Sua pesquisa mostrou, por exemplo, que as reuniões são melhores com um número reduzido de participantes e quando não há uma "inflação de reuniões". Agregar pessoas que não contribuem ou são observadores dispensáveis é contraproducente. Um estudo de 2010 da Bain & Company, por exemplo, mostrou que, para cada pessoa a mais em um grupo de tomada de decisões (a partir de sete membros), a eficácia da decisão se reduz em cerca de 10%. A regra é simples – sem bicões.

Em geral, diz Rogelberg, o líder da reunião é quem sai dela mais feliz, então o autor sugere um rodízio no líder da reunião, como uma maneira de preservar e melhorar a eficácia ao longo do tempo, e também que seja desafiado esse "padrão do gestor", que define blocos de uma hora de duração para as reuniões. Sugere ainda reduzir essa uma hora para uma extensão nominal de 45 minutos, por exemplo, a fim de introduzir certa urgência nos participantes quanto a tomar as decisões.

Talvez uma maneira ainda mais poderosa de desafiar o estabelecido seja adotar a regra da Percolate, segundo a qual "as reuniões devem ser de 15 minutos, como padrão", já discutida antes no livro como um recurso para romper com hábitos estabelecidos há longo tempo. Um número maior de "rodas" curtas e regulares, como um standup diário que as equipes ágeis podem promover, consegue muitas vezes realizar tanto quanto uma reunião de uma hora para atualização de status. Um estudo relatado na *Journal of Applied Psychology* em 1999 concluiu que reuniões com pessoas sentadas duram 35% mais tempo que as realizadas com as pessoas em pé, sem que haja ganhos de efetividade.[44]

Rogelberg enfatiza que é benéfico haver uma exigência clara de resultados na reunião, garantir de antemão que sejam feitas contribuições para a pauta e atribuir o que compete a cada um, fazendo *pre-mortem* para identificar qualquer coisa que possa ser um obstáculo a alcançar bons resultados. É impressionante quantas reuniões gastam um tempo desproporcional em itens triviais. Cyril Northcote Parkinson, que difundiu a lei de que um trabalho se expande para ocupar o tempo determinado para a sua conclusão, criou também a "Lei da Trivialidade": "O tempo gasto em qualquer item da pauta estará em proporção inversa à soma (de dinheiro) envolvida".

A Lei da Trivialidade de Parkinson pode ser explicada pelo chamado "efeito *bike-shedding*" [efeito galpão das bicicletas] – isto é, a tendência de gastar quantias de tempo significativas nas reuniões corporativas focando em assuntos triviais, sobre os quais os participantes têm maior conhecimento. Parkinson dá um exemplo ficcional de uma comissão encarregada de aprovar planos para a construção de uma usina nuclear, que gasta a maior parte de seu tempo discutindo questões mais fáceis de entender, como os materiais que poderiam ser usados para construir o galpão das bicicletas da equipe. Como os participantes sabem muito menos a respeito de estações de energia nuclear, falam desse assunto brevemente e acabam simplesmente aprovando a recomendação que lhes for apresentada.

Todos já estivemos em reuniões em que se gasta tempo demais discutindo assuntos triviais, a respeito dos quais as pessoas têm maior conhecimento, em detrimento do tempo que poderia ser gasto em assuntos complexos, porém mais importantes. A expressão *bikeshedding* é mais usada na comunidade de engenharia de software, mas descreve um fenômeno disseminado. Como o estrategista Russell Davies afirma: "A diferença é que o pessoal de software identificou e nomeou o padrão. Esse rótulo é um clichê organizacional, que permite que eles superem isso e sigam adiante discutindo algo mais útil".[45]

IMPULSO PARA A MUDANÇA (3): VELOCIDADE = RAPIDEZ + DIREÇÃO

Uma transformação ágil eficaz depende muito da estratégia adaptativa e de alocar recursos. Não é bom se mover rápido caso você estiver se movendo na direção errada, portanto é necessária uma reavaliação contínua para se chegar à visão que tiver sido definida. Um elemento essencial para a adaptação eficaz é tomar decisões mais inteligentes por meio de dados e evitar as armadilhas e tendenciosidades comuns que podem nos levar na direção errada.

■ Usar estratégia adaptativa e alocação de recursos para continuar rápido e focado

Anteriormente, nesta seção do livro, discuti o valor do trabalho em *sprint* para incorporar aprendizagem (notadamente por meio de revisões e retrospectivas regulares) e da adaptação (ao repriorizar o *backlog* e planejar o *sprint*) na trama de como a organização trabalha. Isso só terá real valor em um nível organizacional e não só no nível da equipe se a aprendizagem e a priorização forem retroalimentadas e levadas em consideração para fazer evoluir uma estratégia de produto e de negócio mais ampla. Assim como uma equipe usa um *backlog* repriorizado que reflita os contextos mais recentes, também a organização deve usar ciclos de feedback para ser mais reativa a alterações nas dinâmicas. Para fazer isso direito precisamos ficar bons em estruturar, organizar, interpretar e agir naquilo que os dados conseguem nos dizer, mas também temos que estar cientes de algumas tendenciosidades comuns que podem facilmente distorcer nossa interpretação, e reconhecer o valor de abordagens centradas no humano, como o contato pessoal com clientes reais, o valor da empatia, da intuição e da criatividade. O ponto é que mover-se rápido só cria impulso se incorporamos uma adaptação regular que faça evoluir a estratégia atual para definir *como* estamos alcançando nossa visão.

Essa reação à alteração das dinâmicas pode ser uma estratégia adaptativa, mas a fim de capitalizar realmente a oportunidade de adaptação o negócio ágil precisa gerir recursos de maneiras mais fluentes. Pode, por exemplo, ter de reorientar uma nova equipe multidisciplinar pequena (ou várias equipes) para que ponha foco rapidamente numa oportunidade emergente ou explore um novo desafio estratégico. Operar numa escala maior com pequenas equipes ou *squads* torna mais fácil intercambiar os membros das equipes, fazer com que uns entrem e outros saiam, mas também facilita explorar uma área nova ou desafiadora com rapidez. Lembre-se que equipes pequenas podem impulsionar grande mudança, e em vez de reagir a uma oportunidade percebida gerando imediatamente uma nova e grande iniciativa de negócios, uma equipe pequena e ágil tem a oportunidade de trabalhar com maior agilidade para começar a criar algumas respostas. Para conseguir fazer isso bem, precisamos estar preparados para alocar talentos por todo o espectro da nossa equação explorar, executar, estender e aproveitar.

■ Ser movido por dados E informado por dados

Sem dúvida, os dados têm valor fundamental e existencial para os negócios na era moderna. Mesmo assim, muitas organizações ainda parecem ter grande dificuldade para derivar valor excepcional da imensa quantidade de dados que já acumulam. Muitos futurólogos, palestrantes e comentaristas usaram tempos atrás a expressão "dados são o novo petróleo", como uma maneira de expressar o aumento no valor dos dados, embora isso sugira que os dados são uma coisa simples de minerar e explorar de maneiras mecânicas. É muito melhor reconhecer que somos capazes não apenas de nos mover por dados em nossas tomadas de decisões, mas também de sermos *informados por dados.*

Como especialista em extrair valor de dados, Clive Humby, fundador do negócio de ciência do cliente Dunnhumby, tem dito que os dados são como petróleo, no sentido de que seu verdadeiro valor só é compreendido quando refinamos os dados, e os transformamos em valiosas entidades que podem impulsionar atividade lucrativa.[46] Se falharmos em fazer isso da maneira correta, os dados podem levar a cursos de ação que geram desperdício ou são prejudiciais de algum outro modo, ou então ficamos sujeitos a fazer leituras que são distorcidas por nossas tendenciosidades ou falta de experiência. Em outras palavras, os dados podem muito bem ser o novo petróleo, mas no sentido de serem tóxicos, a não ser que você consiga refiná-los.

A pirâmide DIKW, de Data, Information, Knowledge, Wisdom (Dados, Informação, Conhecimento, Sabedoria), faz parte há muito tempo da linguagem da ciência da informação e oferece uma abordagem estratégica útil não só para compreender a hierarquia de valor dos dados, mas também as capacidades subjacentes fundamentais que um negócio verdadeiramente ágil precisa ter para prosperar em um mundo com exuberância de dados (Fig. 7.9).

Na base da pirâmide, os dados brutos são como matéria-prima – têm pouco ou nenhum valor, até fazermos alguma coisa com eles. Jennifer Rowley, da Bangor Business School, em seu estudo de 2007 sobre as definições do DIKW que são apresentadas em uma série de livros, caracterizou os dados como: "fatos ou observações discretos, objetivos, que não estão ainda organizados e processados e, portanto, não têm sentido ou valor, em razão da falta de contexto e de interpretação".[47]

Figura 7.9 – A pirâmide DIKW

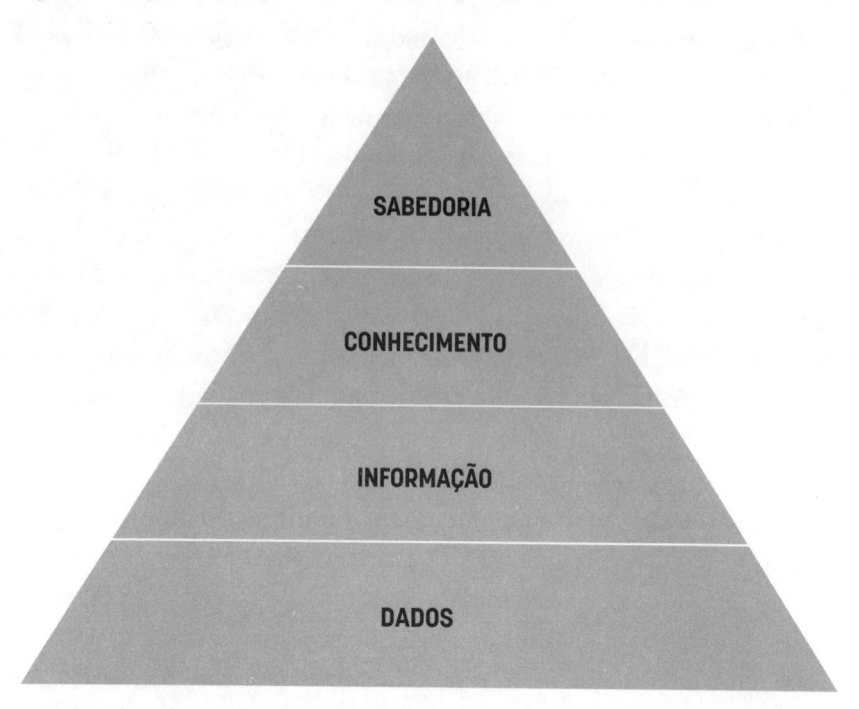

Fonte: Adaptado de Longlivetheux. Disponível em: https://commons.wikimedia.org/w/index.php?curid=37705247. Acesso em: 7 ago. 2022.

Mesmo assim, continua sendo crucial nesse caso coletar o tipo certo de dados e reuni-los de uma maneira que assegure que poderão ser usados. É claro que as inovações são muito mais úteis para aqueles que têm imensas quantidades de matéria-prima a partir da qual possam trabalhar. Thomas Newcomen, um dos pioneiros da Revolução Industrial, inventou o primeiro motor a vapor em 1712. Ele vivia no sudoeste da Inglaterra, trabalhando no comércio de ferro, e alguns de seus maiores clientes eram as antigas minas de estanho que proliferavam na região. Essas minas tinham um grave problema com inundações, pois ficavam cada vez mais profundas e os métodos tradicionais de remover a água usando bombas manuais ou cavalos eram lentos e caros.

O novo motor a vapor de Newcomen bombeava água usando um sistema de vácuo e era muito mais eficiente para lidar com a inundação desses garimpos, pois permitia alcançar profundidades maiores. No entanto, o motor a vapor era alimentado a carvão, portanto era bem mais útil para quem tivesse muito carvão disponível. Uma solução boa, embora não benéfica o suficiente, era garantir a compra de lotes de carvão e transportá-los até o sudoeste. O resultado foi que o primeiro motor a vapor não foi montado numa mina de estanho em Devon [sudoeste da Inglaterra], e sim numa mina de carvão em Dudley Castle, em Staffordshire [região central da Inglaterra].

Isso também vale para os dados. Precisamos assegurar que temos suficiente quantidade de dados utilizáveis, relevantes, de qualidade, a fim de poder derivar verdadeiro valor. Portanto, é bom questionar se estamos fazendo as perguntas certas ao adquirir dados que possam ser úteis para impulsionar os resultados do negócio, e assegurar conformidade com as normas necessárias.

O primeiro passo crucial para gerar valor a partir desses dados é organizar e estruturar essas informações e torná-las acessíveis de maneiras que façam sentido. Dados estruturados são informação, e a informação é mais útil do que os dados em sua forma bruta por sua capacidade de responder questões básicas referentes a quem, o quê, onde e quando. Isso está relacionado à necessidade de estruturar sistemas de maneiras que sejam capazes de interagir com outros sistemas e compartilhar dados, e de arquitetar dados de um modo que nos permita acompanhá-los, interrogá-los ou segmentá-los. A "visão de um único cliente", por exemplo, ou a capacidade de atribuir comportamento e interação de volta a um único cliente, é fundacional para permitir uma verdadeira experiência de cliente *omnichannel* ["omnicanal"], que coloque o cliente no centro e apoie jornadas e interação passíveis de serem acompanhadas de maneira fluente.

Depois disso, precisamos dar sentido a esses dados estruturados – identificar padrões, extrair conclusões, compreender relações e conexões. Isso nos permite criar conhecimento, o que possibilita responder questões do tipo como e por quê. O conhecimento é mais valioso que a informação, pois nos dá um entendimento além das questões simples e permite procurar padrões capazes de informar respostas.

No topo da pirâmide temos a sabedoria, que vem da aplicação inteligente do conhecimento e está relacionada à nossa capacidade de definir processos e ciclos de feedback capazes de colocar o insight em ação, para aprender ao longo do tempo, melhorar e derivar vantagem por meio de experiência, eficiência e eficácia – por exemplo, de personalização algorítmica, aprendizagem de máquina e automação.

Uma boa estratégia de dados e uma implementação adequada acompanham esses níveis de maneiras fluentes, propiciando uma melhoria real e contínua, assim como saltos criativos. Muito desse valor virá da aplicação de formas orientadas por máquina para arquitetar, otimizar e aprender, mas em cada estágio há a intervenção humana, necessária para capitalizar o valor gerado pela aplicação de ciência de dados, interpretação, criatividade e intuição. Há um imenso benefício na aplicação mais ampla da tomada de decisões orientada por dados, por exemplo para fomentar reatividade por meio de *dashboards* [painéis de dados] em tempo real, mas também é possível obter significativa vantagem pela capacidade de interpretar padrões, fazer previsões, vislumbrar e imaginar futuros cenários e possibilidades e ser capaz de realizá-los por meio de estratégia e ação.

A tomada de decisões orientada por dados é mais automática, mecânica, baseada em regras e mais governada pela evidência e pela causalidade. Identificamos o que os dados estão nos dizendo e sabemos o que fazer em reação a isso. Ser informado por dados tem mais a ver com a capacidade humana de interpretar os padrões identificados nos dados e de usar a intuição ou a criatividade para imaginar e criar diferentes possibilidades, resultados ou metas. Engenhosidade humana, inteligência criativa, empatia, originalidade e riqueza de recursos podem revelar-se úteis para sermos informados por dados.

Mas precisamos das duas coisas. Os negócios bem-sucedidos no mundo rico em dados em que agora vivemos são os que combinam a capacidade humana e a capacidade de máquina das maneiras mais adequadas.

■ Sobre ser informado por dados

A tomada de decisões orientada por dados sugere processos mais mecânicos para otimizar, melhorar e executar, portanto é mais provável que seja governada por regras, precedentes e diretrizes gerais. Por outro lado, o maior nível de intervenção humana envolvido na tomada de decisões informada por dados significa que é preciso estar consciente tanto do brilhantismo que os humanos podem trazer à solução de problemas quanto das falhas e vulnerabilidades que essa intervenção às vezes acarreta.

Por exemplo, é muito fácil que a interpretação humana seja afetada por tendenciosidades e desvios de direção, e que se ignore a importância da intuição e da correta apreensão de sentido. Quando o capacete Brodie, projetado por John Leopold Brodie em 1915, foi introduzido no exército britânico na Primeira Guerra Mundial, a intenção era proteger os soldados dos estilhaços das explosões. Até 1915, os soldados iam para a batalha protegendo a cabeça com artefatos de pano, feltro ou couro, mas logo ficou evidente, a partir do imenso número de ferimentos fatais no crânio causados pelas mais modernas armas de artilharia, que era preciso algo mais eficiente. Depois que o exército francês introduziu pioneiramente os capacetes, o exército britânico logo o acompanhou.

Mas após a introdução dos capacetes de metal, quando o pessoal do Ministério da Guerra registrou o número de ferimentos na cabeça por batalhão, eles ficaram impressionados ao ver que o número total, em vez de diminuir, havia aumentado em porcentagem expressiva. A intensidade dos combates não era diferente, então poderiam facilmente ter concluído que os capacetes de metal não eram melhores, e sim piores que os de tecido para proteger os soldados. Felizmente, porém, concluíram que na realidade o que acontecia era que menos soldados estavam morrendo na hora por ferimentos na cabeça e que a maioria dos feridos sobrevivia. Em outras palavras, o número de ferimentos na cabeça registrados aumentara, mas o número de mortes havia se reduzido, já que os capacetes protegiam melhor os soldados. Isto é, após a introdução dos capacetes, ficou mais provável que os fragmentos de metralha causassem apenas ferimentos em vez da morte.

O capacete Brodie era uma obra-prima de design simples e inspirou e foi precursor de muitos capacetes de combate mais modernos e tecnologicamente avançados. Ao final da guerra, haviam sido produzidos cerca de 7,5 milhões de capacetes Brodie. No entanto, eles poderiam facilmente ter sido descartados, e então milhares, talvez centenas de milhares de soldados, não teriam sobrevivido. Conclusões e ações precipitadas a partir de dados, sem usar o pensamento e a intuição de modo conveniente, podem facilmente levar a más interpretações e a resultados inadequados.

■ Uso de dados para desafiar e pivotar

Negócios inteligentes, ágeis, tomam decisões com base em evidências, combinadas com a criatividade e intuição humanas, a fim de criar vantagem excepcional. Mas às vezes até argumentos apoiados em dados podem encontrar dificuldade para superar visões ou abordagens arraigadas.

Freeman Dyson, um renomado físico teórico de origem britânica, trabalhou na Seção de Pesquisa Operacional [Operational Research Section ou ORS] do Comando de Bombardeiros da Real Força Aérea britânica durante a Segunda Guerra Mundial. A ORS original, que abrigava funcionários públicos e acadêmicos, foi criada para aconselhar a Marinha britânica em desafios críticos, como atestar a destruição dos submarinos alemães U-boats, e era dirigida pelo altamente respeitado físico experimental Patrick Blackett, que havia sido oficial naval na Primeira Guerra Mundial. O prestígio acadêmico de Blackett e sua experiência naval fazia seus conselhos serem respeitados pelos almirantes, e a ORS foi muito eficaz em suas contribuições para vencer a batalha contra os submarinos alemães no Atlântico.

O Comando de Bombardeiros era dirigido por Sir Arthur "Bomber" Harris, um sujeito extremamente franco e direto. O líder da ORS designado para atuar no Comando de Bombardeiros era Basil Dickins, funcionário público de carreira, cuja influência era menos efetiva, o que significava que a ORS precisava fazer grande esforço para conseguir desafiar as táticas e estratégias defendidas por Sir Arthur. Havia desafios importantes para conseguir identificar estatisticamente as razões pelas quais tantos bombardeiros britânicos estavam sendo perdidos na Alemanha durante a guerra. O foco foi colocado em tentar descobrir de que modo os aviões poderiam voar em missões evitando não só fogo antiaéreo, como também interceptações de caças noturnos germânicos e colisões com outros bombardeiros durante o ataque. A força dos caças noturnos alemães era pequena comparada com o Comando de Bombardeiros, e eles raramente eram abatidos pelas armas dos bombardeiros. O que os britânicos desconheciam era que os alemães haviam desenvolvido um sistema de disparo chamado Schräge Musik ("música distorcida"), que lhes permitia voar por baixo dos bombardeiros sem serem vistos, e disparar para cima num bombardeiro cuja silhueta ficava claramente estampada contra o céu noturno. Estima-se que esse sistema permitiu abater eficientemente milhares de bombardeiros, mas só foi descoberto tarde demais para que o Comando de Bombardeiros pudesse conceber algo para neutralizá-lo.

Mesmo assim, talvez tivesse sido possível salvar bem mais bombardeiros se as ideias de Freeman Dyson na ORS do Comando de Bombardeiros não tivessem caído em ouvidos surdos. Os aviões e seus atiradores raramente viam os caças pelos quais eram abatidos. Dyson sugerira que uma maneira evidente de reduzir as catastróficas perdas que o Comando de Bombardeiros vinha sofrendo na Batalha de Berlim era remover duas torres de tiro dos Lancaster da RAF. Isso os deixaria incapazes de disparar no inimigo, mas os aviões também ficariam bem mais leves, rápidos e manobráveis. O trabalho de Dyson demonstrou que isso não só permitiria aos Lancaster escapar com mais facilidade dos caças alemães, como também permitiria que ficassem muito menos tempo ao alcance das aeronaves inimigas, além de cada avião passar a carregar apenas cinco aviadores em vez de sete. As perdas, portanto, teriam sido significativamente menores.

No entanto, como Dyson relata, os comandantes da RAF não gostaram da ideia de remover poder de fogo, e o conselho que ele dava ia contra as crenças predominantes: "nossa proposta de tirar as torres de tiro contrariava a mitologia oficial que via valentes atiradores defendendo sua tripulação. Dickins nunca teve coragem de tratar a questão seriamente em suas conversas com Harris. Se tivesse feito isso, talvez Harris até ouvisse, e milhares de aviadores teriam sido salvos".[48]

Essa história demonstra quanto pode ser difícil, mesmo com o apoio de evidência estatística, desafiar mitologias, crenças e convicções que às vezes ficam amplamente arraigadas nos negócios. Muitas vezes as histórias e tradições predominantes que cresceram com o negócio são desafiadas por novas evidências, mas acaba sendo muito difícil mudar o curso. Para sermos genuinamente adaptativos e construirmos real impulso para a mudança, precisamos nos dispor a sustentar nossas visões arraigadas com maior leveza e flexibilidade. Acreditar com convicção, sim, mas ter disposição para mudar essa crença quando os dados nos dizem que outro curso de ação é necessário.

■ Navegar com dados

Para conseguir navegar bem tanto na tomada de decisões orientada por dados como na informada por dados precisamos reconhecer não só o potencial de ambas, mas também suas limitações. Para isso é crucial equilibrar otimização e iteração com visão.

Andrew Chen, capitalista de risco e consultor de startups do Vale do Silício, descreveu de que modo as métricas refletem tipicamente a estratégia, posição ou público atual do negócio, já que se baseiam em circunstâncias existentes ou passadas.[49] Por essa razão, podem ajudá-lo a iterar em direção ao que ele chama de "máximo local" – o ponto em que você consegue alcançar o limite do design, estrutura ou alicerce atual do cliente. Em outras palavras, quanto isso pode ser bom considerando o alicerce existente.

Em matemática, funções podem ter máximos locais, ou seja, pontos altos possíveis de alcançar dentro de determinado âmbito ou contexto, e também máximos globais, que são os pontos mais altos que você pode alcançar dentro de todo um domínio ou função (Fig. 7.10).

A tomada de decisões baseada em evidências ainda é imensamente subutilizada na maioria dos negócios, mas há um limite para os ganhos que podemos obter da otimização, e pode ser tentador levar isso longe demais, deixando de priorizar o quadro mais geral, os aspectos mais amplos de um problema ou de uma potencial solução maior. Os dados muitas vezes são sistematicamente tendenciosos e exigem uma intervenção humana inteligente que projete e interprete sistemas que não só otimizem cenários existentes, mas também abram novas possibilidades. Por exemplo, os tipos de dado mais fáceis de coletar e interrogar muitas vezes não são o tipo que nos mostrará o que é possível ou onde a nossa visão final poderia estar.

Figura 7.10 – Máximos local e global

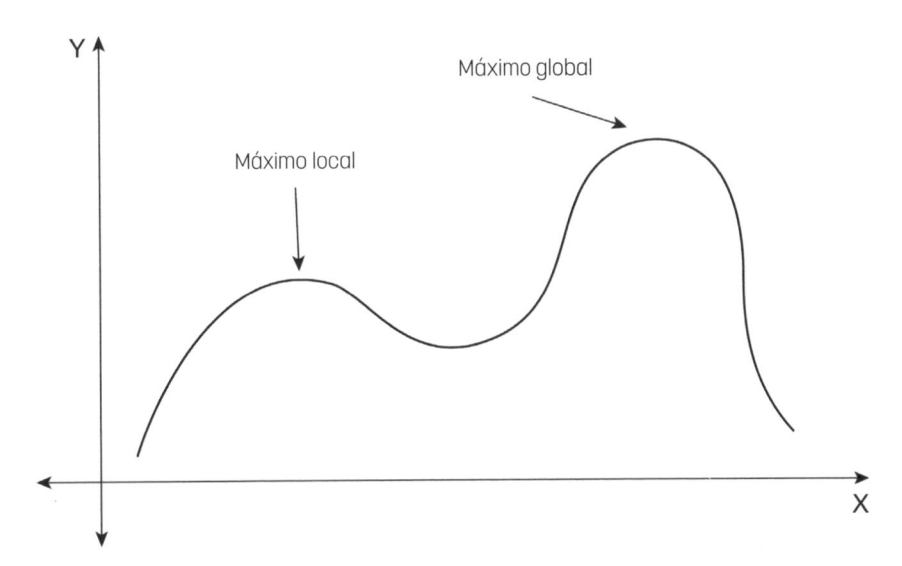

Assim, embora a tomada de decisões orientada por dados possa nos ajudar a navegar para máximos locais, a tomada de decisões informada por dados é que se mostra capaz de ajudar a definir um novo curso visionário em direção a um novo máximo global. Ao definir esse novo curso, é provável que não tenhamos todos os dados que precisaríamos ter no momento para completar a jornada (já que, afinal, ele é novo), então temos que dividir o trabalho em fragmentos menores e usar os dados para ajudar a validar hipóteses e navegar em direção à percepção dessa nova meta final.

Nem tudo é um problema de otimização e embora possa haver excepcional valor em uma melhoria incremental contínua, de vez em quando precisamos dar um salto à frente em nosso pensamento e traçar uma meta maior ou um novo curso, e definir parâmetros inteiramente novos para o sucesso.

■ Aprender efetivamente com dados

Como vimos neste livro anteriormente, a aprendizagem escalada é essencial para a transformação ágil. Quando levamos a aprendizagem organizacional contínua a outro nível, é crucial fazer isso de maneiras que evitem um uso precário de dados e de tomada de decisões e as potenciais limitações ou armadilhas da intervenção humana.

Vamos pegar como exemplo a definição de alvo. A Lei de Goodhart, que leva o nome de Charles Goodhart, um importante consultor econômico do Banco da Inglaterra, declara que: "Quando uma medida se torna um alvo, ela cessa de ser uma boa medida". É o princípio segundo o qual depois de definir um alvo específico as pessoas tendem a otimizar comportamentos em relação a essa meta isolada, sem se importar se isso compromete outros objetivos importantes. Uma definição de alvos simplificada demais pode estimular comportamento que talvez atenda superficialmente a uma meta, mas não ao objetivo mais abrangente.

Exemplos famosos da Lei de Goodhart são as fábricas soviéticas, que quando recebiam as metas expressas em número de pregos, fabricavam centenas de milhares de pregos minúsculos e inúteis a fim de poder cumprir a meta, e quando as metas eram expressas em peso, produziam bem menos pregos, mas de tamanho desproporcionalmente grande. Ou os colonizadores franceses em Hanói, em 1902, que defrontados com a ameaça de um surto de peste bubônica ofereceram pagar por caudas de ratos, só para descobrir que a população total de ratos não diminuíra, mas que o número de ratos sem cauda na cidade tivera crescimento explosivo.

Um dos sentidos da Lei de Goodhart é que ao definir alvos para cenários complexos podemos facilmente deixar de considerar melhor alguma informação que num primeiro momento qualifica algo como uma medida válida, e isso pode criar desalinhamento de comportamento por meio de incentivos. Ou seja, corremos muitas vezes o risco de perseguir impactos de curto prazo com métricas digitais, por serem mais fáceis de medir. Ao contrário, uma abordagem que equilibre medidas de curto prazo com impacto num prazo mais estendido dará uma visão mais completa de desempenho e direção. Como tem observado Richard Shotton (autor de *The Choice Factory: 25 behavioural biases that influence what we buy*), rastrear dados é algo redutivo no sentido de que pega uma realidade complexa e pouco definida e a converte em números fáceis de gerenciar, mas a um custo potencial:

> Esse processo envolve um jogo de compensações: uma perda de representatividade em troca de simplicidade... Os problemas surgem

quando a existência desse jogo é esquecida e o rastreamento de dados passa a ser tratado com reverência, como se fosse a resposta definitiva e não uma mera evidência.[50]

Ao rastrearmos métricas individuais é muito fácil ser pego na otimização incremental dessas métricas e perder de vista o quadro mais geral. A fetichização dos dados às vezes significa que estamos subestimando o benefício que pode decorrer de ir a campo e falar com os clientes reais. Richard Shotton faz referência à experiência de Terry Leahy, que apesar de liderar o mercado na Tesco vinha analisando o desempenho de sua linha de produtos isentos de glúten. Os dados de vendas indicavam que as pessoas que compravam esses produtos não estavam gastando muito com eles em cada ida às compras e a impressão era que os produtos estavam tendo um desempenho fraco. No entanto, em vez de simplesmente tirá-los da lista, Leahy entrevistou as pessoas que compravam produtos isentos de glúten e descobriu que um fator determinante na sua escolha do supermercado era o desejo delas de comprar em lugares que tivessem boa disponibilidade desses produtos. Então, em vez de parar de vender produtos isentos de glúten ele tomou a direção oposta e introduziu a linha "Isento De" da Tesco, bem antes da concorrência, e ela se mostrou altamente bem-sucedida.

De maneira similar, é importante equilibrar nosso uso da pesquisa de mercado mais tradicional, que costuma se basear no comportamento alegado, com nosso uso de análise e de dados do cliente, que pode muito bem se basear no comportamento real, efetivo. O primeiro fator às vezes está sujeito a representações e interpretações falhas. Um grande estudo de 2010, por exemplo, sobre o site de encontros OKCupid, orientado por dados, concluiu que as pessoas do site quase universalmente acrescentavam uns cinco centímetros à sua altura real nos perfis postados no site.[51] Também exageravam seu salário, e como resultado o número de pessoas que disseram ganhar 100 mil dólares por ano era o quádruplo do que deveria ser. Não só isso, mas na análise de detalhes técnicos das fotos de perfil colocadas no site descobriu-se que, embora a maior parte das fotos fosse recente (em média apenas 92 dias), as pessoas mais velhas tendiam a postar fotos de quando eram mais jovens.

Combinar o comportamento alegado com o comportamento real pode nos dar uma visão mais tridimensional dos nossos clientes, por exemplo, ao definir "personas" por meio não só de demografia, idade, motivações, necessidades e frustrações, mas também de comportamento e interação reais. A pesquisa de mercado tradicional pode ser muito boa para identificar o quadro amplo do mercado ou dos clientes, em suas mudanças, visões ou mesmo oportunidades, mas o comportamento real oferece um valor diferente em alguns aspectos cruciais. Quando se trata, por exemplo, de prototipar, de ciclos de feedback do cliente rápidos e de desenvolvimento iterativo, o comportamento real supera sempre o comportamento alegado.

Uma das vulnerabilidades nas intervenções humanas que estão envolvidas em aprender com dados e na tomada de decisões informada por dados são as tendenciosidades cognitivas às quais estamos todos nós sujeitos. Antes, nesta seção, discutimos (com a história da ORS no Comando de Bombardeiros na Segunda Guerra Mundial) como pode ser difícil superar opiniões firmemente sustentadas, mesmo quando os dados dão suporte a um ponto de vista diferente. O viés de confirmação, isto é, a tendência de procurar a informação que confirme as crenças e hipóteses que já temos, pode ser um poderoso bloqueio à mudança, à aprendizagem organizacional e à adaptabilidade. O economista John Kay (também o autor de *Obliquity: Why our goals are best achieved indirectly*[52]) escreveu sobre como no início de sua carreira acreditava que seu trabalho na construção de argumentos econômicos e modelos para clientes corporativos era algo que os ajudava a tomar melhores decisões, quando na realidade tratava-se muitas vezes mais de justificar conclusões a que já haviam chegado. Ele descreve isso como o "Gambito de Franklin", em referência à abordagem de Benjamin Franklin à tomada de decisões, que pode ser definido como: "o processo de encontrar uma razão ponderada e cuidadosamente analisada para uma decisão que já foi tomada".[53]

Embora muitas vezes a aparência seja de definição de objetivos e de um processo de buscar uma avaliação adequada das evidências e opções, os objetivos podem muito bem estar sendo ditados pelas conclusões, e as opções apresentadas de maneiras que façam o curso de ação preferido parecer o mais benéfico, e os dados selecionados para demonstrar o resultado que se deseja alcançar.

A tendência ou viés de confirmação pode ser particularmente poderoso quando se trata de visões negativas em relação à mudança, quando as pessoas são contra determinado curso de ação e procuram ativamente coisas que justifiquem sua posição ou pensamento. O melhor curso de ação nesse contexto é construir apoio mais amplo para o curso de ação, usando tanto evidências como o apoio visível de pessoas-chave que façam parte do entorno dos detratores. As pessoas tendem a superestimar as próprias capacidades e inteligência, e com isso encontrar razões para não acreditar em opiniões contrárias. Portanto, permitir que os detratores empreendam a própria jornada e encontrem as próprias razões para concluir por que o curso de ação preferido é um bom curso ajuda a apoiar uma mudança real, duradoura.

Uma das tendenciosidades mais importantes a serem consideradas, particularmente quando se trata da transformação ágil, é o viés de sobrevivência – a tendência que temos de preferir aprender a partir de situações e exemplos bem-sucedidos e não daqueles que falharam. Um dos meus exemplos favoritos a respeito desse fenômeno é outra história amplamente conhecida da Segunda Guerra Mundial envolvendo aviões de bombardeio. Abraham Wald, um renomado matemático e estatístico, foi solicitado pela Força Aérea dos Estados Unidos (USAF) em 1943 a participar de um grupo que procurava uma maneira de reforçar os bombardeiros dos Estados Unidos que realizavam ataques à luz do dia sobre a Alemanha, para evitar as pesadas perdas que vinham sofrendo na época. A USAF sugerira colocar placas de proteção nos aviões, mas só podia fazer isso em grau limitado, para não aumentar demais o peso dos aviões e comprometer sua capacidade de voar. A pesquisa que as forças armadas fizeram sobre o dano sofrido pelos aviões que conseguiam retornar das missões revelou que os buracos de bala nos bombardeiros costumavam se agrupar nas asas, no centro da fuselagem e em torno do atirador posicionado na cauda (Fig. 7.11). Em consequência disso, a USAF propôs reforçar exatamente essas áreas onde era possível constatar mais danos.

Wald, no entanto, identificou que esse era um grande erro e disse à USAF que na realidade deveria fazer o oposto. Ele sabia que o que as concentrações de buracos de bala mostravam na realidade era onde o avião podia ser atingido sem que isso o impedisse de voltar à base. O reforço na realidade precisava ser feito nas áreas onde os aviões sobreviventes pareciam relativamente ilesos, pois os aviões que não voltavam provavelmente haviam sido atingidos justamente nessas áreas. Sem dúvida, os cálculos de Wald a respeito da vulnerabilidade de partes específicas dos aviões salvaram muitas vidas e são usados ainda hoje.

O viés de sobrevivência nos negócios tipicamente pode ser visto na maior disposição e entusiasmo que existe para aprender a partir de iniciativas ou exemplos bem-sucedidos dentro e fora da companhia, e em subestimar a aprendizagem que poderíamos ganhar daquilo que não deu certo. Isso leva não só a falsas conclusões, como também reforça comportamentos voltados a evitar riscos e possíveis fracassos. Uma ótima cultura de aprendizagem na organização precisa apoiar e incentivar a aprendizagem a partir tanto dos sucessos quanto dos fracassos.

Figura 7.11 – Exemplo de danos a um bombardeiro da Segunda Guerra Mundial

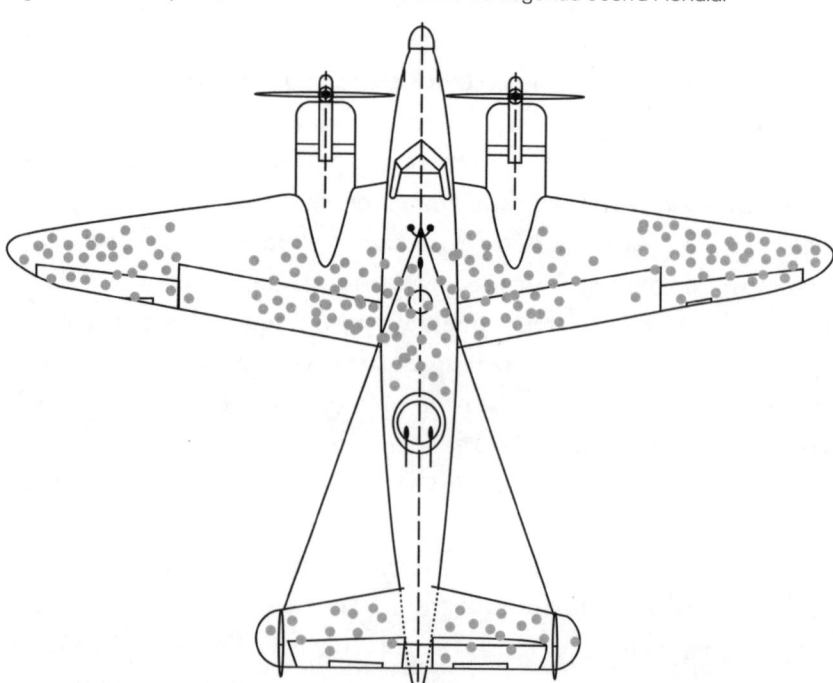

Fonte: Adaptado de McGeddon (2016). Disponível em: https://commons.wikimedia.org/wiki/File:Survivorship-bias. png. Acesso em: 7 ago. 2022.

■ Governança ágil

Durante a mudança para maneiras de trabalhar mais adaptativas, mais ágeis, e particularmente à medida que o *Agile* escala para além da equipe de tecnologia em direção a aplicações mais amplas ao longo de múltiplas funções, costumam surgir questões quanto a governança e controle. Algumas preocupações dizem respeito a alinhamento, controle de custos e direção. As pessoas costumam ficar ansiosas ao se afastarem do aparente conforto de um ponto final mais detalhado, previsto, e os líderes se esquivam dos riscos inerentes mais visíveis.

A ironia dessa situação, sem dúvida, é que muitas abordagens tradicionais também são construídas em cima de falsas certezas. Planos e previsões ficam desatualizados praticamente a partir do momento em que são redigidos. Resultados previstos logo se tornam obsoletos e requerem atualização. Gestores gastam seu tempo justificando por que se afastaram dos números previstos em vez de seguir adiante e continuar fazendo o trabalho.

No entanto, *fazer* o ágil não significa que o controle de qualidade do trabalho possa ser precário. *Ser* ágil não pode ser desculpa para o desleixo. Se por governança entendemos essencialmente fazer as coisas certas da maneira certa, então um trabalho ágil, iterativo, deve permitir isso mais ainda do que o pensamento e o trabalho linear, pois possibilita dar maior flexibilidade à maneira de mudar a direção e também impede de levar longe demais um caminho que gere desperdício ou seja potencialmente prejudicial. A governança ágil, feita do jeito certo, significa atenuar o risco em vez de aumentá-lo. A capacidade de ser mais adaptativo significa que nunca avançamos demais antes de sermos capazes de mudar de curso; é a prática de trabalhar de perto com o input e o feedback do usuário final; favorece teste e entrega contínuos.

Jamie Arnold, o chefe de *Agile* Delivery no Co-op, grupo de varejo e banco do Reino Unido, tem destacado oito componentes-chave de uma boa governança num contexto ágil, e vale a pena parafrasear e destacar isso no nosso contexto[54]:

1 **Resultados efetivos são melhores do que aquilo que poderia ser entregue**: a importância de orientar a equipe em torno daquilo que o produto ou serviço realmente faz, alinhando isso à visão mais ampla, com metas de médio ou longo prazo facilmente mensuráveis, ao espaço para aprender o que funciona, mais do que especificar de antemão a solução.

2 **Meça as coisas certas no tempo certo**: meça algumas poucas coisas quantificáveis, torne as medições visíveis, verificáveis

independentemente, faça revisões frequentes. As medições certas podem motivar, focar e aumentar a confiança.

3 **As equipes são as unidades de entrega**: equipes pequenas, multidisciplinares, não hierárquicas, focadas no impulso e que tenham autonomia suficiente para planejar, priorizar e fazer o trabalho do modo que funciona para elas.

4 **Rede de equipes supera a hierarquia**: redes de equipes pequenas, autodirigidas, com mínimas interdependências, usando dados para planejar e priorizar.

5 **Qualidade é responsabilidade de todos**: acordo comum quanto ao que a qualidade significa, como medi-la, com feedback de usuário validando a entrega de valor do negócio e certificação contínua da qualidade.

6 **Certifique-se enquanto faz as coisas**: a melhoria é contínua e apoiada por fóruns regulares, curtos, desafiadores, com o mínimo de "para e anda" – em vez disso, com fluência na entrega de valor.

7 **Comportamentos são mais importantes que documentos**: menos documentação de longo prazo, mais logs de pesquisa do usuário, registros semanais, métricas verificadas. Foco em como a equipe colabora, reage a feedback, em como é parte de uma rede de equipes, envolve as partes interessadas, remove bloqueios.

8 **Ver a entrega com os próprios olhos**: não se limite a falar, mostre regularmente o trabalho sendo feito.

Esses princípios sobre como promover uma boa governança ágil são aplicáveis não só às equipes de um negócio que estejam usando metodologias *Agile*. Eles falam de oportunidades mais amplas de seguir princípios capazes de assegurar um equilíbrio que favoreça maior adaptação, sem sacrificar a necessidade de um controle adequado de qualidade, testagem e governança.

■ Apoiar a consciência de si e a confiança

É importante encerrar esta penúltima seção reconhecendo mais uma vez a importância da liderança no apoio à transformação ágil. Uma liderança ótima está sempre associada a ótima comunicação, excepcionais talentos de colaboração e capacidade de extrair o melhor das pessoas e das equipes, mas isso nunca foi tão importante como nessa era altamente mutável. É muito difícil trabalhar de maneiras eficazes, rápidas, em várias disciplinas, se não houver alto nível de confiança no negócio. Líderes capazes de criar um ambiente que permita que as pessoas não só façam seu melhor trabalho, mas também que façam seu melhor trabalho como parte de uma equipe de alto desempenho, podem acrescentar valor de maneira desproporcional. Isso requer altos níveis de consciência de si mesmo.

A janela Johari[55] é uma técnica heurística muito útil que ajuda líderes de todos os tipos a compreender de que maneira podem melhorar a dinâmica de grupo, os relacionamentos dentro do grupo e o desenvolvimento da equipe, como também a própria comunicação, a consciência de si e os relacionamentos de trabalho. Desenvolvido pelos psicólogos Joseph Luft e Harrington Ingham em 1955, a janela é uma das poucas ferramentas que põem foco nas chamadas "habilidades sutis", e dá suporte a uma melhor autocompreensão de como chegamos a nos conhecer melhor, de que maneira os outros nos percebem, como interagimos com os demais e como nos apresentamos.

É um *framework* simples, mas poderoso, e se baseia em considerar o que conhecemos a respeito de nós e o que não conhecemos, e o que os outros talvez saibam a nosso respeito e o que não sabem.

Figura 7.12 – A janela Johari

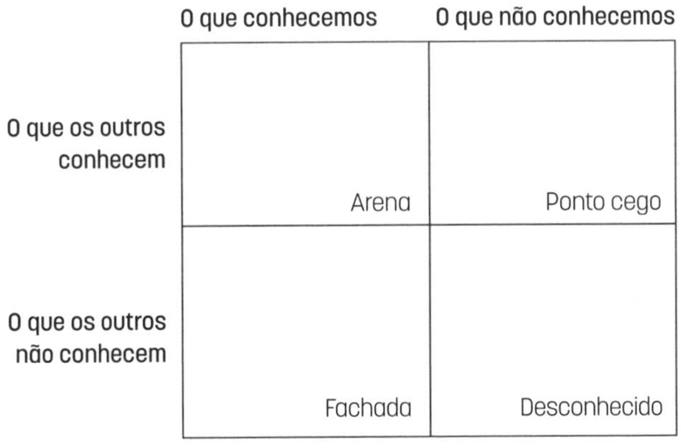

	O que conhecemos	O que não conhecemos
O que os outros conhecem	Arena	Ponto cego
O que os outros não conhecem	Fachada	Desconhecido

Na Fig. 7.12, as quatro vidraças ou quadrantes da janela parecem iguais, mas a ideia é que a "abertura" de cada vidraça depende do quanto você se conhece bem, quanto compartilhamos a respeito de nós com os outros, e quanto os outros nos conhecem bem:

- **Eu aberto ou arena** (alto, à esquerda): informações a seu respeito que tanto você quanto os outros conhecem.

- **Ponto cego** (alto, à direita): informações a seu respeito que você não conhece, mas os outros sim.

- **Eu secreto ou fachada** (embaixo, à esquerda): informações a seu respeito que você conhece, mas os outros não.

- **Eu não conhecido** (embaixo, à direita): informações a seu respeito que nem você, nem os outros conhecem.

Uma maneira de usar a janela Johari é fazer as pessoas, a partir de uma lista predefinida de adjetivos (que podem ser descrições de um participante), escolherem uma seleção daqueles que sentem descrever melhor sua personalidade, e então pedir que os outros façam o mesmo com um número igual de adjetivos.[56]

Colocar os adjetivos nessa grade dois por dois permite que as pessoas foquem em como poderiam trabalhar no sentido de abrir suas vidraças pessoais e fechar as do eu cego ou secreto. Alguém que tenha alto conhecimento de si e alta confiança terá janelas que são maiores no lado esquerdo. Alguém que se conhece pouco e tem pouca confiança terá janelas que são maiores no lado direito. Quanto mais aumentarmos nossa intenção em relação ao autoconhecimento e quanto mais confiarmos nos outros membros da equipe, mais expandiremos as vidraças abertas. Fazer isso para cada membro da equipe permite ter melhor comunicação, aumenta a confiança e a transparência, a abertura e a honestidade; e desse modo, favorece a produtividade e o trabalho eficaz. Atributos como esses podem parecer apenas muito atraentes, mas na realidade são também cada vez mais cruciais para permitir que as equipes se movam rápido e colaborem horizontalmente de maneiras que criem vantagem e desempenho desproporcionais.

■ Liderar equipes por meio de mudança e incerteza

A mudança sempre desperta emoções. Assim, liderar equipes com eficácia por meio de transformação nos ajuda a apreciar as emoções que podem estar envolvidas quando há mudança significativa. O Ciclo do Luto de Kübler-Ross é uma maneira relativamente bem conhecida de pensar nas reações mais emotivas a altos níveis de mudança e imprevisibilidade.[57] Embora o modelo tenha se originado no contexto de reações ao luto, é útil para apoiar uma apreciação dos aspectos emocionais envolvidos em mudanças mais amplas e significativas. O modelo tem cinco estágios-chave:

1. Nossa reação inicial pode muito bem estar assentada no choque e até mesmo em negar que a mudança sequer esteja acontecendo. A reação da liderança a isso deve ter por base o envio de mensagens e sinais claros a respeito da realidade da necessidade de mudar.

2. Em seguida, reagimos com raiva e frustração, e isso pede compreensão, mas também comunicação e informação.

3. Depois podemos tentar achar sentido na mudança e buscar apoio nos outros, mas de início ainda nos debatemos para tentar compreender melhor o ocorrido. Apoio emocional é crucial.

4. Alguns podem se sentir oprimidos pela mudança, e até um pouco perdidos, e nesse caso *coaching* e orientação ajudam muito.

5. A importância de contar a história, das experiências compartilhadas, de dar orientação e direção para ajudar as pessoas a encontrarem elas mesmas um sentido na mudança e acabarem aceitando-a e seguindo adiante.

Trata-se de uma maneira excelente de pensar nos estágios da mudança, mas, é claro, a realidade da transformação pela qual muitas organizações estão passando é menos a de uma transição de A para B e mais a de uma jornada para se tornar um negócio caracterizado por mudança contínua. Portanto, o ponto que muitos esquecem é que os líderes que estão tentando navegar esse processo provavelmente descobrirão que precisam lidar com essas reações a partir de muitas fontes diferentes e com todas elas ao mesmo tempo.

A verdadeira aptidão para liderar em tempos de alta incerteza é estar altamente sintonizado com o contexto emocional que temos ao nosso redor: ter empatia. Com certeza, precisamos ter direção clara, comunicação contínua, aprendizagem compartilhada, *accountability* [responsabilização], abertura e transparência, e um viés para a ação, mas precisamos também de inteligência emocional para compreender o apoio que as pessoas realmente precisam receber para aceitarem fazer essa jornada conosco.

REFERÊNCIAS

[1] KNIBERG, Henrik; IVARSSON, Anders. Scaling *Agile* @ Spotify, with Tribes, Squads, Chapters & Guilds. out. 2012. Disponível em: https://perma.cc/Q5PT-R2XM. Acesso em: 14 ago. 2022.

[2] ING's *Agile* Transformation. *McKinsey Quarterly*, jan. 2017. Disponível em: https://perma. cc/6Q8Q-MM8Z. Acesso em: 14 ago. 2022.

[3] ING's *Agile* Transformation. *McKinsey Quarterly*, jan. 2017. Disponível em: https://perma. cc/6Q8Q-MM8Z. Acesso em: 14 ago. 2022.

[4] ING's *Agile* Transformation. *McKinsey Quarterly*, jan. 2017. Disponível em: https://perma. cc/6Q8Q-MM8Z. Acesso em: 14 ago. 2022.

[5] CARROLL, Lewis. *Through the LookingGlass*. Londres: Macmillan Children's Books, 2015.

[6] DRUCKER, Peter F. Managing for Business Effectiveness. *Harvard Business Review*, maio 1963. Disponível em: https://perma.cc/SEA4-3TLC. Acesso em: 14 ago. 2022.

[7] UK GOVERNMENT. Digital Service Standard and Service Manual. [S.d.]. Disponível em: https://perma.cc/9LTN-78PP. Acesso em: 14 ago. 2022.

[8] READ, Tom. Technology At Least As Good As People Have At Home, *Cabinet Office Technology*, nov. 2013. Disponível em: https://perma.cc/CZ2H-QF3N. Acesso em: 14 ago. 2022.

[9] UK GOVERNMENT. Digital Performance Dashboards [S.d.]. Disponível em: https:// perma.cc/SS8G-RNS8. Acesso em: 14 ago. 2022.

[10] KNIBERG, Henrik. Spotify Engineering Culture Part 1. *Spotify Labs*, 27 mar. 2014. Disponível em: https://perma.cc/8JC8-Q54G. Acesso em: 14 ago. 2022.

[11] THE ENGAGED Workplace. *Gallup*, [S.d.]. Disponível em: https://perma.cc/3QPY-QDG5. Acesso em: 15 ago. 2022.

[12] CABLE, Dan. *Alive at Work*: The neuroscience of helping your people love what they do. Boston: Harvard Business Review, 2018.

[13] THE STRENGTHS Revolution. *Gallup*, 22 jan. 2001. Disponível em: https://perma.cc/ SFN4-4DDZ. Acesso em: 15 ago. 2022.

[14] ALIVE At Work – Dan Cable. *EatSleepWorkRepeat podcast*, 13 jun. 2018. Disponível em: https://www.youtube.com/watch?v=UI_Rl58NUPM. Acesso em: 15 ago. 2018.

[15] ALIVE At Work – Dan Cable. *EatSleepWorkRepeat podcast*, 13 jun. 2018. Disponível em: https://www.youtube.com/watch?v=UI_Rl58NUPM. Acesso em: 15 ago. 2018.

[16] HAGEL, John; BROWN, John S. Institutional Innovation, *Deloitte Insights*, 12 mar. 2013. Disponível em: https://perma.cc/U2HJ-WURZ. Acesso em: 15 ago. 2022.

[17] GINO, Francesca. The Business Case for Curiosity. *Harvard Business Review*, set. 2018. Disponível em: https://perma.cc/DXY4-XV3H. Acesso em: 15 ago. 2022.

[18] HARRISON, Spencer; COHEN, Jon. Curiosity Is Your Super Power. *TEDxLosGatos*, 22 out. 2018. Disponível em: https://perma.cc/V75K-BAWB. Acesso em: 15 ago. 2022.

[19] HARRISON, Spencer; PINKUS, Erin; COHEN, Jon. Research: 83% of Executives Say They Encourage Curiosity. Just 52% of Employees Agree. *Harvard Business Review*, set. 2018. Disponível em: https://perma.cc/93XK-UG9F. Acesso em: 15 ago. 2022.

[20] BERLYNE, D. E. A Theory of Human Curiosity. *British Journal of Psychology*, v. 45, n. 3, p. 180-191, [ago. 1954]. Disponível em: https://perma.cc/85CSBLZ9. Acesso em: 15 ago. 2022.

[21] KIDD, Celeste; HAYDEN, Benjamin. The Psychology and Neuroscience of Curiosity. *Neuron*, v. 88, n. 3, p. 449-460, nov. 2015. Disponível em: https://perma.cc/ZYX6-AQJ8. Acesso em: 15 ago. 2022.

[22] LOEWENSTEIN, George. The psychology of curiosity: A review and reinterpretation. *Psychological Bulletin*, v. 116, p. 75-98,1994. Disponível em: https://psycnet.apa.org/record/1994-41058-00122. Acesso em: 15 ago. 2022.

[23] KANG, M. J. *et al.* The wick in the candle of learning: epistemic curiosity activates reward circuitry and enhances memory. *Psychological Science*, v. 20, n. 8, p. 963-973, 1 ago. 2009.

[24] KELLY, Kevin. *The Inevitable*: Understanding the 12 technological forces that will shape our future. Nova York: Penguin Books, 2017.

[25] ELSWORTHY, Emma. Curious Children Ask 73 Questions Each Day – Many of Which Parents Can't Answer, Says Study. *The Independent*, 3 dez. 2017. Disponível em: https://perma.cc/R85R-RVNB. Acesso em: 15 ago. 2022.

[26] CHOUINARD, M. M. Children's Questions: A mechanism for cognitive development, *NCBI*, v. 72, n. 1, p. 1-112, 2007. Disponível em: https://perma.cc/VZ9E-VZNF. Acesso em: 15 ago. 2022.

[27] LEE, Shih-Mei. Curiosity and Experience Design: Developing the desire to know and explore in ways that are sociable, embodied and playful. *Era*, 25 jun. 2016. Disponível em: https://perma.cc/UC8X-CVV4. Acesso em: 15 ago. 2022.

[28] HARRISON, Spencer; PINKUS, Erin; COHEN, Jon. Research: 83% of Executives Say They Encourage Curiosity. Just 52% of Employees Agree. *Harvard Business Review*, set. 2018. Disponível em: https://perma.cc/93XK-UG9F. Acesso em: 15 ago. 2022.

[29] PARRISH, Shane. The Feynman Technique: The best way to learn anything. *Farnam Street*, abr. 2014. Disponível em: http://perma.cc/4RYE-8N5A. Acesso em: 15 ago. 2022.

[30] AMABILE, Teresa. The Progress Principle: Using small wins to ignite joy, engagement, and creativity at work. *Harvard Business Review*, [S.d.]. Disponível em: https://perma.cc/M874-AT9N. Acesso em: 15 ago. 2022;

CAPÍTULO 7

[31] AMABILE, Teresa. The Power of Small Wins. *Harvard Business Review*, maio 2011. Disponível em: https://perma.cc/2QA7-CN3B. Acesso em: 15 ago. 2022.

[32] AMABILE, Teresa. The Power of Small Wins. *Harvard Business Review*, maio 2011. Disponível em: https://perma.cc/2QA7-CN3B. Acesso em: 15 ago. 2022.

[33] GRANT, Adam. *Give and Take*: Why helping others drives our success. Nova York: Penguin, 2013. Disponível em: https://perma.cc/2Y88-D755. Acesso em: 15 ago. 2022.

[34] CLIFFORD, Catherine. Adam Grant: Resilience Is the Secret to Success. Here Are 2 Ways to Improve Yours. *CNBC Make It*, 7 jun. 2017. Disponível em: https://perma.cc/2CLA-EN22. Acesso em: 15 ago. 2022.

[35] OSS/CIA. Simple Sabotage Field Manual. [1944]. 2 abr. 2008. Disponível em: https://perma.cc/LB6J-G8DG. Acesso em: 15 ago. 2022.

[36] OSS/CIA. Simple Sabotage Field Manual. [1944]. 2 abr. 2008. Disponível em: https://perma.cc/LB6J-G8DG. Acesso em: 15 ago. 2022.

[37] KALIL, Thomas. Policy Entrepreneurship at the White House: Getting Things Done in Large Organizations. *MIT Press Journals*, 2017. Disponível em: https://perma.cc/KMM2-9UDP. Acesso em: 15 ago. 2022.

[38] KALIL, Thomas. Policy Entrepreneurship at the White House: Getting Things Done in Large Organizations. *MIT Press* Journals, 2017. Disponível em: https://perma.cc/KMM2-9UDP. Acesso em: 15 ago. 2022.

[39] CROZIER, Ry. ANZ Reveals the Good and Bad of its *Agile* Transformation. *IT News*, 8 abr. 2019. Disponível em: https://perma.cc/LYG3-8SNS. Acesso em: 15 ago. 2022.

[40] THOMAS, David. Let's Fund Teams Not Projects. *Defra Digital Blog*, 19 set. 2017. Disponível em: https://perma.cc/FPQ5-AGD3. Acesso em: 15 ago. 2022.

[41] WHY & How Your Employees are Wasting Time at Work. *Salary*, 17 abr. 2018. Disponível em: https://perma.cc/ KE4D-T3UX. Acesso em: 15 ago. 2022.

[42] DOODLE. State of Meetings Report 2019. Disponível em: https://meeting-report.com/. Acesso em: 15 ago. 2022.

[43] ROGELBERG, S. *The Surprising Science of Meetings*: How you can lead your team to peak performance. Oxford: Oxford University Press, 2019.

[44] BLUEDORN, Allen C.; TURBAN, Daniel B.; LOVE, Mary Sue. The Effects of Stand-Up and Sit-Down Meeting Formats on Meeting Outcomes. *Journal of Applied Psychology*, v. 84, n. 2, p. 277-285, 1999. Disponível em: https://perma.cc/79WM3QSV)

[45] DAVIES, Russell. Four Things About Creative Productivity. *Marketing Society*, [S.d.]. Disponível em: https://perma.cc/3WJP-W7CR. Acesso em: 15 ago. 2022.

[46] PALMER, Michael. Data is the New Oil. *ANA Marketing Maestros*, 3 nov. 2006. Disponível em: https://perma.cc/8MNT-HJFK. Acesso em: 15 ago. 2022.

[47] ROWLEY, Jennifer. The Wisdom Hierarchy: Representations of the DIKW Hierarchy. *Journal of Information Science*, 1 abr. 2007. Disponível em: https://perma.cc/7Z3F-J48Z. Acesso em: 15 ago. 2022.

[48] DYSON, Freeman. A Failure of Intelligence. *MIT Technology Review*, 1 nov. 2006. Disponível em: https://perma.cc/EEQ2-SUR8. Acesso em: 15 ago. 2022.

[49] CHEN, Andrew. Know the Difference Between Data-Driven and Versus Data-Informed. *@andrewchen*, 2018. Disponível em: https://perma.cc/EHX4-WA8M. Acesso em: 15 nov. 2022.

[50] SHOTTON, Richard. *The Choice Factory*: 25 behavioural biases that influence what we buy. Petersfield: Harriman House, 2018. Disponível em: https://perma.cc/ MN56-7CBJ. Acesso em: 15 ago. 2022.

[51] THE BIG Lies People Tell in Online Dating. *OkCupid blog*, 7 jul. 2010. Disponível em: https://perma.cc/Z93R-3RVF. Acesso em: 15 ago. 2022.

[52] KAY, John. *Obliquity*: Why our goals are best achieved indirectl. Londres: Profile Books, 2011.

[53] KAY, John. Beware of Franklin's Gambit in Making Decisions. *Financial Times*, 17 abr. 2012. Disponível em: https://perma.cc/HPE5-3W9K. Acesso em: 15 ago. 2022.

[54] ARNOLD, Jamie. Building What's Useful: Governance and *Agile* Delivery. *Coop Digital Blog*, 1 jul. 2019. Disponível em: https://perma.cc/4FYG-KNPT. Acesso em: 15 ago. 2022.

[55] LUFT, J.; INGHAM, H. *The Johari window*, a graphic model of interpersonal awareness, Proceedings of the western training laboratory in group development, Los Angeles: University of California, 1955.

[56] JOHARI Window. *Kevan.org*, [S.d.]. Disponível em: https://kevan.org/johari. Acesso em: 15 ago. 2022.

[57] GREGORY, Christina. The Five Stages of Grief: An Examination of the Kubler-Ross Model. *Psycom*, [S.d.]. Disponível em: https://perma.cc/5C62-G3QT. Acesso em: 15 ago. 2022.

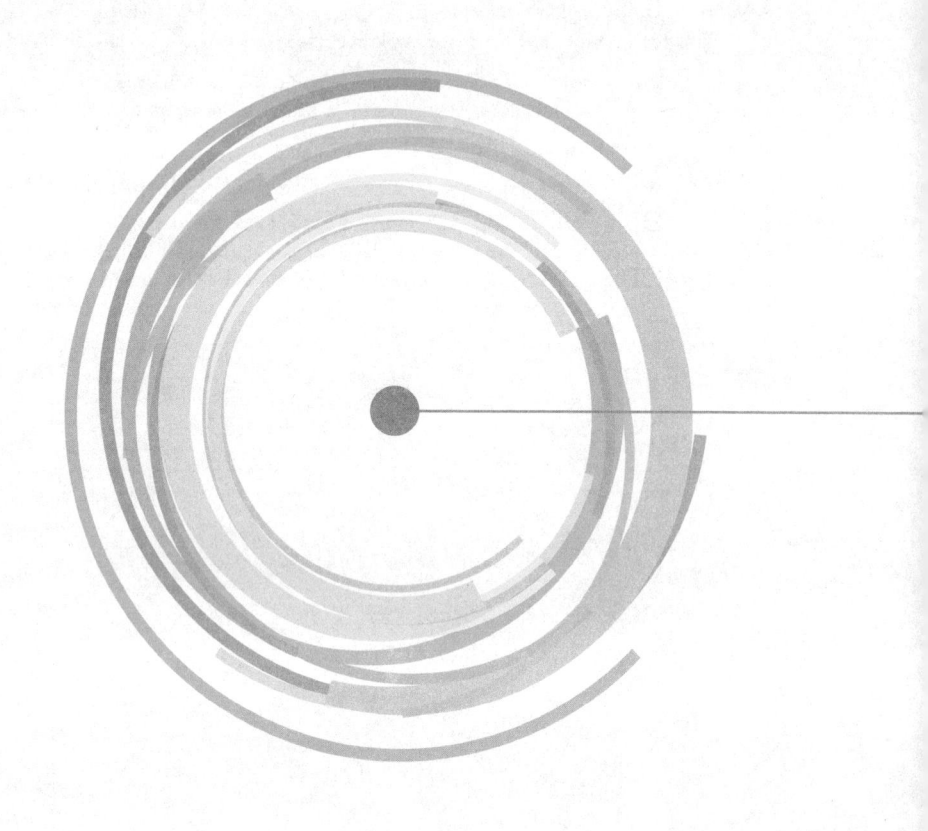

"A transformação ágil **nunca é** um processo estritamente **linear,** mas seus estágios e tarefas cruciais podem ser destilados num **modelo eficaz** para a mudança, que segue o princípio organizacional '**pensar grande, começar pequeno** e **escalar rápido**'."

Reinventar a organização

PROJETANDO SEU NOVO SISTEMA OPERACIONAL ÁGIL

Este livro expõe as razões pelas quais precisamos de um novo tipo de organização para uma nova era, e descreve uma abordagem à transformação de negócios que possibilite encarar os desafios tanto do presente quanto do futuro. A transformação ágil não é uma jornada que vai do ponto A ao B. Não se trata de alcançar um ponto em que podemos sentar e dizer que agora estamos totalmente transformados, muito menos de nos parabenizarmos por um trabalho bem-feito. Em vez disso, trata-se da transição para um tipo diferente de organização, caracterizado por mudança contínua.

A transformação ágil nunca é um processo estritamente linear, mas seus estágios e tarefas cruciais podem ser destilados num modelo eficaz para a mudança, que segue o princípio organizacional "pensar grande, começar pequeno e escalar rápido".

■ Pensar grande

Reconhecer a necessidade e o contexto da mudança; desenvolver uma visão motivadora capaz de definir a direção; investir essencialmente em aspectos adequados de tecnologia, pessoas e cultura, que lancem as bases sobre as quais a mudança acontecerá.

▶ TAREFAS CRUCIAIS

Visão e urgência: expressar por que razões o mundo mudou, e por que isso cria um desafio existencial às organizações que não mudam; criar uma sensação positiva de urgência ao visualizar o potencial e fazer com que essa sensação ganhe vida com um relato eficaz; comunicar a visão repetidamente por meio de palavras e ações.

Propiciadores fundacionais: desenvolver uma tecnologia e uma arquitetura de dados que permitam agilidade, tomada de decisões impulsionada e informada por dados, e que também facilitem a experimentação; identificar e investir numa infraestrutura de sistemas essenciais que seja flexível, mas escalável; aplicação proficiente e eficiente de automação e aprendizagem de máquina para aumentar a capacitação humana; tomar consciência das barreiras críticas à mudança; empoderar uma tomada de decisões de alta velocidade e uma cultura e mentalidade de liderança que apoiem abordagens ágeis; aprendizagem escalada de princípios ágeis e aplicá-los adequadamente; dar apoio a um ambiente e a expectativas que não tenham receio de desafiar convenções; propiciar velocidade por meio de um bom equilíbrio entre alinhamento e autonomia; estabelecer uma governança e uma visão que criem o espaço necessário à mudança.

Mapeamento de contextos: compreender onde sua organização está na curva S e o posicionamento a partir do qual é possível levar adiante a mudança direcional; desenvolver uma noção da situação e uma efetiva exploração de problemas; compreender os diferentes contextos/ambientes dos problemas ao longo do negócio, e onde FAZER o *Agile* e onde SER ágil.

▶ CONSIDERAÇÕES ESSENCIAIS

- ⦿ Sua organização tem um ponto de vista em relação ao futuro? Tem uma visão forte, direcionada e bem compreendida? Os funcionários entendem a necessidade de mudança e sentem-se animados em relação ao potencial futuro?

- ⦿ A equipe de liderança e a organização têm uma boa consciência da situação, capaz de informar um mapa para alcançar essa visão?

- ⦿ Você conta com tecnologia e infraestrutura de dados adequadas para dar sustentação a uma agilidade genuína, escolhendo a abordagem correta para que a adaptação se mostre voltada para o futuro?

- ⦿ De que maneira a organização pode pensar além da mudança incremental e evitar olhar o novo com as lentes do velho? Você está conseguindo pensar com ousadia suficiente?

- Existe uma compreensão ampla do potencial que permita aplicar os princípios ágeis de maneira competente e em escala?

■ Começar pequeno

Assumir uma abordagem focada em desenvolver novas maneiras de trabalhar e de criar novo valor; pilotar novas abordagens e aprender rapidamente a fim de criar uma escalabilidade informada.

▶ TAREFAS CRUCIAIS

Foco: selecionar os desafios, iniciativas ou áreas cruciais nos quais desenvolverá novas maneiras de trabalhar; alinhar equipes pequenas multidisciplinares, ou *squads*, como motores da mudança e catalisadores de novas abordagens; criar e socializar vitórias iniciais rápidas para sinalizar o potencial do novo.

Montar equipes para o sucesso: criar o ambiente e o espaço que permitam o desenvolvimento das equipes; tomar medidas para atenuar tensões no processo e na cultura entre as novas e as velhas maneiras de trabalhar; montar as equipes com pessoas que tenham as habilidades e atitudes certas; apoiar com treinamento e *coaching*.

Mentalidade: evitar que as novas abordagens se dispersem ou sufoquem o pessoal desenvolvendo uma compreensão mais ampla das mudanças-chave de mentalidade envolvidas em começar pequeno; criar a mentalidade certa para a aprendizagem, que permita escalar rapidamente de maneira informada.

▶ CONSIDERAÇÕES ESSENCIAIS

- De que modo as iniciativas selecionadas podem sinalizar a intenção e ao mesmo tempo promover iteração em torno das áreas-chave da mudança?

- Como a liderança da organização pode gerar suficiente espaço para permitir que o novo sobreviva e ao mesmo tempo seja mantida uma forte conexão com o restante do negócio?

- Você está definindo os problemas cruciais a serem resolvidos e fazendo isso da maneira certa?

- Está genuinamente permitindo que a nova cultura emerja e evolua em torno de agilidade e manobrabilidade?

■ Escalar rápido

Passar a construir partindo dos sucessos iniciais; criar impulso genuíno para transformação por meio de mudança adaptativa e trazendo as pessoas com você na jornada; escalar equipes ágeis; expandir rapidamente a compreensão das novas maneiras de trabalhar; aprender rápido em escala, para que a organização se torne ambidestra.

▶ TAREFAS CRUCIAIS

Criar impulso para uma mudança escalada: permitir rápido crescimento nas novas abordagens por meio de padrões, controles de despesas, vinculando a estratégia à execução; propiciar rapidez por meio de tomada de decisões em alta velocidade e pelo equilíbrio correto entre alinhamento e autonomia.

Escalar estruturas ágeis: aumentar o número de equipes ágeis; criar um negócio genuinamente ambidestro; compreender os estágios-chave do crescimento.

Mudança adaptativa: aprendizagem rápida em escala; avaliação e repriorização contínuas; experimentação e inovação contínuas; navegar eficazmente com dados; ser movido por dados e informado por dados; evitar armadilhas e tendenciosidades; governança ágil.

Incorporar o novo: implantar uma mentalidade de crescimento na liderança que dê lugar a uma cultura de colaboração e aprendizagem; foco em comportamentos que deem sustentação à agilidade.

▶ CONSIDERAÇÕES ESSENCIAIS

- De que maneira você pode estabelecer controles e padrões que definam expectativas claras sem sufocar o pensamento diferente e a inovação?

- De que maneiras a equipe mais ampla de liderança pode adotar uma mentalidade que apoie agilidade e mudança?

- Quais são as novas expectativas dos líderes?

- De que modo a organização pode efetivamente conseguir um equilíbrio entre os elementos hierárquicos e os elementos em rede?

- De que modo o negócio pode assegurar que nunca se perca a conexão estreita entre esses dois componentes e que eles sejam complementares e não antagônicos?

- Qual a melhor abordagem para mover o pessoal entre os diferentes elementos do negócio?

- De que maneira você pode construir uma rede de defensores que promova as novas abordagens?

- Você está assegurando uma estreita conexão entre a estratégia/objetivos do negócio e as necessidades/problemas do cliente?

- O negócio desperta a curiosidade nos funcionários? Ele dá espaço a um fluxo contínuo de novas perspectivas?

■ E agora?

Agora, simplesmente comece.

ÍNDICE REMISSIVO

zona ambígua, 111–112

D

DARPA (Defense Advanced Research Projects Agency), 109, 166
Data, Information, Knowledge, Wisdom, 311
    pirâmide DIKW, 311–313
DAVID, Paul, 40
DAVIES, Russell, 126, 142, 309
DBS Bank, *168*
decisões de "porta de dois sentidos", 206
decisões de "porta de sentido único", 206
Defaqto Research, 74
definição de problemas, 49, 59, 60, 85
    "cinco porquês", 163
    Lista de Verificação Phoenix, 163
"definição de pronto", 52
dependência da referência, 185
"desarticuladas", 29
design thinking, 49
despriorização, 215–216
Diageo, 109
diagramas de ciclo causal, 85
Digibank, *170*
Digital Darwinism, 76
Digital Trends Report, 74
DIJKSTRA, Edsger W., 255
Distill Ventures, 109
Dollar Shave Club, *32–33*
Doodle, 307
Drive, 208
DTE Energy, 212–213
DUHIGG, Charles, 248
Dunbar, número de, 266
    DUNBAR, Robin, 266
DUNN, Andy, 32
Dunnhumby, 311
DWECK, Carol, 219–221
DYSON, Freeman, 316–317

E

EBBINGHAUS, Hermann, 161
e-Borders, 281
Economics of Higher Purpose, The, 212
Econsultancy, 74
EDISON, Thomas, 39

EDMONDSON, Amy, 126, 248, 250, 251
"efeito *bike-shedding*", 308
"efeito Coiote", 17
"efeito de doação", 186
"efeito galpão das bicicletas", 308
Empty Raincoat, The, 111
End of Competitive Advantage, The, 38
envolvimento dos funcionários, 189, 190, *267*, 287
    medo, papel do, 288
    liderança, papel da, 54
    "trabalho que faça sentido", 189, 209, 215
    "eu inteiro", trazer seu, 288
equipes, 14, 51, 53, 56, 57
    adaptativas, 51
    "autonomia alinhada", 51
    alinhamento entre, 51
    atitude, 47
    índice Buxton, 255
    vínculos de comunicação, 87, 97
    domínio de autoridade, 53
equipes eficazes, características das, 16, 47, 50, 51
    alto desempenho, 47, 50
    accountability [responsabilização], 53
    "segurança psicológica", 197, 198, 248–251
equipes multidisciplinares, 50, 57
    habilidades dentro das, 31, 47, 71
    sucesso precoce, 67, 221, *243*
    modelo em cebola da equipe, 51
    tamanho da equipe, 29, 47, 50, 97
    falácia de escalar a equipe, 99
"estrela-guia", 25, 87, 106, 234
Escritório de Serviços Estratégicos (OSS), 301
estratégia de dados, 314
    big data, 184
    impulsionado por dados, ser, 46, 196
    informado por dados, ser, 315, 318, 319
    Lei de Goodhart, 320
    máximo local/global, 318, *319*
    estruturar dados, 27
"eu inteiro", trazer seu, 288
EVANS, Benedict, 17

Este livro foi composto com tipografia Adobe Garamond Pro e impresso
em papel Off-White 90 g/m² na Formato Artes Gráficas.